Les Frères musulmans à l'épreuve du pouvoir

sous la direction de
Sarah Ben Néfissa
Pierre Vermeren

Les Frères musulmans à l'épreuve du pouvoir

Égypte, Tunisie (2011-2021)

Avec Tewfik Aclimandos, Hafedh Chekir,
Mustapha El Haddad, Amr Elshobaki,
Anne-Clémentine Larroque, Asma Nouira,
Hamadi Redissi, Jallel Saada

Odile
Jacob

3, rue Auguste-Comte, 75006 Paris

www.odilejacob.fr

ISBN : 978-2-4150-0563-4

INTRODUCTION

Un « printemps arabe » surprise

Un « don du ciel » inattendu

Les « islamistes » ont été les grands gagnants du « printemps arabe de 2011 », ces soulèvements populaires dont ils n'ont été ni les initiateurs ni les acteurs dominants. Or, que ce soit à travers les urnes ou par le biais d'organisations djihadistes, les acteurs de l'« islam politique » se sont imposés dès 2011 comme les forces incontournables du champ politique dans chaque État arabe. La scène politique régionale et internationale les a regardés comme les nouveaux « maîtres de l'heure ».

À onze jours d'intervalle, la Tunisie et l'Égypte ont lancé le « printemps arabe » de 2011. Le 14 janvier, le président tunisien Zine el-Abidine Ben Ali s'échappe par les airs en Arabie saoudite ; et, le 25 janvier, des milliers de Cairotes sortent dans les rues de la capitale égyptienne à la conquête de Midan Tahrir, la place centrale « de la Libération ». Le départ du raïs égyptien prit deux semaines.

Quelques mois plus tard, le passage « de la rue aux urnes » a donné la victoire dans ces deux pays aux représentants de la plus importante organisation islamiste, la confrérie des Frères musulmans. Jamais les Frères musulmans n'avaient dirigé un vieil État arabe, si l'on excepte le Soudan de Hassan al-Tourabi dans les années 1990. L'événement est donc majeur.

Jamais la confrérie ni ses filiales n'ont voulu ni organisé ces soulèvements populaires. Mais, ayant pris le train en marche, elles les ont regardés comme un « don du ciel ». Autre paradoxe, les Frères musulmans ont été très vite concurrencés, non par les activistes libéraux ou de gauche de la jeunesse démocratique, mais par des acteurs encore plus islamistes qu'eux, les salafistes et les djihadistes.

Or, le 3 juillet 2013, en Égypte, l'armée déloge le Frère musulman Mohamed Morsi, premier président démocratiquement élu du pays*. Cette action fait suite à une mobilisation populaire de très grande ampleur réclamant son départ. Puis, du 14 au 16 août 2013, les forces de l'ordre égyptiennes lèvent violemment le sit-in des Frères musulmans qui protestaient contre l'éviction de Morsi. L'opération fait plus de mille morts, dans une terrible indifférence de l'opinion publique nationale. En amont, de manière quotidienne, la scène médiatique égyptienne avait présenté les Frères comme des espions aux mains des forces étrangères et des ennemis de l'Égypte. Le message avait apparemment été bien reçu.

Avec beaucoup moins de violence, huit ans après, la Tunisie a suivi un parcours analogue. Le président de la République élu, Kaïs Saïed, a gelé le 25 juillet 2021 les activités du Parlement présidé par Rached Ghannouchi, dirigeant de la branche tunisienne des Frères musulmans ; puis il a suspendu la Constitution âprement négociée de 2014. Ces décisions furent accompagnées par des manifestations de liesse populaire, sur la même avenue Bourguiba où avait triomphé le printemps arabe au centre de Tunis : klaxons et voitures parées de drapeaux tunisiens étaient au rendez-vous. Le lendemain, Ghannouchi a tenté d'entrer dans le bâtiment fermé de l'Assemblée

---

* Selon plusieurs sources, c'est Ahmed Chafik qui aurait gagné les élections, mais l'ancienne direction de l'armée, par prudence et peur de la guerre civile, préféra laisser la victoire à Morsi. Il est vrai que leurs résultats respectifs étaient très proches : Mohamed Morsi (51,73 %), Ahmed Chafik (48,27 %).

des représentants du peuple (ARP), le Parlement tunisien. Mais des militaires en armes l'en empêchèrent : ni le « peuple », ni les députés, ni les bases populaires d'Ennahdha ne s'étaient déplacés pour l'aider à pénétrer au sein de l'ARP[1].

Que s'est-il passé entre l'irruption surprise des Frères en 2011 à la tête des deux États et leur brutale éviction avec l'assentiment des peuples en 2013 et 2021 ?

Le dernier espoir arabe – tant en Afrique du Nord qu'au Moyen-Orient – d'une issue démocratique au « printemps 2011 » s'est envolé à Tunis. À qui la faute ? L'élucidation de ce problème nécessite de répondre à des questions préliminaires. Qui a conduit les deux soulèvements de Tunisie et d'Égypte ? Pourquoi les acteurs politiques islamistes ont-ils « ramassé la mise » de ces deux révolutions ? Quelles sont les différences entre les diverses tendances islamistes, et pourquoi les Frères musulmans sont-ils leur principale composante ? Pourquoi la recherche académique à leur sujet s'est-elle tant trompée en les présentant comme l'« équivalent musulman » des démocrates-chrétiens ? Que veulent au juste les Frères musulmans, et quel fut ce projet qui les a jetés dans l'impasse pour leur attirer tant d'hostilité ?

Il nous importera de comprendre pourquoi l'Égypte a clos en quelques mois l'épisode « Frères musulmans », sur fond de révolution démocratique, tandis qu'en Tunisie une véritable « décennie noire » a été nécessaire avant le coup d'État de Kaïs Saïed, qualifié par certains de coup de force. Pourtant, quelle que soit sa durée, l'échec des Frères musulmans au pouvoir est consacré. Or c'est au sein de l'opinion publique et des peuples égyptien et tunisien que le retournement a eu lieu : la désaffection populaire a frappé ces acteurs politiques regardés tant en Europe qu'en Amérique du Nord comme les représentants légitimes et populaires de l'islamisme modéré, par contraste avec les factions dites salafistes, djihadistes et violentes.

L'expérience islamiste égyptienne a été courte, une année jour pour jour, entre l'investiture du président et sa déchéance. Pourtant, il serait erroné de considérer l'éviction de Mohamed Morsi du 3 juillet 2013 comme l'unique résultat d'un coup d'État mené par une armée égyptienne souhaitant défendre ses privilèges économiques et politiques. Il s'agit d'un coup d'État *populaire* : l'un des objectifs de l'ouvrage est de tenter d'expliciter cet oxymore.

L'expérience islamiste tunisienne a été autrement plus longue. L'accueil populaire des décisions du président tunisien Kaïs Saïed du 25 juillet 2021 de geler les activités de l'Assemblée des représentants du peuple dirigée par le chef historique d'Ennahdha, Rached Ghannouchi, présente des similitudes avec les gigantesques rassemblements populaires égyptiens du 30 juin 2013. Se dégage alors un sentiment commun de soulagement, bien exprimé par le titre du journal *El-Masri El-Youm* (« L'Égyptien aujourd'hui ») de l'époque : « L'Égypte est revenue à ses vrais citoyens ! », suggérant par là que la destitution du président Mohamed Morsi est liée à la question de l'identité politique du pays.

Ce dernier constat est au cœur de l'hypothèse principale du présent travail collectif. Dans son important ouvrage *L'Échec de l'islam politique*[2], Olivier Roy avait noté à juste titre en 1999 que les islamistes se heurtaient à la notion d'État, qui existe et se solidifie ; en effet, le panislamisme, ou le rêve califal, qui est au départ internationaliste et supranational, s'est transformé dans certains pays en « islamo-nationalisme ». Ce fut le cas par exemple en Iran et en Turquie, pays dirigés depuis des décennies par des régimes islamistes. Olivier Roy s'est appuyé sur cet élément pour pronostiquer l'échec de l'islam politique arabe.

S'il avait en partie raison, il reste que les Frères musulmans arabes sont demeurés fidèles à leur internationalisme, comme l'ont prouvé les expériences égyptienne et tunisienne que nous allons examiner. Mais depuis le début du XXIe siècle, la révolution islamique d'Iran a réussi à forger de toutes pièces un croissant chiite au Moyen-Orient qu'elle ne cesse de renforcer, aidée en cela par l'invasion américaine de l'Irak en 2003 qui a brutalement remis en cause la domination politique des sunnites sur les chiites dans ce pays et consacré la

« confessionnalisation » des relations politiques internes, à l'instar du Liban. Enfin, depuis 2011, la Turquie islamiste a ressorti son rêve califal en soutenant tous les mouvements islamistes, que ce soit en Afrique (Libye), où campe son armée, au Moyen-Orient (Syrie), à travers le soutien à la révolution puis à Daech et à Tahrir al-Cham, ou en Europe occidentale, notamment chez ses émigrés dont elle finance, surveille et coordonne l'expansion prosélyte. L'incapacité des Frères musulmans « arabes » à intégrer et à récupérer à leur profit les nationalismes particuliers de l'Égypte et de la Tunisie a constitué la source principale de leurs échecs respectifs. Héritiers à leur corps défendant du nationalisme arabe, dont ils ont fait muter l'utopie unitaire en assomption islamique califale, les Frères musulmans « arabes » ont voulu nier l'existence même et la légitimité de leurs États. Certains parmi ces derniers étaient pourtant très anciens et très enracinés. Cela leur a été finalement fatal dans ces pays, ainsi que nous le verrons. Comme autres hypothèses explicatives de leur échec au pouvoir, le présent ouvrage met l'accent sur l'échec, voire l'incurie, de leur gouvernance, relié notamment à leur absence de compétences et d'imagination. Ce dernier phénomène se doit d'être compris dans le cadre des caractéristiques sectaires de leur organisation, qui ne fidélise que les membres les moins dotés de capitaux culturels.

Pour étayer ces hypothèses, il faudra revenir sur le contenu et la nature du projet des Frères musulmans, et admettre que leur « aggiornamento », diagnostiqué depuis des décennies par la recherche académique française, était bel et bien un leurre.

Auparavant, il faudra répondre aux questions suivantes : de qui parle-t-on, et qui sont les acteurs de l'islam politique, décomposés en Frères musulmans, salafistes, djihadistes et fondamentalistes ?

Islamistes et islamistes : le double déni

La littérature scientifique et académique abonde depuis deux décennies de (re)définitions, de classifications et de néologisation de l'« islam politique ». Cette notion implique que tout islam ne serait pas « politique » ; ce faisant, elle fait l'impasse sur des régimes qui, à l'instar des monarchies « arabes », ne seraient pas des régimes d'« islam politique », ce qu'ils sont bel et bien. Comment qualifier le royaume du Maroc, dont le système politique est basé sur la commanderie des croyants, ou l'Arabie saoudite, qui a inscrit sur son drapeau le précepte islamique : « Il n'y a de Dieu que Dieu, et Mahomet est son Prophète » ?

La thématique « islam politique » a attiré de plus en plus les chercheurs et les doctorants, autant par effet de mode que par volonté de trouver des financements et du travail dans un monde scientifique où les postes se font rares. Cette thématique ouvre en outre à d'autres carrières : islamologie, police, renseignement, justice, expertise, ONG dans le développement ou en faveur des migrants, professionnels de l'insertion dans les banlieues françaises, etc. Paradoxalement, la profusion d'experts de l'islam et de l'islamisme, loin de clarifier les catégories utilisées, contribue à les obscurcir pour des raisons liées aux logiques du travail académique. Ce dernier requiert du chercheur qu'il arrive à se distinguer pour affirmer son originalité et créer son propre public. C'est ainsi que la division et les subdivisions des thématiques reliées à l'islam et à l'islam politique ont conduit notamment à un double déni des chercheurs.

Le premier déni concerne l'*épistémê* commune aux différents groupements de l'islam politique. Le second déni concerne l'*épistémê* commune entre ces groupements et l'imaginaire commun du « musulman ordinaire ». Partons des écrits de la très importante école d'islamologie germano-française, à laquelle appartient notamment Mohammed Arkoun.

Ce grand islamologue[3] a qualifié de « réaction réformiste » la constellation d'idées, de questions et de réponses nées dans le monde musulman à partir du XIXe siècle, en réaction au défi de la domination étrangère et de l'« irruption de la modernité » venue d'Europe. Pourquoi ce retard et cette impuissance des populations dépositaires de la Parole de Dieu, alors que des « infidèles », demeurés sourds à l'ultime Révélation (coranique), ont réalisé des progrès si éclatants dans l'ordre de la culture et de la civilisation ?

Or, continue Mohammed Arkoun, la Parole de Dieu ne pouvant être démentie par l'histoire, les musulmans ont sûrement perdu le sens de cette Parole : à charge pour eux de déterminer quand, comment et pourquoi. Ainsi renaît au XIXe siècle l'attitude réformiste, définie comme un *retour à la forme vraie, originelle, de l'enseignement islamique.* L'affirmation d'une Vérité transcendante toujours apte – si les hommes savent la déchiffrer et en vivre – à ramener la marche de l'histoire sur la bonne voie est le mythe le plus tenace, le plus efficace, qui a permis à la conscience musulmane de surmonter toutes ses crises depuis 632. Là se situe le tronc commun que partagent différentes branches de l'islam politique jusqu'à nos jours, et ce quelles que soient leurs dénominations : Frères musulmans, salafistes, fondamentalistes, réformistes, djihadistes et takfiristes* de Daech, etc.

Ce tronc commun repose sur l'axiome suivant : *la réforme consiste en un retour en arrière à partir de l'imitation d'un passé islamique glorieux circonscrit aux premiers temps de l'islam, le modèle de Médine et des quatre califes, dits bien guidés.* Il s'agit en réalité d'un âge d'or idéalisé et reconstruit après coup, puisque trois des quatre califes dits « bien guidés » sont morts assassinés pour des motifs d'intérêts politiques et économiques, comme les décrivent avec brio les ouvrages de Hela Ouardi[4].

Différentes réactions « réformistes » se distinguent par la méthode pour arriver au même objectif[5]. Certaines ont été dominantes, puis

---

* Qui pratiquent le *takfir,* à savoir prononcent la déchéance d'une personne de sa qualité de musulman.

ont été à leur tour dominées. Il en fut ainsi du réformisme musulman du XIXe siècle, qui influença les premières élites politiques post-indépendance dans ces pays : il n'a jamais été un refus du religieux, mais une volonté de réforme à l'« intérieur » du message religieux. Pour Mohamed Abduh*, qui écrit à l'extrême fin du XIXe siècle, la situation de dominés ou de colonisés des musulmans a pour origine leur absence d'effort d'*adaptation* du message religieux au progrès, à la science et aux techniques. Tout en récusant l'imitation servile de l'Europe, ce premier moment réformiste n'est pas dans une posture de refus face à l'Occident. Il vise au contraire à récupérer le meilleur de l'Occident, à savoir les sciences, les techniques et plus largement le progrès et la « modernité », et à l'inclure à l'intérieur du message religieux originel et purifié. Son ouverture à l'Europe et aux idées des Lumières s'est donc faite sur un mode syncrétique et non critique.

À l'inverse, pour les salafistes, la cause du retard des musulmans ne réside nullement dans le fait qu'ils ne se sont pas *adaptés* aux changements. L'origine de leur déchéance est due au fait qu'ils n'ont pas *appliqué à la lettre* les textes sacrés et qu'ils ont commis des *bid'a*, des innovations blâmables par rapport au texte et à la loi islamique.

Le salafisme caractérise l'idéologie officielle de l'État saoudien, à savoir le wahhabisme. Il s'agit de l'école de pensée fondée au XVIIIe siècle par Muhammad ibn Abd al-Wahhab (1703-1792), un prédicateur de la péninsule Arabique. Ce dernier a remis à l'honneur la doctrine d'Ahmad ibn Hanbal (780-855), l'une des quatre grandes écoles juridiques sunnites, qui se caractérise par une interprétation extrêmement rigoureuse et littéraliste de l'islam. Jusqu'à aujourd'hui en Égypte, l'expression « Ne sois pas hanbalite » est une injonction pour ne pas être un « pur et dur » de l'application de la norme islamique. Mais plus important encore, la doctrine de

* Mohamed Abduh (1849-1905), nommé grand mufti d'Égypte en 1899, est considéré avec Jamal al-Din al-Afghani comme le père du mouvement réformiste islamique moderne. Les qualificatifs de « réformisme musulman » (par mimétisme avec la réforme protestante) et de salafisme (ou *salafia*) ont été inventés par les orientalistes français à l'époque coloniale. Pour le présent ouvrage, nous réservons le terme « réformisme » à celui développé par Mohamed Abduh et « salafisme » à celui de Rashid Rida et des Frères musulmans.

Muhammad ibn Abd al-Wahhab s'est appuyé sur l'école de pensée d'Ibn Taymiyya (1263-1328), un « savant » musulman qui a connu la chute de l'Empire abbasside et la prise de Bagdad par les Mongols en 1258. Son combat contre ces derniers le conduit plusieurs fois en prison où il finit par mourir. Sa doctrine se particularise par le littéralisme le plus absolu, le rejet de la raison individuelle et de l'opinion personnelle, le refus de l'héritage philosophique grec, et enfin le combat contre les pratiques religieuses populaires comme le culte des saints. De même et peut-être surtout, Ibn Taymiyya a fait du djihad un de ses principaux thèmes de prédilection.

Durant près de deux siècles, le wahhabisme a souffert d'une très mauvaise réputation dans le monde musulman pour son extrémisme, son agressivité et son sentiment de supériorité, car se concevant comme le seul vrai islam. Il a été réfuté comme hérésie par les oulémas de Tunis dès le XVIIIe siècle. Mais le choc provoqué par la chute de l'Empire ottoman en 1924 renforce le sentiment d'humiliation lié à la colonisation occidentale et redore le blason d'une telle doctrine par l'intermédiaire d'un certain nombre d'acteurs comme Rachid Ridha[6] ou Hassan al-Banna, le fondateur des Frères musulmans en Égypte. Qualifié de « chaînon manquant » par Hamadi Redissi[7], ce dernier a attribué à l'organisation qu'il a fondée la devise suivante : « Allah est notre but, le Prophète notre chef, le Coran notre Constitution, le djihad notre voie, la mort sur la voie d'Allah notre désir le plus cher ». Les écrits des doctrinaires des Frères musulmans, Hassan al-Banna et Sayyid Qotb, sont un témoignage manifeste de la filiation idéologique des Frères musulmans avec les idées d'Ibn Taymiyya telles que réinterprétées par Muhammad ibn Abd al-Wahhab[8]. À partir de là, il est important de remettre en cause la distinction communément admise entre la doctrine des Frères musulmans qui serait plus « modérée », plus « moderne », et celle des salafistes qui serait « extrémiste » ou radicale. Les deux courants de pensée partagent les mêmes référents doctrinaux mais se distinguent sur leurs interprétations en fonction des circonstances, des intérêts et des enjeux politiques. L'illustration la plus parlante d'un tel phénomène est l'attitude des salafistes égyptiens du parti Al-Nour. Ils ont soutenu le coup d'État militaire du 3 juillet 2013 contre les Frères musulmans.

Les Frères musulmans – créés en Égypte en 1928 – sont également, sur le plan doctrinal, des salafistes. Leur but principal est de mener une contre-offensive culturelle à la modernité et d'opérer une réislamisation individuelle, sociale, mais également politique. L'ennemi principal est la sécularisation. Youssef al-Qaradâwî, leur maître à penser égyptien (décédé en 2021), publia en 2008 un ouvrage au titre significatif : *Le Combat de l'extrémisme laïc contre l'islam : les exemples turc et tunisien*[9]. Les principaux exemples qui concernent la Tunisie sont l'abolition de la polygamie, de la répudiation et la légalisation de l'adoption, jugées contraires à la loi islamique. Ce sont d'ailleurs les Frères, chassés d'Égypte dans les années 1950 par Nasser, puis de Syrie, qui ont aidé à construire l'État, l'administration et l'éducation en Arabie saoudite jusqu'en 1990.

Apparus quelques années après la chute du Califat ottoman en 1924, les Frères musulmans sont donc animés par un objectif politique : le rêve califal. Il s'agit d'un rêve d'unité panislamique – le rassemblement de tous les musulmans sous un même pouvoir –, mais aussi de suprématie mondiale et impériale. Il est important de noter que, dans ce que Mohammed Arkoun dénomme *réaction réformiste,* il y a quelque chose de l'ordre de l'orgueil blessé d'une communauté qui se considère comme supérieure aux autres, car elle a été digne de recevoir l'Ultime Révélation* : elle aurait donc vocation à dominer les autres communautés.

Les mythes sur lesquels repose cet imaginaire commun aux différents groupements de l'islam politique et au « musulman ordinaire » n'ont jamais été remis en question, sauf dans des cercles académiques étroits. De plus, et peut-être surtout, ces mythes ont été confortés et encouragés ces dernières décennies par un certain nombre de « méga-acteurs » internes et externes aux pays de la région, pour des raisons politiques et stratégiques.

---

* Selon les musulmans, Mahomet est le dernier prophète envoyé par Dieu.

De manière générale, les analystes font dater le « retour de l'islam » à la défaite de l'Égypte, de la Jordanie et de la Syrie en 1967 face à Israël, à l'échec économique des nationalismes arabes et à la crise des régimes postindépendance des années 1970.

Cette analyse n'est pas totalement juste. Elle incite à croire que les mouvements nationalistes étaient exempts de la dimension religieuse islamique. Certes, dans les années 1950 et 1960, les mouvements de libération nationale portaient en leur sein les valeurs universelles d'égalité, de justice sociale et de dignité. L'islam était intégré dans cette construction idéologique et identitaire et n'apparaissait pas comme un obstacle à cette représentation d'un imaginaire politique universel. Ces nationalismes de la première heure étaient portés par le premier moment du réformisme musulman lié à la figure de Mohamed Abduh, évoqué plus haut. En Égypte par exemple, le principal mouvement nationaliste contre l'occupation anglaise, le Wafd, était animé autant par des musulmans que par des coptes. De même, il est important de rappeler que parmi les activistes nationalistes tunisiens se trouvaient des Tunisiens juifs, même si ces derniers ont plutôt investi les formations communistes. Enfin, il est fondamental de rappeler que le nationalisme dans les pays du Sud n'a pas forcément la dimension négative qu'il peut avoir dans les pays occidentaux au sens de l'héritage laissé en Europe par les années 1930. Il s'agit d'abord et avant tout d'une réaction politique contre l'occupation coloniale avec comme objectif la construction d'États nationaux en tant qu'instrument principal de l'émancipation et de la souveraineté des peuples.

Pour autant, ces mouvements de libération nationale ont été également alimentés par la dimension religieuse islamique des populations, heurtées par une domination coloniale perçue avant tout comme « chrétienne », et par une sorte de djihadisme populaire[10]. Tel n'était pas le cas de l'Empire ottoman, qui n'était pas perçu comme une domination coloniale en dépit de sa violence répressive, car dirigé par un calife musulman.

Nul hasard dans le fait que les combattants algériens du FLN aient été nommés des « moudjahidin » (combattants du djihad), et que le héros « laïc » du mouvement de libération nationale tunisien, Habib Bourguiba, se soit fait appeler le « Moudjahid suprême ». Le djihad fait partie de l'imaginaire et du vocabulaire religieux de l'ensemble des musulmans. Habib Bourguiba, pourtant admiratif de l'Europe des Lumières, a estimé qu'il ne fallait pas encourager les femmes à ôter le voile pendant le protectorat français, car il signifiait l'identité nationale tunisienne. Il le fit supprimer après l'indépendance, tout comme il supprima certaines dispositions de la loi islamique défavorables au statut de la femme et à l'égalité entre les sexes. Enfin, il a redéfini les significations du djihad. Il ne s'agissait plus de combattre les colonisateurs français, mais de lutter contre le sous-développement. Un tel effort nécessitait selon lui l'abandon de la pratique du jeûne du ramadan, parce que ce nouveau défi requérait une parfaite forme physique et mentale. Bourguiba s'est même fait filmer en direct à la télévision en train de boire un verre d'eau en plein mois du ramadan !

En 1974, Habib Bourguiba proposa une relecture critique du Coran[11] qui lui valut une accusation d'apostasie et d'impiété de la part des plus hautes autorités religieuses saoudiennes. La période était propice à la diplomatie religieuse agressive de l'Arabie saoudite depuis l'augmentation des prix du baril de brut décidée par l'OPEP au lendemain de la guerre de 1973. Cette première guerre du pétrole en guise de rétorsion contre les pays alliés à Israël contribua fortement à légitimer aux yeux des populations de la région l'« islamisme politique », en l'occurrence celui des monarchies du Golfe. Quelques années plus tard, la révolution khomeyniste de 1979, qui a signifié le premier grand échec des États-Unis dans cette région, a conforté le succès d'une telle idéologie. Enfin, la domination militaire d'un État qui se définit comme « juif », à savoir Israël, a légitimé aux yeux des populations l'importance d'intégrer la religion dans le politique comme facteur de puissance.

Devenue superpuissance financière et pétrolière, protégée par son alliance historique avec les États-Unis, l'Arabie saoudite a développé une diplomatie religieuse combative pour imposer son leadership islamique et politique au monde arabe et prendre sa revanche sur le nassérisme égyptien laminé par la défaite de 1967[12]. Les Frères musulmans égyptiens ont été un des instruments de cette stratégie. *Via* la construction et l'équipement de milliers de mosquées à l'étranger – pour un coût d'au moins 70 milliards de dollars – et la formation de prédicateurs arabes, africains et asiatiques, sur place et grâce aux chaînes satellitaires religieuses au cours des années 1980 et 1990, l'Arabie saoudite est parvenue à imposer dans le monde arabe le deuxième type de réformisme, caractérisé par le littéralisme et l'imitation aveugle des pieux anciens (ou *salaf*), le wahhabisme-salafisme.

Cette idéologie est au fondement du royaume saoudien. Depuis sa création en 1961, l'Université de Médine a formé quarante-cinq mille cadres religieux appartenant à cent soixante-sept nationalités[13]. C'est pourquoi le réformisme musulman d'un Bourguiba ou d'un Nasser prônant l'adaptation de l'islam à la modernité a perdu la bataille idéologique dans les pays de la région dès la fin des années 1970 ; et « l'islam sectaire est devenu l'islam », écrit Hamadi Redissi dans son ouvrage de référence sur l'islam saoudien[14].

Les pouvoirs publics égyptiens et tunisiens ont été à la fois les complices et les acteurs de cette régression culturelle et religieuse. Il s'agissait pour eux de saper, dès le tournant des années 1960, le développement des idéologies socialistes et égalitaristes de la gauche marxiste qui s'amplifiaient, notamment dans les universités. Puis, dans les années 1980, ils voulurent contrer la montée de la contestation sociale contre les politiques néolibérales prônant le retrait de l'État de ses missions sociales. Or le salafisme-wahhabisme tel qu'il ressort du pacte reliant le fondateur de la dynastie saoudienne et Muhammad ibn Abd al-Wahhab, prône le respect et l'obéissance au prince et au gouvernant, à charge pour lui d'appliquer sa doctrine. Ce calcul s'avéra toutefois erroné.

L'idéologie salafiste subit en effet des mutations. En s'autonomisant par rapport à ses initiateurs idéologiques et financiers, elle s'est radicalisée du fait de son hybridation avec l'idéologie des Frères musulmans, et principalement d'un de leurs principaux théoriciens pendu par Nasser en 1966, Sayyid Qotb. Cette hybridation s'est réalisée au cours du séjour des Frères musulmans égyptiens, chassés par Nasser, en Arabie saoudite[15]. L'acteur principal de cette hybridation est le propre frère de Sayyid Qotb, Muhammad Qotb, lors de son séjour en Arabie saoudite. Il a facilité le mélange entre les deux doctrines par le biais d'une version édulcorée de l'ouvrage de son frère : *Repères sur le chemin**.

Le principal doctrinaire des Frères musulmans, Sayyid Qotb, poussa jusqu'à leurs extrêmes limites les idées du fondateur des Frères musulmans, Hassan al-Banna. Il les exprima dans une langue arabe moderne qui séduisit la jeunesse arabe scolarisée et surtout marqua durablement la pensée des dirigeants des Frères musulmans de par le monde jusqu'à aujourd'hui. Par ses écrits, il excommunia non seulement les pouvoirs politiques arabes ne respectant pas la loi islamique (dite charia), mais également les sociétés qui « se disent » musulmanes. Il appela les « vrais » musulmans à les combattre afin de rétablir la souveraineté absolue de Dieu (*al-hakimiya*) par l'instauration de l'État et de la loi islamiques, afin de libérer les croyants du matérialisme occidental. Sayyid Qotb est le père spirituel de l'extrémisme islamique, du djihadisme et de l'ensemble des mouvements qui pratiquent aujourd'hui la violence au nom de l'islam. Le président Sadate fut ainsi assassiné en 1981 par un membre du Jihad islamique égyptien. Auparavant, la monarchie saoudienne subit l'attaque de La Mecque en 1979 par des étudiants extrémistes formés à l'Université de Médine.

La même erreur d'appréciation a été commise par les États-Unis, qui se sont alliés à l'Arabie saoudite pour mener le djihad contre

* C'est le livre que le jeune apprenti islamiste héros du film *La Conspiration du Caire* (2021) est tenu de dévoiler pour faire croire à ses nouveaux amis Frères musulmans qu'il est l'un des leurs.

l'Union soviétique en Afghanistan, et qui ont pourtant vu les Twin Towers de New York brûler un certain 11 septembre 2001, attaquées par des avions pilotés par 15 Saoudiens sur les 19 pirates de l'air. De ce point de vue, observons que le rapport du Congrès américain[16] de 2022 pour dénoncer les Frères musulmans ne fait aucune allusion aux liens de ces derniers avec l'idéologie officielle de l'Arabie saoudite.

La révolution khomeyniste de 1979 a conforté le succès de cette idéologie islamiste radicale. La poste iranienne émit un timbre portant l'effigie de Sayyid Qotb, tout sunnite qu'il fût, et une rue a été baptisée Khalid el-Islambouli, du nom de l'assassin de Sadate. Cette révolution réactiva la division sunnite/chiite et conforta considérablement la diplomatie religieuse de l'Arabie saoudite, qui se trouva ainsi un deuxième ennemi : l'islam chiite.

Al-Qaida, Aqmi (Al-Qaida au Maghreb islamique) et Daech sont les fruits idéologiques et culturels des hybridations successives de l'islamisme dans ses deux principales variantes : les Frères musulmans et le salafisme-wahhabisme. La réaction américaine au 11 septembre 2001, dénommée « guerre globale contre le terrorisme » avec notamment l'invasion de l'Irak, contribua au succès régional et international du « salafisme djihadiste ». Cette idéologie devint la nouvelle utopie révolutionnaire du XXIe siècle[17]. Elle attira également une partie de la jeunesse occidentale et française, comme l'ont dévoilé au monde les guerres d'Irak et de Syrie.

« L'Arabie saoudite est un Daech qui a réussi », écrit l'écrivain algérien Kamel Daoud. Il n'a pas totalement tort. Selon l'islamologue Nabil Mouline[18], Daech ne fait que reproduire des schémas messianiques répandus en terre d'Islam depuis le VIIe siècle.

Il n'est donc pas étonnant que les acteurs de l'islam politique aient révélé leur poids à la suite des soulèvements de 2011. C'est le résultat d'un demi-siècle de salafisation du langage et l'aboutissement du processus de dépolitisation des sociétés de la région. Un tel phénomène transforma les luttes émancipatrices en combat pour l'affirmation identitaire, sous l'effet d'un vocabulaire à forte dose performative[19]. Il servit de socle aux variantes fhériste, salafiste et djihadiste. Pendant plusieurs décennies, ce substrat idéologique originel a été conforté *via* les programmes scolaires, les leçons d'histoire, les cours de religion, les programmes des chaînes de télévision satellitaires, les séries télévisuelles, les documentaires et les émissions de téléprédicateurs.

Alors que le « printemps arabe » augurait du passage des sociétés de la région aux valeurs universelles de justice sociale, de démocratie, de dignité et du respect des droits humains, les premiers résultats politiques et électoraux ont donné la victoire à ceux qui prônent le conservatisme religieux, le repli sur soi et la défiance envers l'autre : l'Occident « chrétien ou mécréant », le concitoyen chiite, copte, juif ou insuffisamment musulman, car vivant dans la *jahiliyya* (l'« ignorance préislamique », qui vaut état de péché). Fethi Benslama parle de guerre civile à l'intérieur de l'islam[20].

Mais la victoire de 2011 a été de courte durée. Le présent ouvrage veut faire comprendre le retournement des opinions publiques égyptienne et tunisienne contre les courants islamistes, en lien notamment avec les identités politiques nationales des deux pays concernés.

Les Frères musulmans ont longtemps dirigé le Soudan. Ils ont animé et porté la révolution syrienne post-2011. Ils dominent le Qatar et dirigent la Turquie, terre d'exil des Frères musulmans égyptiens depuis 2013, mais aussi syriens depuis 2017. Soutenus par les Turcs, ils dirigent la Tripolitaine par intermittence depuis 2011, et nettement depuis l'intervention armée turque de 2020. Ils tiennent aussi la bande de Gaza jusqu'à la guerre d'octobre 2023, et ils ont pendant dix ans dirigé (en mode mineur) le gouvernement du royaume du Maroc. Partout, leur gouvernance mériterait de longs développements. Mais nulle part ailleurs qu'en Tunisie et en Égypte, l'Union européenne, les États-Unis et la France n'ont regardé avec autant de bienveillance et d'espoirs le gouvernement des Frères musulmans.

Parmi les avantages comparatifs de la transition tunisienne vers la démocratie, l'image positive du courant islamiste propre à la Tunisie, le mouvement Ennahdha, était sans égale. Telle est du moins l'image ancrée dans la littérature académique française, et par voie de conséquence dans les médias et la diplomatie des Occidentaux. Le mariage entre la démocratie et les Frères musulmans semblait possible et était souhaité en Tunisie. Après tout, les islamistes d'Ennahdha ne sont-ils pas également les enfants, fussent-ils rebelles, de Bourguiba ?

Pourquoi et comment les « urnes » donnent-elles la victoire aux islamistes alors que ces derniers n'ont pas appelé à la révolte de la « rue » en 2011 ?

Que nous dit la littérature académique de ces groupes longtemps demeurés mystérieux, et finalement encensés par la diplomatie internationale après 2011 ?

Quels liens entretiennent en Tunisie et en Égypte les Frères musulmans et les autres factions de l'islam politique ?

Quelles sont les particularités de leur organisation, à la fois source de leur force et de leur faiblesse ? Quel est donc leur programme de gouvernement hormis le *tamkin*, à savoir le noyautage et l'infiltration de l'État et de la société civile ? Pourquoi s'intéressent-ils particulièrement à la femme et à l'enfant, et quels ont été les résultats de leur combat pour la moralisation de l'économie ?

Enfin, comment expliquer la rapidité de la « chute » des Frères musulmans égyptiens par rapport à leurs homologues tunisiens ? Quelles catégories sociales ont contré le projet des Frères musulmans dans les deux pays ?

Nous verrons qu'au-delà du cas particulier de l'Égypte, où les Frères ont réussi très rapidement à se faire détester d'une grande partie de la population parce qu'ils avaient heurté le sentiment national patriotique, c'est dans la durée que les Frères musulmans tunisiens ont accumulé une hostilité qui a fini par les submerger : hors le noyau dur des militants, la politique de démantèlement de l'État tunisien et de ses politiques publiques a dessillé les yeux des plus bienveillants à leur égard.

CHAPITRE 1

La dialectique de la rue et des urnes

À l'instar des autres acteurs de l'opposition à la dictature, qu'elle soit islamique ou non, les Frères musulmans tunisiens et égyptiens n'ont pas été les initiateurs des soulèvements qui ont embrasé leurs pays respectifs en 2011. En réalité, les révoltes tunisienne et égyptienne peuvent être attribuées à une multiplicité d'acteurs individuels et collectifs qui ont émergé à la faveur de l'articulation d'un même phénomène : la sortie du monopole sur le champ médiatique, jusqu'alors confisqué par les États, qui a accompagné et protégé la montée du mécontentement social et politique dans les deux pays[1].

Les Frères musulmans n'ont pas organisé les soulèvements de 2011

En commentant le soulèvement tunisien, les chercheurs n'ont pas hésité à parler d'*e-revolution*, à cause du rôle joué par Facebook dans la mobilisation. Pour l'Égypte, d'autres ont souligné la mutation du paysage médiatique du pays commencée quelques années auparavant. Ce n'est pas un hasard si Sarah Ben Néfissa de l'Institut français de recherche pour le développement (IRD) et Nabil Abdel Fattah du Centre des études politiques et stratégiques d'*Al-Ahram* (« Les Pyramides », le grand quotidien égyptien) ont organisé, au Caire, une table ronde en juillet 2009 intitulée « Médias, mobilisations collectives et gouvernance en Égypte ». Les journalistes de la presse indépendante privée, les talk-shows des télévisions satellitaires égyptiennes et l'Internet ont été d'ardents véhicules de la contestation sociale et politique à partir de 2005. La Tunisie de Ben Ali n'a jamais connu la liberté d'expression et de presse en vigueur dans l'Égypte de Moubarak. Les Tunisiens ne connurent cette liberté fondamentale qu'après janvier 2011.

Les deux soulèvements sont liés et se sont succédé dans le temps. Le 14 janvier 2011, le président Ben Ali s'envole pour l'Arabie saoudite, sans retour. Dix jours plus tard, les Égyptiens sortent dans la rue, et le 11 février 2011, le président Moubarak démissionne. Entre les deux dates, les activistes et les médias indépendants égyptiens ont glorifié le soulèvement tunisien. Les premiers manifestants du 25 janvier répétaient la phrase suivante : « Les Tunisiens l'ont fait ! » suggérant ainsi l'interrogation : « Pourquoi pas nous ? »

L'effet domino des soulèvements de 2011, qui sont passés d'un pays arabe à un autre, a été facilité par ce que l'on dénomme un « espace public commun » caractérisé par une langue commune, l'arabe, une religion dominante, l'islam, dans lequel les citoyens se sentent proches les uns des autres et estiment – à tort ou à raison – qu'ils ont un passé et un avenir communs. Évidemment, les bouleversements qui ont concerné ce que Tourya Guaaybess dénomme la « confluence médiatique arabe[2] » ont joué un rôle fondamental dans la réactivation et la reformulation de cet espace public arabe. Si les chaînes satellitaires religieuses liées aux pays du Golfe ont joué un rôle fondamental dans la « salafisation » des esprits et des pratiques religieuses, certaines d'entre elles ont également été des espaces privilégiés de la contestation politique et sociale, principalement la chaîne Al Jazeera, financée par le Qatar, dont le siège est à Doha.

Or, quelques années avant le soulèvement de 2011, cette même chaîne se plaignait de ses parts de marché en Égypte, où elle était concurrencée par les chaînes privées nationales, notamment Dream 2. C'est au cours de l'émission *10 heures le soir*, animée par Mona El-Chazly, que Wael Ghonim éclate en sanglots un certain 8 février 2011, après onze jours d'incarcération par la police égyptienne. Il s'agit en effet de l'administrateur de la page Facebook « Nous sommes tous Khaled Saïd* », qui a appelé à descendre dans la rue le 25 janvier 2011. Sa libération et son passage à la télévision devaient permettre au régime de Moubarak de récupérer la jeunesse révoltée, mais c'est le contraire qui s'est produit. Les larmes de Wael Ghonim devant les photos des jeunes « martyrs de la révolution » – morts sous les balles de la police –, et sa sortie précipitée du plateau, provoquèrent une onde de choc. Le lendemain, les manifestations de Midan Tahrir (place de la Libération) ont doublé de volume.

L'opinion publique occidentale, marquée par la révolution iranienne de 1979, observa qu'aucun mot d'ordre de type islamique n'avait été prononcé tout au long des deux soulèvements. Pour l'Égypte toutefois, les mots d'ordre islamiques sont apparus progressivement au cours du soulèvement mais sans être dominants. Il est vrai qu'en Tunisie, les structures d'Ennahdha avaient été laminées par la répression de Ben Ali au cours des années 1990. Ce n'était toutefois pas le cas des Frères musulmans égyptiens. Bien que non reconnus au plan juridique, ils agissaient dans l'espace public et politique égyptien depuis le milieu des années 1970. Aux législatives de 2005 en Égypte, ils ont même gagné quatre-vingts sièges de députés à l'Assemblée du peuple. Mais à l'instar des autres formations politiques de l'opposition, les Frères musulmans ont commencé par refuser de s'associer à la manifestation de rue du 25 janvier 2011. En revanche, ils sont présents dans l'énorme manifestation du « vendredi de la colère », le 28 janvier 2011, qui aboutit à la conquête de

* Khaled Saïd est un jeune Égyptien de 28 ans mort sous la torture policière à Alexandrie le 6 juin 2010. Son décès a provoqué une mobilisation inédite de la jeunesse. Il est devenu le symbole de la dictature exercée par les services de sécurité sous Moubarak. C'est en son nom qu'a commencé la révolution égyptienne en janvier 2011.

la place Tahrir. Le soir même, des commissariats de police ont été saccagés et des comités de défense des quartiers se sont constitués pour protéger les habitants.

Ce changement d'attitude provient de la réussite inattendue de la mobilisation du 25 janvier et de la volonté des Frères musulmans de profiter de cette opportunité. Ce positionnement est décidé par leur direction et non par ses bases jeunes. Une partie d'entre eux participent d'ailleurs aux manifestations dès le 25 janvier. En association avec les supporters d'équipes de football, les ultras[3], ils jouèrent un rôle fondamental pour défendre la place Tahrir le 2 février 2011 contre les forces de l'ordre qui voulaient lever le sit-in. Ils sont néanmoins écartés par la direction des Frères musulmans au lendemain du soulèvement*. Il faut attendre le 5 février pour qu'une déclaration officielle des Frères musulmans soutienne la colère populaire[4]. Mais le 6 février, les Frères constituent l'un des principaux groupes qui acceptent de rencontrer Omar Souleiman, le chef des services de renseignement nommé dans l'urgence vice-président, pour négocier une sortie de crise.

L'attitude des Frères musulmans égyptiens est en réalité significative de leur conception du changement et de la réforme, et plus généralement du peuple et de la rue. L'ambiguïté profonde de leur attitude vis-à-vis du soulèvement du « peuple » est à relier à leur doctrine et à leur idéologie : elles n'accordent pas de valeur intrinsèque au « peuple », à moins que ce dernier soit « musulman », ou plutôt « véritablement musulman ». Or une telle caractéristique n'est pas à la portée de tous. Pour ce faire, il faut que ce peuple soit réislamisé à la mode fériste et soumis, ou tout du moins contrôlé, par l'organisation des *vrais* musulmans, l'organisation des Frères musulmans. Selon leur doctrine, les Tunisiens comme les Égyptiens

* Les jeunes Frères musulmans organisèrent le 26 mars 2011 la conférence des Jeunes Frères. Près de cinq cents jeunes Frères provenant de toute l'Égypte y participèrent. Effrayée par ce succès, la direction du mouvement organisera elle-même une deuxième conférence des Jeunes Frères. Marie Vannetzel, « Égypte : l'impasse de la clandestinité », *in* Pierre Puchot (dir), *Les Frères musulmans et le Pouvoir*, Galaade Éditions, 2014, p. 16-47.

sont insuffisamment musulmans. Fathi Yakan, un des principaux doctrinaires des Frères musulmans, écrivit la phrase suivante : « Le but du mouvement islamique est d'abord de préparer l'individu à ce qu'il devienne un vrai musulman avant de le préparer à ce qu'il devienne un membre en son sein, car l'appartenance à l'islam est la base et l'appartenance au mouvement est un élément indivisible de la sincérité de la foi dans l'islam[5]. »

Telle est la logique de cette doctrine, qui explique que les Frères musulmans n'ont pas soutenu la vague contestataire ni les milliers de mouvements sociaux qui ont embrasé l'Égypte au cours des cinq années précédant le soulèvement de 2011[6]. La contestation a pourtant concerné toutes les catégories sociales – ouvriers, paysans, étudiants, médecins, etc. – et relevait d'une multiplicité de causes, aussi bien sociales que politiques et environnementales.

La non-prise au sérieux par le champ académique occidental des mouvements sociaux qui ont précédé le printemps arabe de 2011 doit être reliée à ce dernier phénomène. Puisque les Frères musulmans n'en sont pas les acteurs, il a été conclu rapidement qu'il s'agissait d'épiphénomènes[7] !

Hassan al-Banna, le guide mythique de la confrérie, avait clairement déclaré[8] que les Frères musulmans ne comptent pas sur la révolution pour réformer, et qu'ils ne croient pas que cette dernière puisse avoir des aspects ou des résultats positifs.

Les acteurs de la transition et la « règle du jeu »

Il n'est donc pas étonnant que, dès la chute de Moubarak, le 11 février 2011, les Frères musulmans aient fait le choix de l'alliance avec l'armée. Ils se retournent ainsi rapidement contre leurs anciens alliés de la place Tahrir, notamment les regroupements de la jeunesse révolutionnaire nés sur cette même place. Cette alliance de circonstance a eu pour avantage de préserver et de défendre les intérêts des deux acteurs à la fois.

L'armée, surprise par le soulèvement, souhaitait un retour à l'ordre rapide à l'aide d'une organisation forte capable de tenir la rue. Elle a d'abord tenté de s'allier aux groupements de la jeunesse révolutionnaire, afin d'éviter que ces derniers ne soient dans le giron des Frères musulmans. Cela n'a pas été possible à cause du refus de ces jeunes, de leur jusqu'au-boutisme révolutionnaire et de leurs divisions. Le 4 février 2011, ils fondent la « Coalition des jeunes de la révolution » et décident de maintenir leur collectif après le départ de Moubarak – exfiltré dans le Sinaï par l'armée – afin de réaliser le reste des objectifs révolutionnaires. Leurs revendications sont les suivantes : changement de Premier ministre ; procès contre Moubarak, ses enfants et son ministre de l'Intérieur ; dédommagement des familles de martyrs de la révolution ; remise en cause des tribunaux militaires ; fin de l'état d'urgence en vigueur depuis 1981 ; contestation de la direction de l'armée au pouvoir et revendication d'une remise rapide du pouvoir aux civils ; refus du régime militaire puis du régime islamiste après l'arrivée des Frères musulmans au pouvoir, etc. Leur principale forme d'action a été l'occupation durable de la place Tahrir et le combat de rue[9].

Cette entreprise a, d'une certaine manière, réussi, puisque la place Tahrir n'a pas désempli pendant près de deux ans. La société égyptienne dans son ensemble a fait figure de société constituante, ont écrit Bernard Rougier et Stéphane Lacroix[10], avec l'entrée en jeu des groupes et des acteurs qui définissent, les uns à côté des autres, leurs conceptions propres de la vie en société. Parmi ceux-ci se trouvent les organisations islamistes sorties d'une semi-clandestinité, les cheikhs salafistes, les partis politiques, les clubs de football, des groupes tribaux en haute Égypte, les femmes, la jeunesse révolutionnaire, les syndicats ouvriers, des éditorialistes ou de simples citoyens blogueurs… Cette situation de liberté inédite est accompagnée d'une créativité extraordinaire au plan culturel[11], notamment dans le domaine jusqu'alors interdit du *street art*.

Elle est également accompagnée d'une grande violence, de frictions entre groupes opposés, mais aussi et peut-être surtout entre les *sit-inners* et les forces de l'ordre. Les téléspectateurs du monde entier se souviennent du soutien-gorge bleu de la jeune fille traînée par terre par un policier quelques mois après la révolution !

Si l'occupation médiatisée de la place Tahrir a fait le succès mondial de la jeunesse révolutionnaire égyptienne, elle a été également et de manière paradoxale l'une des sources de son discrédit au plan local, vis-à-vis de l'opinion publique égyptienne. Son succès médiatique mondial a d'abord conforté son jusqu'au-boutisme. Un des principaux acteurs politiques de cette période, Wahid Abdel Méguid*, a estimé que l'une des causes de l'échec de la révolution égyptienne a résidé dans l'attitude des jeunes de la révolution. La place Tahrir est en effet une place cruciale pour les déplacements des voitures et des bus dans l'agglomération géante du Caire. « Moubarak a démissionné, pourquoi continuent-ils à occuper la place ? Ce sont des paresseux qui n'ont pas besoin de travailler pour vivre comme nous ! » déclare le chauffeur de taxi fulminant contre les embouteillages chroniques**.

Le choix du passage aux urnes, dès mars 2011, n'a pas résolu les difficultés d'expression de la rue ; bien au contraire, il les a accentuées. Il résulte du compromis passé entre la direction de l'armée et la direction des Frères musulmans. Dès le 16 février 2011, la direction de l'armée a nommé à la tête de la commission chargée de proposer des réformes politiques un intellectuel plutôt laïc mais proche de la mouvance islamiste, Tarek el-Bichri, ainsi qu'un membre à part entière de la confrérie, Sobhi Saleh. L'ensemble des forces politiques et des acteurs du soulèvement de 2011 souhaitaient la rédaction d'une nouvelle Constitution avant de procéder aux élections des

* Wahid Abdel Méguid est un politologue, chercheur au Centre des études politiques et stratégiques d'*Al-Ahram*. Élu député au lendemain du soulèvement de 2011, il a fait partie de la Commission constitutionnelle chargée de rédiger la nouvelle Constitution du pays. Il en démissionna suite à la décision de Mohamed Morsi de s'arroger tous les pouvoirs en novembre 2012 (entretien avec Sarah Ben Néfissa).

** Témoignage de Sarah Ben Néfissa.

nouveaux dirigeants et d'une nouvelle élite politique. Les Frères musulmans, en accord avec la direction de l'armée, décidèrent du contraire : élire les députés de l'Assemblée du peuple, à charge pour elle de nommer une commission ayant pour mission de rédiger la nouvelle Constitution du pays. Un tel choix semblait avantageux pour les Frères musulmans.

Pendant plus de trois décennies, ceux-ci avaient en effet eu le temps et la liberté de se constituer des bases électorales dans le pays. Les résultats du référendum de mars 2011 avalisèrent cette procédure. Elle garantissait aux Frères musulmans ainsi qu'aux salafistes le contrôle de la rédaction d'une Constitution à leur guise. Les partisans du « non » au référendum, à savoir les forces politiques non islamistes et les coalitions de la jeunesse révolutionnaire, ont été accusés de mécréance au cours de la campagne électorale par les Frères musulmans. Mais cette procédure leur fut fatale et conduisit à leur perte en deux ans. Elle déclencha en effet des réactions en série des acteurs de la scène politique exclus de cette première entente sur la « règle du jeu » entre les Frères et la direction de l'armée.

Les Frères musulmans ont d'abord gagné l'ensemble des consultations électorales postrévolution : le référendum de mars 2011, les élections parlementaires et sénatoriales entre novembre 2011 et février 2012, puis les élections présidentielles de juin 2012, et enfin le référendum sur leur proposition de Constitution du pays en décembre 2012. Pourtant, la « rue » égyptienne ne légitima pas moins, avec force et par avance, le 30 juin 2013 – l'armée ayant annoncé 17 millions de manifestants dans le pays, un chiffre invérifiable –, le coup d'État militaire du 3 juillet qui chassa les Frères du pouvoir.

En Tunisie, après quelques atermoiements, la « règle du jeu » de la transition vers la démocratie a été rapidement fixée par les acteurs politiques tunisiens suite au départ de Ben Ali. L'entente sur la « règle du jeu » de la transition en Tunisie a été reliée par les analystes au rôle joué par la société civile tunisienne. Si les nouvelles techniques de communication ont aidé le soulèvement tunisien, en l'absence de médias « classiques » libres comme en Égypte, les structures locales de l'Union générale des travailleurs tunisiens (UGTT) ont également soutenu le soulèvement de 2011. La manifestation de l'UGTT à Sfax, le 12 janvier 2011, a précipité la chute du régime et le départ de Ben Ali deux jours plus tard. La scène politique tunisienne n'est pas déséquilibrée comme en Égypte au profit d'un acteur politique dominant, en l'occurrence l'armée. De plus, il s'agit d'une armée avec laquelle les Égyptiens entretiennent une relation particulière. Il est bon de rappeler que la remise des clés du pouvoir à l'armée par Hosni Moubarak, le 11 février 2011, n'a pas particulièrement choqué les Égyptiens, y compris la plupart des jeunes révoltés ; les écrans du monde entier ont même montré les jeunes Égyptiens dansant sur les chars de l'armée place Tahrir. Pour Tewfik Aclimandos, l'armée est perçue par les citoyens égyptiens comme l'unique institution à avoir réussi en matière de modernisation, tout en étant à la fois égyptienne et musulmane.

En Tunisie, le départ de Ben Ali a vidé le lieu du pouvoir, et les acteurs politiques et sociaux ont été dans l'obligation de s'entendre sur la « règle du jeu » *via* un certain nombre d'instances. Le principal espace de dialogue est alors la « Haute Instance pour la réalisation des objectifs de la révolution, de la réforme politique et de la transition démocratique », présidée par le constitutionnaliste Yadh Ben Achour. Il est vrai que les premières tentatives de respecter la passation du pouvoir telle que définie par la Constitution de 1959 se sont soldées par un échec* à cause du mécontentement de la « rue » tunisienne en pleine ébullition. Cette dernière s'est exprimée notamment au travers des sit-in de Kasbah 1 et Kasbah 2, près du siège du Premier ministre au centre-ville de Tunis.

---

* Mohamed Ghannouchi, l'ex-Premier ministre de Ben Ali, en exercice au moment de sa fuite, s'est déclaré chargé de l'intérim présidentiel lors d'une allocution télévisée. La situation ne dépassera pas vingt-quatre heures, avant que la vacance définitive ne soit constatée par le Conseil constitutionnel, qui désigne alors à ce poste le président de la Chambre des députés, Fouad Mebazaa, en vertu de l'article 57 de la Constitution de 1959.

Ainsi s'est constitué le « Conseil de défense de la révolution* », composé notamment des deux acteurs principaux de la scène politique, l'UGTT… mais également Ennahdha. Quelques jours auparavant, le 30 janvier 2011, Rached Ghannouchi était revenu au pays après vingt-trois ans d'exil, essentiellement à Londres. Une nouvelle feuille de route est adoptée avec l'élection d'une Assemblée nationale constituante (ANC) chargée de rédiger la nouvelle Constitution du pays. La Commission présidée par Yadh Ben Achour se charge d'organiser le passage de la rue aux urnes. Elle achève ses travaux le 13 octobre 2011, et les premières élections libres et transparentes du pays pour l'ANC se déroulent du 20 au 23 octobre. Leur principal résultat est la victoire des islamistes d'Ennahdha, sans toutefois qu'ils obtiennent la majorité absolue comme en Égypte.

La société civile tunisienne surveille les travaux de l'ANC pour ne pas laisser les islamistes d'Ennahdha rédiger une Constitution à leur convenance. Elle joue également un rôle fondamental pour la sortie de la crise de l'été 2013 en liaison avec l'assassinat politique du député de gauche Mohamed Brahmi le 25 juillet 2013, qui a succédé à celui de l'avocat et homme politique charismatique de gauche Chokri Belaïd le 6 février 2013. Ce deuxième assassinat provoque une très grave crise politique, car il s'est déroulé au moment où la situation régionale a subi un bouleversement de grande ampleur : le coup d'État du 3 juillet 2013 en Égypte qui a destitué le président élu Mohamed Morsi et a fait chuter la maison mère mondiale des Frères musulmans.

Si la fuite de Ben Ali a ouvert en 2011 le champ des possibles pour les Égyptiens, le soulèvement contre les Frères musulmans du 30 juin 2013 en Égypte et le coup d'État du 3 juillet 2013 ont affecté en retour le processus transitionnel tunisien. Le « tremblement de terre égyptien » du 3 juillet 2013, ainsi qu'il a été dénommé par les Tunisiens, renforce le camp des non-islamistes. Soixante députés

---

* Les autres composantes du Conseil de la révolution : l'Ordre des avocats, l'Association des magistrats, le Comité contre la torture, le Parti communiste des ouvriers de Tunisie (PCOT) et une association proche de ce parti, l'Association de lutte contre la torture en Tunisie.

de l'Assemblée nationale constituante (ANC) décident alors de s'en retirer. Ils inaugurent le sit-in du Bardo (lieu du Parlement) soutenu par l'ensemble des forces sociales et politiques non islamistes. Ennahdha appelle ses troupes à manifester, mais n'arrive plus à mobiliser comme auparavant. Alors, le président de l'ANC, Mustapha Ben Jaafar, prend la décision historique de suspendre ses travaux. Ennahdha prend acte, recule et décide d'accepter de négocier la sortie de crise avec le « quartet » des organisations de la société civile tunisienne : l'UGTT (syndicat des salariés), l'Utica (patronat), la Ligue tunisienne des droits de l'homme (LTDH) et l'Ordre des avocats.

La suite est connue. Ennahdha renonce à gouverner, le gouvernement Ali Larayedh démissionne ; c'est l'ingénieur Mehdi Jomaa qui lui succède pour constituer un gouvernement de technocrates chargé de gérer les affaires courantes et préparer les élections législatives et présidentielles. Un accord sur la nouvelle Constitution du pays, celle de la seconde République, est trouvé en janvier 2014 : le quartet tunisien en est alors récompensé par un prix Nobel de la paix. Le 26 octobre 2014, le parti politique du futur président, Nidaa Tounes, remporte la victoire aux législatives sur Ennahdha[12], qui a perdu en trois ans le tiers de son électorat ; puis Béji Caïd Essebsi, un ancien ministre et fidèle de Bourguiba, est élu le 21 décembre 2014 à la présidence de la République.

La vie politique tunisienne suit ainsi un cours légal, jusqu'au 25 juillet 2021. Ce jour-là, le troisième président élu depuis la révolution, Kaïs Saïed, qui a succédé au précédent en 2019, brise l'image du « long fleuve tranquille » de la transition démocratique tunisienne par son coup de force ou son coup d'État. Le dernier espoir d'une issue démocratique du printemps arabe de 2011 vient de s'envoler.

Clientélisme électoral et victoires islamistes en Égypte et en Tunisie

La victoire des acteurs politiques islamistes*, à la suite des soulèvements de 2011, est une conséquence des relations tissées par les régimes politiques autoritaires avec leurs oppositions respectives.

Les régimes égyptien et tunisien ont beaucoup joué la carte de l'« autoritarisme politique séculier contre l'obscurantisme islamiste ». Les formations politiques de l'opposition non islamiste, quelle que soit leur idéologie (de gauche, nationaliste, libérale, communiste, etc.), se sont placées – avaient-elles le choix ? – sous la protection des régimes autoritaires durant des décennies. Un tel constat est particulièrement vrai en Égypte. L'opposition politique non islamiste était enregistrée légalement sous la forme de partis politiques, mais il leur était interdit de communiquer directement avec la population[13] : pas de liberté de réunion ni de manifestation, sauf autorisation des services de sécurité, laquelle n'est jamais accordée, etc. Leur seule liberté était « la parole », *via* leurs journaux, faisant dire à l'un des opposants de Moubarak que la démocratie égyptienne était une démocratie du poulailler ! Les Frères musulmans n'avaient pas besoin d'autorisation pour accéder au peuple. Sous le regard bienveillant des mêmes services de sécurité, ils étaient dans la rue, ou plutôt la *ruelle*, écrit Marie Vannetzel[14], *via* les mosquées,

* Les élections postsoulèvement ont montré comment les partis politiques dits « civils », ou non islamiques, ont obtenu des résultats très faibles, comparativement aux formations politiques à référent islamique, principalement les Frères musulmans du parti égyptien Liberté et Justice (42,77 % des voix), et également les partis salafistes : le parti Al-Nour a recueilli 21,89 % des voix exprimées. Quant aux forces dites civiles, le maximum est obtenu par le Wafd (8,23 %), l'ancien grand parti libéral, le Parti égyptien social-démocrate avec 3,21 % de voix, suivi du parti de Naguib Sawiris, les « Égyptiens libres », qui recueille 3 % des voix. Quant aux formations dites révolutionnaires, elles atteignent au maximum 1,4 % des voix. De plus, il s'agit là de résultats de grande importance puisque le corps électoral votant a été doublé. En 2005, il représentait 23 % des électeurs potentiels, et en 2011 55,82 %. En 2011, en Tunisie, Ennahdha devance de loin les autres formations, même si le mode de scrutin à la proportionnelle a permis une représentation plus grande des forces politiques non islamistes.

les associations de bienfaisance, etc. Ils n'ont jamais véritablement demandé une autorisation légale car ils n'en avaient pas besoin. Il s'agit là d'un phénomène relié à la nature clientéliste du vote en Égypte, mais également en Tunisie.

Dans les deux pays, les deux soulèvements de 2011 ont immédiatement entraîné la dissolution des deux partis politiques des anciennes élites dirigeantes : le RCD (Rassemblement constitutionnel démocratique) en Tunisie et le PND (Parti national démocratique) en Égypte. Ce n'étaient pas des partis comme les autres. Il s'agit de partis-États chargés d'asseoir la légitimité des régimes en place, *via* le clientélisme public et la redistribution des « biens » de l'État : autorisations administratives, emplois dans le public, aides multiples, etc. La base du RCD tunisien ne défend pas le régime de Ben Ali au moment du soulèvement de 2011, car le parti a cessé de faire le minimum attendu en matière de redistribution des biens et des services de l'État. Il a été mis sous la coupe des familles proches de Ben Ali.

La dissolution du RCD et du PND renforce immédiatement la victoire des Frères musulmans. Il serait faux de croire que les électeurs ont voté en leur faveur pour construire un État islamique ou bien pour appliquer la charia. L'immense majorité des électeurs qui votent pour leurs candidats leur font crédit d'un préjugé positif, car ils « craignent Dieu », mais aussi que les Frères ne volent pas, et qu'ils pratiquent la bienfaisance (*zakat*, *sadaqa,* etc.). De ce point de vue, l'expérience égyptienne est d'une importance capitale pour comprendre la signification du vote en faveur des Frères musulmans et les particularités de leur clientélisme électoral, à travers les associations de bienfaisance et leurs services sociaux et médicaux. L'abandon par l'État égyptien de bon nombre de ses fonctions sociales et le laisser-faire accordé aux Frères musulmans par le régime égyptien leur a permis de se constituer des bases sociales et des clientèles locales qui parvinrent à concurrencer le clientélisme du PND.

Le vote fériste a donc une double dimension. Une dimension de choix politique et idéologique pour l'islam et la religion, et une dimension clientéliste de remerciement pour ceux qui donnent, éduquent, soignent et pratiquent la bienfaisance sociale. Avec l'aide financière de son parrain qatari, la campagne électorale d'Ennahdha se distingua par de la distribution de nourriture, des colis de l'Aïd, des moutons à sacrifier, par l'organisation et le financement de mariages collectifs et de baptêmes de circoncision. La libéralisation du secteur associatif « islamique » favorisa une telle entreprise, et il n'est donc guère étonnant qu'en janvier 2012, le Premier ministre tunisien Hamadi Jebali et l'émir du Qatar parrainent des accords de financement entre Qatar Charity et des associations féristes « caritatives » tunisiennes.

Cette redistribution occasionnelle ne résout toutefois pas les problèmes et ne peut contenter tout le monde. Le clientélisme, quelle que soit sa nature, a ses limites. C'est ainsi qu'Ennahdha connut une baisse spectaculaire de sa base électorale comme l'attestent les résultats des élections législatives : 1 500 000 voix en 2011, 947 000 en 2014 et 561 100 en 2019.

Frères musulmans, salafistes et islamistes en Égypte et en Tunisie

Mais les Frères musulmans des deux pays souffrent en 2011 d'une concurrence inattendue : celle des salafistes. Les Frères sont également des salafistes, et l'ensemble du spectre islamiste, y compris fériste, partage le même idéal de « retour » au passé islamique idéalisé des *salaf*, les « pieux prédécesseurs » des premiers temps de l'islam (autrement dit les compagnons du prophète Mahomet au VIIe siècle). Il s'agit là de la caractéristique principale de ce qui a été dénommé dans l'introduction l'*épistémê* islamique de base de tous les musulmans. Quant aux idéologies politiques construites à partir d'une telle *épistémê*, elles se distinguent les unes des autres sur le plan doctrinal entre les Frères musulmans et les différentes factions de ce que l'on dénomme communément aujourd'hui les salafistes. La littérature spécialisée distingue le salafisme scripturaire, le salafisme quiétiste – qui se consacre uniquement au prosélytisme religieux – et le salafisme djihadiste, qui prône le *djihad* (« combat »), notamment armé, et exerce la violence pour arriver à ses fins. Ces tendances du salafisme partagent avec les Frères musulmans l'hostilité à l'État-nation et à ses institutions démocratiques.

Le salafisme politique, qui utilise le cadre partisan pour arriver à ses fins, est un phénomène apparu en Égypte et en Tunisie, au grand jour, après le soulèvement de 2011, à la suite de la libération de la vie politique et électorale. En Tunisie, quatre formations salafistes optent pour le cadre partisan, mais elles n'obtiennent aucun siège. Ce n'est qu'en 2019, lors des élections législatives, que la Coalition de la dignité (Al-Karama), une alliance salafiste *ad hoc* dirigée par le bouillonnant et provocateur député du Sud, Seifeddine Makhlouf, fait une percée électorale en décrochant vingt et un sièges. Lui-même, candidat à la présidentielle, arrive au huitième rang (sur vingt-six candidats). C'est loin d'être anecdotique[15]. La Coalition s'est associée à Ennahdha, et elle intègre la majorité parlementaire jusqu'à la dissolution du Parlement en 2021.

En Égypte, le salafisme politique a un poids plus grand encore après la révolution de 2011. Il concurrence sérieusement les Frères musulmans. Outre le score important aux législatives du parti salafiste Al-Nour (près de 22 % des sièges), il est fondamental de rappeler que les salafistes de ce parti s'allient à la direction de l'armée et à l'ensemble des forces sociales, politiques et administratives pour préparer le 30 juin 2013 et légitimer le coup d'État du 3 juillet contre Morsi et les Frères musulmans. En réalité, le phénomène salafiste en Égypte et en Tunisie ne s'exprime pas de la même manière. En Égypte, l'entreprise de « salafisation » des esprits et des pratiques a été le fruit d'une politique publique de grande envergure de l'État égyptien, qui a débuté avec l'arrivée du président « croyant » Anouar el-Sadate en 1970. Il introduit lui-même la référence à la charia dans la Constitution égyptienne, et il chasse les élites estudiantines de gauche des universités, encourageant les étudiants islamistes *via* les mosquées à l'intérieur même des universités et des cités universitaires. Fort de sa demi-victoire militaire de 1973 contre l'armée israélienne, et souhaitant se débarrasser de son opposition nassérienne, il chasse les coopérants soviétiques d'Égypte et conduit une politique clairement pro-américaine. Son rapprochement avec les monarchies du Golfe est à la fois économique, politique, culturel et religieux. Outre les investissements financiers en Égypte, les pays du Golfe accueillent une très importante migration de travailleurs égyptiens. La diplomatie religieuse saoudienne, confortée aussi par l'activisme des Frères musulmans, est également très efficace. L'ensemble de ces facteurs transforment rapidement l'islam égyptien et le « salafisent ».

Pour s'en convaincre, les photos de classe des jeunes filles égyptiennes sont très parlantes. Alors que leurs propres mères sont habillées en minijupe ou en tailleur, en l'espace d'une décennie, leurs propres filles ont toutes revêtu le voile ! Cette transformation concerne toutes les couches de la société, comme le montrent les ouvrages d'Alaa al-Assouani[16], aussi bien les riches que les pauvres. Le phénomène des prédicateurs « autonomes » des années 2000, à l'image des prédicateurs évangéliques américains, est de ce point de vue significatif. Il s'agissait de répondre à une nouvelle demande d'islam de la part des jeunes des classes moyennes éduquées et des couches sociales aisées. Ces prédicateurs jouent un rôle important pour convaincre certaines actrices égyptiennes de porter le voile, afin de se présenter comme des modèles pour la gent féminine. Ce phénomène n'a jamais existé en Tunisie. Il n'est donc pas étonnant que l'Égypte ait constitué depuis la fin des années 1990 une destination centrale pour les étrangers musulmans, français notamment, éprouvant le besoin de vivre leur islamité et leur arabité d'une nouvelle manière en y effectuant leur *hijra**. Attirés par la renommée de l'Université Al-Azhar et de ses instituts de sciences islamiques, c'est en Égypte que les nouveaux convertis cherchaient à améliorer leur savoir religieux et leur niveau d'arabe, constate Anne-Clémentine Larroque[17].

L'aide financière des pays du Golfe est à la fois publique et privée. Tant les Frères musulmans que les pouvoirs publics s'articulent à ce phénomène, dès la fin de la période nassérienne. À titre d'exemple, à qui faut-il attribuer la décision d'exonérer d'impôts tout promoteur d'immeubles qui construit une salle de prière ou une zaouïa au rez-de-chaussée ? À Sadate ou bien à Nasser, en pleine déroute suite à la défaite de 1967 ? À Nasser…

Cette salafisation-frérisation de l'islam égyptien est également l'œuvre de l'institution azharienne réputée être la représentante de l'islam sunnite « modéré ». En 1977, des savants d'Al-Azhar et des Frères musulmans[18] discutaient d'un accord de fond sur ce que devait être un État islamique idéal. Le fruit de cette convergence fut la publication du projet de Constitution islamique destiné à servir de modèle à tous les États à référence musulmane. L'ordonnateur du projet était le grand imam Abdel Halim Mahmoud (1910-1978), qui œuvra à l'élaboration d'une codification islamique à même de supprimer tous les éléments de droit européen introduits depuis le XIXe siècle en Égypte.

Tout État qui se veut islamique doit placer dans son droit ou comme référence juridique suprême la charia, qui inclut notamment l'amputation de la main, les coups de fouet, la peine de mort, etc. Abdel Halim Mahmoud organisa un congrès international à Al-Azhar en 1977 pour lancer l'idée de ce projet de Constitution islamique.

---

* Faire la *hijra* correspond au mouvement d'émigration d'un musulman ou d'une musulmane vivant en territoire non musulman pour aller dans un État musulman. Cette action est menée en référence à l'Hégire, émigration de Mahomet à Médine en juillet 622. À cet égard, le départ des musulmans français vers un pays où l'islam demeure la religion d'État est préconisé dans la doctrine salafiste. Lire Mohamed-Ali Adraoui, « La *hijra* au service d'un projet de rupture intégral dans le salafisme français », *Ethnologie française*, 2017, 47, p. 650.

Phénomène encore plus significatif, il a convié à ce congrès le savant pakistanais Sayyid Abû al-A'lâ al-Maudûdî (1903-1979), qui n'est autre que le principal inspirateur de Sayyid Qotb, pendu par Nasser en 1966. Sayyid Qotb est à la fois le principal théoricien des Frères musulmans et le père spirituel du salafisme djihadiste.

Cette sorte d'islamisation publique et officielle de la part de Sadate est poursuivie par Moubarak, mais avec plus de nuances. Ce dernier est tolérant envers les acteurs islamistes qui se contentent d'agir dans le domaine de la prédication religieuse et des services sociaux. Parallèlement, il encourage l'élite séculière des milieux culturels[19]. De même, le rapprochement entre la direction d'Al-Azhar et les Frères musulmans s'arrêta avec le décès du cheikh Abdel Halim Mahmoud le 17 octobre 1978.

Le soulèvement de 2011, puis le coup d'État du 3 juillet 2013 contre Morsi et l'intense répression contre les Frères musulmans bouleversent une nouvelle fois les relations entre Al-Azhar et les Frères. Une déclaration des savants fréristes, présidée par Youssef al-Qaradâwî, justifie le devoir religieux de tuer les responsables impliqués dans le soutien au coup d'État de 2013 : les gouverneurs, les juges, les officiers, les soldats, les muftis, les journalistes, les politiciens, et parmi eux le grand imam Ahmed el-Tayeb (1946-) et le patriarche copte Théodore II. C'est ainsi que les bases jeunes des Frères musulmans passent à la violence, à l'image des multiples groupements djihadistes, notamment dans le Sinaï.

Jusqu'à aujourd'hui, même après le 3 juillet 2013, l'Égypte paie le prix de cette salafisation des esprits et n'arrive pas à la remettre en cause malgré les propos du président Abdel Fattah al-Sissi sur la nécessité d'opérer une réforme du discours religieux. Les raisons de la prudence de l'État sont multiples. Outre la crainte du nouveau régime de se faire « taxer » d'anti-islam à cause de sa répression tous azimuts contre les Frères musulmans, il est important de noter que le président Sissi lui-même appartient à cette génération marquée par la salafisation de l'islam égyptien entamée par Sadate. Il n'est pas étonnant que les services de renseignement américains aient pensé un moment qu'il était membre des Frères musulmans.

Outre la nomination de Sissi comme ministre de la Défense par le président Morsi, les Américains se sont basés sur son comportement très respectueux des obligations religieuses lors de son stage à l'école de guerre américaine de Pennsylvanie en 2006. De même, son mémoire de fin d'études intitulé *La Démocratie au Moyen-Orient* peut se lire comme un éloge de l'islam politique, car il y préconise une démocratie respectueuse des « croyances islamiques ». Mais il est également émaillé de références nationalistes et d'un souci constant de l'ordre et de la stabilité[20].

Le salafisme tunisien n'a pas la même configuration que le salafisme égyptien. En Tunisie également, dans le courant des années 1980, une entreprise de salafisation des esprits a été menée sous le gouvernement de Mohamed Mzali*, *via* l'importation et la publication d'ouvrages, aux frais des deniers de l'État, d'idéologues islamistes, notamment Maudûdî et Sayyid Qotb. Une telle entreprise a été menée à l'insu d'un Habib Bourguiba vieillissant[21]. Elle n'a pas revêtu la même intensité qu'en Égypte.

Outre les conflits entre Bourguiba et les autorités religieuses saoudiennes, la Tunisie n'a pas connu d'émigration massive de travail vers les pays du Golfe. C'est vers l'Europe, notamment la France, que les Tunisiens à la recherche d'emploi se sont dirigés. La « salafisation » sociale s'est opérée plus tardivement, à travers les médias et les chaînes satellitaires des pays du Golfe, lors des années 1980 et 1990. Cette dernière atteint les Tunisiens demeurés au pays mais également… la population émigrée dans les pays européens, France en tête. Elle s'articule à la « demande d'islam » apparue dans les « banlieues de l'islam[22] », au moment où les populations immigrées ont compris qu'elles ne retourneraient plus au pays. Outre les chaînes satellitaires religieuses, la diplomatie religieuse de l'Arabie saoudite concurrence ce que l'on dénomme l'islam consulaire des pays de

* Mohamed Mzali est chef de gouvernement entre le 23 avril 1980 et le 8 juillet 1986.

départ, *via* le financement des mosquées en Europe. Elle transforme ainsi les pratiques religieuses des populations émigrées dans ces pays.

Une élue locale de la banlieue de Dreux nota comment, à partir des années 1980, les femmes émigrées ont changé de comportement*. Elles portent de plus en plus le voile et réclament dans les hôpitaux d'être auscultées par des gynécologues femmes. En France notamment, cette transformation s'est déroulée dans le cadre d'une mansuétude de la classe politique et culturelle dirigeante de l'époque, également « travaillée » par la révolution iranienne et ses virtualités libératrices[23]. Ainsi, une responsable nationale du réseau des missions locales en visite à Grigny en 1984 exprimera à la responsable de l'insertion des jeunes immigrés** son étonnement scandalisé par l'absence de mosquée dans le quartier de la Grande Borne de Grigny ! Or, dans ce quartier, au milieu des années 1980, il n'y avait pas un club de sport ni une maison de la culture. Il est vrai que la mairie était gérée par le PCF et que la responsable nationale était, elle, membre du Parti socialiste. Plusieurs centaines de membres du FIS y auraient par la suite été transplantés à la fin de la guerre civile algérienne. Grigny compte désormais cinq mosquées.

Le salafisme tunisien s'exprima davantage sous sa forme djihadiste et violente. Avant le soulèvement de 2011, près de deux mille personnes étaient en prison pour des motifs liés au terrorisme. L'Égypte connaît certes également des groupements djihadistes multiples, qui ferraillent notamment dans le Sinaï, la haute Égypte ou les espaces abandonnés par l'État. Mais il est concomitant au salafisme d'État. Tel n'est pas le cas pour la Tunisie.

En Tunisie, bien avant le 11 septembre 2001, des combattants djihadistes avaient rejoint les zones de conflit. Toutefois, l'attaque des Twin Towers amplifia considérablement le phénomène. Il s'agit d'une nouvelle forme de contestation islamique qui a attiré les jeunes Tunisiens fascinés par Oussama ben Laden et influencés par les

* Témoignage recueilli par Sarah Ben Néfissa.
** Sarah Ben Néfissa occupait ce poste à l'époque.

discours des cheikhs diffusés sur les chaînes satellitaires et sur Internet à travers les réseaux et les forums sociaux. À partir de 2000, un Groupe combattant tunisien (GCT) se forme sous la responsabilité de Seifallah Ben Hassine (*alias* Abou Iyadh*). Ayant participé à des actes de violence en Irak et en Afghanistan**, cette organisation, classée terroriste par le Conseil de sécurité des Nations unies en 2002***, s'est illustrée par l'attentat-suicide devant la synagogue de la Ghriba à Djerba le 11 avril 2003, et par un affrontement armé à Soliman (sud de Tunis) en décembre 2006-janvier 2007. Libérés après la révolution, ces terroristes créent Ansar al-Charia (« les disciples de la charia »), sous la direction du même Abou Iyadh.

Le mouvement prône dans un premier temps la prédication, suscitant ainsi l'intérêt d'experts qui n'ont pas été en mesure de voir qu'il ne cherchait qu'à enrôler d'éventuels combattants[24]. Ce sont les relations troubles entre Ennahdha et ce groupement qui suscitent les soupçons du Comité de défense de Belaïd et de Brahmi (responsables politiques tunisiens assassinés en 2013). Ils estiment que, si les assassins ont bien été trouvés et punis, on ignore en revanche les véritables commanditaires.

Devant près de huit cents personnes, le mouvement tient son premier congrès à La Soukra (banlieue de Tunis) au mois de mai 2011, en présence de l'un des principaux dirigeants d'Ennahdha. Tenu à Kairouan, le congrès de 2012 réunit près de trois mille personnes également en présence des dirigeants d'Ennahdha et des jeunes nahdhistes. En 2013, le ministère de l'Intérieur refuse d'autoriser le troisième congrès, après l'attaque de l'ambassade américaine en septembre 2012. À partir de ce moment, Ennahdha prend ses distances avec Ansar al-Charia.

* Abou Iyadh était le premier émir du Groupe combattant tunisien (GCT) créé en 2000. Il avait combattu en Afghanistan. Arrêté en Turquie en 2003, il a été extradé en Tunisie où il a été condamné à quarante-trois ans de prison. Bénéficiant de l'amnistie pendant la révolution, il a été libéré en 2011.

** L'assassinat du cheikh Massoud en Afghanistan par exemple.

*** Résolution 1390, 16 janvier 2002.

Si les Frères musulmans sont sur le plan doctrinal également des salafistes, peut-on considérer toutefois que la violence djihadiste est l'apanage unique des salafistes djihadistes ? Ce n'est pas certain. Que nous dit la littérature académique des Frères musulmans ? Ennahdha est-elle une filiale de Frères musulmans ? Quels sont les angles morts et les impasses des travaux scientifiques ? Quels sont leur projet spécifique, leur conception de la réforme et du changement ?

CHAPITRE 2

Ignorance académique et complaisance

Les raisons de l'incompréhension profonde des Frères musulmans par les travaux académiques occidentaux sont multiples et diffèrent selon les traditions universitaires des pays. Parmi les plus importantes, citons l'ignorance de la littérature scientifique arabe par la recherche occidentale, et peut-être surtout la non-prise au sérieux, voire l'incompréhension profonde, de leurs caractéristiques idéologiques et organisationnelles marquées par les écrits de leur doctrinaire d'exception : Sayyid Qotb. Les écrits de ce dernier sont réservés à l'analyse des organisations islamistes passées à la violence. Or il est fondamental d'intégrer la pensée de ce dernier pour comprendre *également* les spécificités de l'organisation et de l'idéologie des Frères musulmans, dont il fut un membre éminent.

Les entraves à une analyse critique de l'idéologie fériste

À l'exception de quelques travaux[1], la recherche académique sur les Frères musulmans tunisiens est rare. Elle s'explique par le caractère relativement récent de la mouvance fériste en Tunisie par rapport à l'Égypte. Al-Jama'a al-Islamiya, ancêtre d'Ennahdha, est née à la fin des années 1960. À cela s'ajoute le fait que les entraves à la liberté de publication et de la presse n'ont été véritablement levées que depuis 2011, sans compter que les sciences politiques y sont de création récente. La littérature en arabe *sur* les Frères musulmans et *des* Frères musulmans est rare en Tunisie.

En revanche, une immense littérature en plusieurs langues est consacrée à l'organisation des Frères musulmans égyptiens, du fait de leur ancienneté (1928) et de l'importance de leurs doctrinaires, principalement Sayyid Qotb. La confrérie est née en Égypte, pays central du monde arabe. Elle y a accompagné toute sa séquence libérale (1924-1952), puis la période nassérienne et la présidence de Sadate comprise ; elle demeure centrale jusqu'à nos jours. L'Égypte dispose d'une liberté de publication et de la presse imposante depuis la période libérale, et les sciences sociales y ont une tradition ancienne. L'université égyptienne a été fondée en 1908[2] et le Centre national de recherches sociales et criminologiques (CNRSC) a été créé en 1956. Si, depuis 2014, ces libertés ont été remises en cause, il n'en demeure pas moins que cette bibliothèque arabophone est à peu près totalement ignorée de la recherche occidentale pour des raisons à la fois idéologiques et matérielles. Les traductions d'ouvrages, *a fortiori* la circulation des livres entre les pays arabes et l'Europe, sont quasiment nulles, aucun marché n'étant solvable en l'espèce.

Une autre entrave à l'analyse d'Ennahdha tient au fait que ses dirigeants nient leur appartenance aux Frères musulmans. Selon Anne-Clémentine Larroque, il s'agit là d'une stratégie de communication commune à l'ensemble des partis féristes ou ralliés : nier toute affiliation à la structure mère des Frères musulmans, surtout depuis l'arrestation et l'échec de Mohamed Morsi, le 3 juillet 2013[3]. Il importe également de relier une telle stratégie à l'art de la dissimulation caractérisant la socialisation militante fériste. En 2015, en Grande-Bretagne, le Premier ministre a commandé un rapport sur les Frères musulmans qui est demeuré secret. Toutefois, ses principales conclusions ont été rendues publiques[4]. Parmi ces dernières, le rapport a notamment constaté les différences significatives entre la communication des Frères musulmans en langue anglaise et celle faite en langue arabe ! Une telle stratégie caractérise aussi bien Ennahdha que le Parti de la justice et du développement au Maroc. Or Rached Ghannouchi est membre de l'International Union of Muslim Scholars, installée au Qatar et présidée par Youssef al-Qaradâwî (jusqu'à son décès, le 26 décembre 2022). Dans le passé, c'est à l'occasion des pèlerinages à La Mecque que les cadres d'Ennahdha ont fait leur serment d'allégeance à la direction des Frères musulmans égyptiens[5]. Le visionnage du film documentaire : *La Confrérie. Enquête sur les Frères musulmans*, réalisé par Michael Prazan et diffusé en 2013 par France 3, fait découvrir dans un plan panoramique tourné dans le hall du siège des Frères musulmans d'Égypte les portraits des dirigeants de la confrérie parmi lesquels figure, en bonne place, celui de Rached Ghannouchi !

Un autre pan de la stratégie de communication des Frères musulmans consistait à valoriser l'expérience turque, appréciée sans nuance en Europe et aux États-Unis au cours des années 2000. La guerre en Syrie et l'assistance turque à Daech ont, au cours des années 2010, en partie fait basculer ces certitudes. Quoi qu'il en soit, il s'agit d'exploiter l'incompréhension des Occidentaux, abusés par la réputation erronée du système « laïc » turc hérité de Mustafa Kemal. Rappelons qu'en Turquie la laïcité n'est pas la séparation des religions et de l'État, mais la direction de l'islam par l'État. Dès lors que cet État est passé depuis 2002 aux mains des Frères musulmans de l'AKP (Parti de la justice et du développement), la « laïcité » à la turque n'existe plus que dans le souvenir des Français, ainsi que le rappellent maints événements, le dernier en date étant la restauration de Sainte-Sophie en Grande Mosquée.

Une autre difficulté nuit à la recherche sur le mouvement tunisien Ennahdha : elle tient aux relations étroites tissées entre le milieu académique européen, français notamment, et la direction du mouvement. Contrairement aux Frères musulmans égyptiens, la direction du mouvement Ennahdha connaît les réseaux scientifiques français, européens et anglo-saxons, du fait de la résidence au long cours de ses cadres dans ces pays, à Londres en particulier. Ce n'est pas le cas des Frères musulmans égyptiens, qui ont migré par dizaines de milliers vers les pays du Golfe à partir des années 1960, quand Nasser les a encouragés à s'expatrier pour en débarrasser son pays.

Outre ces éléments, il importe de mettre l'accent sur les difficultés « pratiques » rencontrées par les chercheurs qui veulent travailler sur le mouvement Ennahdha. Ce dernier sélectionne de manière parcimonieuse ceux qui s'intéressent à lui. Les chercheurs occidentaux sont évidemment privilégiés car la direction du mouvement souhaite séduire les étrangers, principalement européens et occidentaux. Les jeunes chercheurs occidentaux sont particulièrement bien reçus : la direction d'Ennahdha leur ouvre les portes et prépare les réponses que ses cadres doivent leur fournir. Après la révolution de 2011, tous les étudiants américains de passage à Tunis ont eu, à leur demande, directement accès à Rached Ghannouchi dans le cadre de leur projet de fin d'études. Ils se rendent au siège d'Ennahdha à Montplaisir et rencontrent Rached Ghannouchi, Ali Larayedh ou d'autres chefs du parti, qui discutent avec eux des heures durant. Or ces très jeunes gens, qui méconnaissent généralement le pays et l'islam politique, passent avant les chercheurs locaux ou confirmés, très souvent éconduits. De cet accueil aimable et bienveillant, Ennahdha escompte des retours positifs à long terme.

Ajoutons, peut-être surtout, que la domination par Ennahdha de la scène politique et administrative tunisienne au cours des années 2010 a suscité un sentiment de crainte nuisible à la recherche et à l'analyse. Ce n'est qu'à la suite des décisions du 25 juillet 2021 de Kaïs Saïed que les langues se sont déliées, mettant en exergue des documents nouveaux exploitables par les chercheurs, même s'il convient de les manier avec prudence. Il s'agit principalement d'articles de presse, de débats télévisuels, de journaux et sites électroniques, et enfin d'émissions de débats contradictoires animés par des chroniqueurs et diffusés par les radios ou par YouTube.

En Égypte également, le soulèvement de 2011, le bref passage au pouvoir des Frères musulmans, puis leur éjection du pouvoir ont provoqué la mise en lumière de nouveaux matériaux : témoignages publiés par des ex-Frères musulmans ou bien des Frères musulmans critiques ; dévoilement de documents internes*. Il est clair que ces nouveaux matériaux sont autant liés à la nouvelle liberté de parole post-2011 qu'à l'encouragement de leur diffusion par leurs ennemis politiques, notamment les services de sécurité et de police.

Les travaux de Richard P. Mitchell et d'Olivier Carré ont fondé la littérature académique sur les Frères musulmans. Près d'un demi-siècle après leur publication, ils demeurent des références majeures. Dans son ouvrage sur l'histoire des Frères musulmans[6], le premier a défendu l'idée que l'idéologie des Frères musulmans, plus proche du salafisme de Rashid Rida**, se démarquait de la pensée réformiste de Mohamed Abduh. Pour lui, les Frères musulmans sont nés comme une sorte de refus et de réaction à l'occidentalisation et à la modernisation de la société et des institutions politiques de l'époque. Or celles-ci caractérisaient le principal mouvement nationaliste en Égypte : le Wafd (« la délégation »), parti nationaliste libéral attrape-tout à l'anglaise. Le second a analysé avec brio la pensée de leur fondateur, Hassan al-Banna, et de leur idéologue d'exception, Sayyid Qotb[7].

Mais ces analyses, solidement étayées, sont en partie demeurées dans l'ombre à la suite de la révolution iranienne (1979) qui a favorisé la reconversion des utopies des gauches occidentales et arabes. Elle provoqua en effet l'enthousiasme de nouveaux acteurs,

---

* La plus importante publication est celle de Frères musulmans critiques et notamment Abou Khalil H. (dir.), *Les Frères réformistes. Témoignages documentés de tentatives pour réformer l'organisation des Frères musulmans*, 2012, Dar Dawawin (en arabe). Abou Khalil H. est revenu dans le giron des Frères musulmans à la suite du coup d'État de 2013. Il s'est réfugié en Turquie et il anime une émission télévisée sur les chaînes affiliées aux Frères musulmans.

** Penseur d'origine syrienne mort en 1935 au Caire.

intellectuels et politiques, aussi bien en Europe qu'en Afrique du Nord et au Moyen-Orient. De ce point de vue, les écrits d'un personnage académique dominant dans le champ intellectuel français, Michel Foucault, ont pesé lourd à Paris. Ils ont été également préparés par l'influence qu'exerça le sociologue iranien Ali Shariati[8], lors de son séjour parisien (1959-1964), notamment sur Jean-Paul Sartre. Influencé par Frantz Fanon (qu'il traduisit) et le combat du FLN, Ali Shariati écrit sur les potentialités révolutionnaires des religions[9]. La victoire de la révolution iranienne en 1979 semble valider *a posteriori* la pertinence de ses écrits.

Ces travaux peuvent être considérés comme la base ou bien l'*épistémê* de ce que l'on dénomme aujourd'hui l'islamo-gauchisme[10], à partir notamment de la catégorie des *mustadhafine*, les « déshérités sur terre ». Au tournant des années 1970, les idéologies politiques de gauche commençaient à montrer leur essoufflement du fait de la transformation des sociétés occidentales et de la déprolétarisation de la classe ouvrière européenne dans le cadre de la société de consommation. Une cause de rechange s'imposait, incarnée par le tiers-monde ; Guillaume Cuchet explique la similarité de ce mouvement chez les catholiques de gauche dès les années 1960[11].

De même, sur la rive sud de la Méditerranée – d'ailleurs non sans liens avec la gauche tiers-mondiste parisienne –, la révolution iranienne provoqua l'enthousiasme des Frères musulmans, mais également d'une partie de l'intelligentsia de gauche et marxiste.

Le rapprochement entre une partie des intellectuels laïcs et de gauche avec le mouvement islamiste en général s'est confirmé au début des années 2000. La période a été marquée par l'invasion américaine de l'Irak (2003) sur la base d'un énorme mensonge autour des armes chimiques irakiennes, qui a profondément choqué l'opinion de la « rue arabe », comme on disait à l'époque. Or les Frères musulmans ont pris position pour Saddam Hussein lors de cette invasion. À la suite de ce rapprochement, une partie de la recherche occidentale a inscrit l'histoire et la doctrine des Frères musulmans dans le cadre du nationalisme. Une telle analyse convient aux compagnons de route et aux intellectuels de la mouvance de gauche « islamisée ». Elle peut convenir également aux militants de base des Frères musulmans, mais elle ne semble pas convenir aux cadres dirigeants de l'organisation des Frères musulmans égyptiens, ni même aux cadres dirigeants d'Ennahdha.

Un tel rapprochement est en réalité bâti sur un profond quiproquo ou un grave malentendu autour de la définition du nationalisme des Frères musulmans. Ces derniers sont demeurés marqués par la théorie de Sayyid Qotb sur la Hakimyya – le gouvernement direct de Dieu sur terre, sans clergé ni État – à la base même de l'illégitimité foncière de l'État-nation. Ceux-ci n'ont pas été capables de produire une littérature permettant d'« hybrider » leur idéologie « internationaliste » ou « oummamiste » avec la définition contemporaine du nationalisme, articulée à l'appareil d'État comme il sera démontré. Rares sont les travaux ayant saisi l'importance pérenne de Sayyid Qotb sur l'idéologie, l'organisation et la conception de la réforme chez les Frères musulmans, y compris le mouvement Ennahdha. De cet angle mort sont nées de multiples illusions.

Dans le prolongement et l'amplification de ces travaux, en 1998, le chercheur norvégien Brynjar Lia[12] vient contrecarrer l'analyse de Richard P. Mitchell. Pour lui, les Frères musulmans sont fondamentalement une organisation moderne et réformiste. Leur mobilisation était loin de se cantonner aux mosquées, mais se faisait également dans les cafés, les clubs de jeunes, les cercles de débat et de réflexion. Sur le plan sociologique, les Frères musulmans appartiennent à la classe moyenne des provinces et ont été formés dans le secteur éducatif moderne et non pas religieux. Enfin, malgré l'existence d'une aile armée secrète au sein de l'organisation, la violence perpétrée au nom des Frères musulmans aurait été le fait d'une poignée de cadres désobéissant à la ligne officielle de l'organisation.

Il n'est donc guère étonnant que l'année de sortie de l'ouvrage de Brynjar Lia, en 1998, le petit-fils de Hassan al-Banna, Tariq Ramadan, publie un ouvrage au titre significatif : *Aux sources du renouveau musulman. D'al-Afghani à Hassan al-Banna, un siècle de réformisme musulman*[13]. Il s'agit alors pour Ramadan de rattacher l'appartenance de l'organisation fondée par son grand-père à ce que nous avons dénommé dans l'introduction le premier moment réformisme musulman, le réformisme éclairé d'Al-Afghani et de Mohamed Abduh, inspirateurs des premières générations de nationalistes en Égypte et en Tunisie. C'est ainsi qu'il tenta d'occulter l'apport propre de son grand-père, qui a greffé sur ce corps de doctrine les idéologies révolutionnaires totalitaires des années 1930 – léninisme organisationnel et fascisme révolutionnaire – qui ont véritablement forgé l'organisation nouvelle. Il est très significatif de la coopération intellectuelle entre la gauche académique, les Frères musulmans et l'intelligentsia catholique française que ce livre, devenu un best-seller islamiste, au sein duquel Ramadan a puisé l'essentiel de ses publications ultérieures, ait d'abord trouvé sa place dans les collections de l'honorable et séculaire maison d'édition catholique du Nord, dont le navire amiral est *La Croix*, possédée par la congrégation des Augustins de l'Assomption.

Cette nouvelle orientation de la recherche sur les Frères musulmans a été confortée par la critique acerbe du culturalisme européen, qui a caractérisé une tendance importante des sciences sociales dans le courant des années 1990, en France notamment. Cette critique fut notamment confortée par *L'Orientalisme. L'Orient créé par l'Occident*, du chercheur américano-palestinien Edward Saïd, traduit et publié en français au Seuil en 1980 (un an après la révolution islamique), dans une autre maison d'édition proche à l'époque de la gauche intellectuelle catholique. La mode intellectuelle, devenue hégémonique dans le milieu académique, a consisté à dénoncer le « culturalisme » et à délégitimer toute analyse qui tient compte et intègre les particularités des modes de pensée et des systèmes de valeurs des acteurs, en l'espèce les islamistes ou les Frères musulmans. Chez les spécialistes des sociétés musulmanes, une cause supplémentaire a renforcé une telle tendance. Avec raison, les chercheurs souhaitaient se démarquer des islamologues de la période précédente plus préoccupés par le passé islamique et l'analyse des textes sacrés – accusés d'orientalisme – que par l'analyse du fonctionnement des sociétés musulmanes contemporaines.

Cette réaction a eu pour effet non pas de relativiser l'importance du *texte,* mais de le faire oublier complètement alors qu'il s'agit, bien au contraire, d'analyser « le texte dans le social » et « le social avec le texte ». La chose est d'autant plus comique que chez Ramadan et dans la mouvance fériste en général, le substrat culturel coranique est invoqué en permanence, à grand renfort de citations coraniques ou de hadiths, y compris les plus éloignés de l'orthodoxie sunnite. La dénonciation du culturalisme a été très utilisée pour justifier la minorisation et le *revoilement* des femmes musulmanes sous forte pression islamiste, qui ne seraient pas l'expression d'un retour du refoulé patriarcal et rigoriste à fondement islamique, mais au contraire un libre choix, spontanément adopté par des jeunes femmes soucieuses de s'émanciper dans un cadre occidental…

C'est ainsi que la doxa académique pro-islamiste en France s'est construite. Elle a été également confortée par ce que Daniel Sibony dénomme le tabou ou l'interdit d'aborder les éléments qui dérangent dans la civilisation musulmane de la part de l'Occident, et ce au nom d'une culpabilité qui sert surtout son narcissisme et son pouvoir[14]. Elle est à l'origine des écrits à la mode durant le dernier quart de siècle, qui se poursuivent jusqu'à nos jours sur les fameux paradoxes islamiques ; l'exemple le plus parlant est celui de la « libération de la femme » sous la burqa islamique, ou à défaut sous le voile des Frères musulmans, ou encore du burkini ! Il n'est pas étonnant que la littérature « féministe » fériste ait saisi l'importance d'une telle thèse pour s'y engouffrer ! Le « Hijab Day » anglo-saxon récemment importé à Sciences Po Paris en est une parfaite illustration et le dernier avatar.

Enfin, et peut-être surtout, cette doxa a été relayée par les rapports de domination internes aux champs académiques français et occidental, et également entre communautés scientifiques du Nord et du Sud. Des chercheurs marqués par elle appartiennent aux plus grands centres de recherche français spécialistes de la région arabe. De même, les revues les plus cotées au plan académique, et par conséquent les plus convoitées par les jeunes chercheurs, sont contrôlées par des comités de rédaction en charge de défendre la « bonne parole » sur l'islamisme et les Frères musulmans. Quant aux travaux publiés en langue arabe, ils sont tout simplement négligés et non pris au sérieux. C'est le cas des livres de Rifaat al-Saïd[15] en Égypte et également de l'ouvrage du Tunisien Abdellah Amami, *Les Organisations terroristes dans le monde islamique, l'exemple d'Ennahdha*, publié en 1994[16]. Or il s'agissait d'une analyse reposant sur des matériaux originaux et de première main, issus des archives du ministère de l'Intérieur tunisien ; mais ce seul aspect suffisait à disqualifier l'auteur et son travail dans un milieu idéologiquement hostile aux États, fussent-ils du Sud, en tant qu'instruments d'oppression de la bourgeoisie selon une vulgate marxisante. Cet ouvrage n'a jamais été utilisé ni cité, car son auteur développe une image d'Ennahdha très éloignée de la simple victime de Ben Ali et de Bourguiba.

L'ensemble de ces facteurs ont conduit à une incapacité du milieu académique, notamment français, à prendre au sérieux et à analyser les spécificités de l'idéologie islamiste en général et des Frères musulmans en particulier. Or la chose prend une importance capitale quand on sait que c'est à Paris, du moins jusqu'au printemps arabe, que se formait l'opinion de la plupart des appareils d'État occidentaux sur les sociétés et les États du Maghreb et du Moyen-Orient. Plus largement, cette situation a conduit à ce que Jean Birnbaum a dénommé un silence religieux[17] ! Or, si l'idéologie n'explique pas tout, elle doit tout de même être intégrée dans l'analyse pour comprendre le comportement d'acteurs, *a fortiori* quand l'islam, en l'espèce, est le déterminant et la référence numéro un !

L'approche anglo-saxonne : bienveillance ou naïveté ?

On ne saurait en quelques lignes décrire et analyser la longue tradition d'islamologie et de construction de savoirs sur les sociétés musulmanes qu'ont mise en œuvre la Grande-Bretagne, puis les États-Unis, qui ont marché dans ses pas au Moyen-Orient, et plus récemment le Canada. En tant que puissances dominantes du camp occidental depuis la guerre froide, les pays anglo-saxons et leurs analyses pèsent lourd dans la balance des opinions, des représentations et des politiques qui s'exercent à l'égard des pays musulmans. Les analyses diplomatiques, militaires et scientifiques de Paris ont longtemps été lues avec une grande attention à Washington, expérience historique française oblige, mais au rythme de leurs interventions croissantes au Moyen-Orient, surtout depuis 2001, les États-Unis imposent leurs vues, forts de connaissances renouvelées, à la fois précises et globales. Le débat interne sur les régimes, les mouvements et les personnalités à aider ou à combattre au « Grand Moyen-Orient » se livre à domicile, en lien avec leur puissant réseau diplomatique.

Dans leur rapport aux monarchies religieuses et à l'islam politique, la différence entre Américains et Français tient au fait que les premiers prennent la religion au sérieux, et qu'ils n'ont ni passif ni *a priori* négatif – ou positif – envers l'islam. Il est pour eux une religion comme les autres qui doit être considérée et traitée avec le respect dû aux religions et aux croyances. Certes, dans les *think tanks* proches de la droite évangélique, des préventions envers l'islam existent, notamment du fait du conflit palestino-israélien. Mais cette attitude est contrebalancée par l'alliance historique avec les Saoud, si solide depuis les années 1940, et par l'influence des *think tanks* libéraux qui regardent de longue date les Frères musulmans comme un partenaire d'avenir, surtout après leur « renoncement » officiel à la violence en Égypte dans les années 1970[18]. La recherche académique américaine consacrée au Moyen-Orient a longtemps été dominée par des spécialistes libéraux comme John Pierre Entelis ou Clement Henry Moore, soucieux de garder le lien avec les sociétés et les appareils d'État du monde arabe plus que d'y projeter des actions politiques. Mais d'autres spécialistes se sont engagés en faveur de l'islam politique (comme John Esposito, John O. Voll, Leonard Binder), certains ayant même projeté l'ethos protestant sur l'islamisme, croyant sur parole l'engagement démocratique des mouvements fréristes – un intellectuel protestant ignore *a priori* tout de la *taqiyya*.

Le premier tournant notable de la politique américaine remonte à la guerre civile algérienne, qui s'est déroulée sous la présidence de Bill Clinton (1993-2000). Après une certaine indécision, à la suite de l'annulation des législatives de janvier 1992, l'ancien ambassadeur à Tunis et au Caire Robert Pelletreau convainc dès 1994 la présidence américaine de l'inéluctabilité de la victoire du FIS dans la guerre civile qui l'oppose au régime du FLN – à rebours de la position française – et de la nécessité de dialoguer avec le FIS, tout en promouvant un processus démocratique. La perte fracassante de l'allié iranien plus de dix ans auparavant ne compta pas pour rien dans cette affaire : il fallait éviter sa réédition.

> Les Américains poussèrent le bouchon jusqu'à ce que Philip Ross, alors ambassadeur des États-Unis à Alger, assistât à une conférence d'Ali Belhadj qui a tourné à l'incident diplomatique vite étouffé à Alger. Cette conviction allait aboutir à un soutien américain à la plate-forme de Sant'Egidio en 1995 et à l'asile politique du dirigeant islamiste Anouar Haddam aux États-Unis[19].

Ce moment FIS de la diplomatie américaine amorce une mutation par étapes qui conduisit à la prise du pouvoir, à Washington et à Londres, puis ultérieurement à Paris, par des « néoconservateurs » et des libéraux soucieux d'installer la démocratie à coups de canon dans le monde arabe. Ce mouvement s'exprima pleinement dès 2011, car il s'articule à un tournant « islamo-gauchiste » de la recherche occidentale, qui regarde les Frères musulmans et l'islam politique comme les instruments de la démocratisation du monde arabe*.

Mais alors que les Européens voulaient voir dans l'islam politique un retour aux sources de la civilisation islamique, sortie de son cours pour des raisons historiques internes (la crise de la pensée arabe) et externes (l'impérialisme européen), les Américains scrutaient les renoncements à la violence des Frères et les accommodements raisonnables mis en avant (ou en scène) par eux à travers la démocratie politique (acceptation des élections et du jeu parlementaire, constitutionnalisme, dénégation du fondamentalisme, etc.). Là où les Européens partaient à la recherche de la pureté islamique, les Américains traquaient l'adaptabilité des Frères musulmans et des salafistes à la démocratisation et au libre-échange mondialisé. L'Égypte fut le laboratoire de cette politique. Les États-Unis savaient que Sadate avait été proche des Frères musulmans sans en être membre, ce qui ne l'empêcha pas de chasser les coopérants soviétiques, de se rapprocher des États-Unis – et de s'y armer – et de signer une paix séparée avec Israël. Cette politique causa son assassinat, mais ne tua pas la proximité ni les espérances placées par les États-Unis dans ce pays. Elles supposaient de maintenir un dialogue régulier avec les Frères musulmans qui, un jour, dirigeraient l'Égypte. Cela advint en 2012. La déroute des Frères en juillet 2013 au Caire, face au raidissement militaire soutenu par des millions d'Égyptiens, ne fit pas disparaître cette vision des choses. En 2018, la commission de

* « Les années Bush ont été caractérisées par la mise en place d'un *democratic push* qui a inclus jusqu'aux forces islamistes dans les pays où ce n'est pas l'intervention militaire mais l'action diplomatique qui a prévalu. C'est alors la thèse d'un mouvement islamiste désormais éloigné de ses racines "absolutistes" qui semble prévaloir, en ce que le potentiel de modération politique que les *think tanks* libéraux (Brookings, Carnegie, Wilson Center…) ont mis en lumière depuis de nombreuses années, est pensé comme pouvant servir la démocratisation à venir un jour en Égypte », écrivent en janvier 2016 pour le CERI Mohamed Ali-Adraoui et Louise Beaumais dans « Les États-Unis et l'islam politique. Composer avec les Frères musulmans égyptiens dans les révolutions arabes », https://www.sciencespo.fr/ceri/fr/content/dossiersduceri/les-etats-unis-et-l-islam-politique-composer-avec-les-freres-musulmans-egyptiens.

sécurité intérieure du Congrès américain a ainsi qualifié Ennahdha de « partenaire engagé » des États-Unis[20].

Tout autre est l'approche des Canadiens, qui n'appréhendent pas l'islam et les musulmans à travers une politique de puissance, mais par le biais de l'immigration islamique au sujet de laquelle ils ne connaissaient rien il y a peu. Plus encore qu'en Belgique ou en Suède, l'irruption de l'islam au Canada a donné lieu à un activisme des Frères musulmans, d'autant plus vigoureux qu'il s'est opéré en milieu étudiant et scientifique – conforme au noyau dur de l'immigration –, en partie par le truchement du français, dans un pays désarmé intellectuellement sur ces questions, bienveillant envers l'immigration et décidé à surjouer la tolérance. Le Canada fut un eldorado pour les islamistes comme en attestent maints exemples.

Des militants ont pu y soutenir des thèses dans des universités canadiennes de second rang, mais pas seulement. Ils ont, grâce à des directeurs bienveillants et ignorants, promu une sous-islamologie destinée à former des imams et des idéologues, mais aussi les intellectuels et les politiques canadiens par le biais de la pensée des Frères musulmans. Palestiniens et Tunisiens ont été les plus actifs à ce jeu, non sans conséquences : l'entourage du Premier ministre libéral Justin Trudeau compte ainsi des militants politiques de la confrérie.

En Angleterre, du fait du passé impérial britannique, l'étude des sociétés arabes bénéficie d'une longue tradition et se trouve au cœur des institutions les plus prestigieuses. Le système de financement des universités britanniques facilite la pénétration des capitaux arabes – parmi d'autres –, notamment des intérêts au service des monarchies du Golfe. On se rappelle les conditions dans lesquelles Tariq Ramadan est devenu titulaire de la chaire d'études islamiques contemporaines à Oxford de 2005 à 2018 (qui n'a pris fin qu'à la suite des accusations de viols dont il fait l'objet sur le continent). Hormis cette chaire presque caricaturale financée par le Qatar, d'autres spécialistes britanniques ont fait montre d'une grande souplesse et tolérance intellectuelle avec les branches des Frères. Le Royaume-Uni n'a certes pas le monopole de la dépendance à la nébuleuse des Frères musulmans et à leurs abondants subsides turco-qataris ; la Commission européenne et le Parlement européen, comme le Conseil de l'Europe, sont devenus si poreux à cette mouvance qu'ils l'installent avec persévérance et méthode au cœur de l'Europe, devenue son partenaire tant dans la promotion du *hijab* (voile islamique) que dans la formation de cadres sélectionnés par les Frères musulmans. C'est ainsi que la Commission européenne finance le « Forum des organisations européennes de jeunesse et d'étudiants musulmans » (FEMYSO). Le scandale politico-financier qui a éclaté à l'hiver 2022-2023 autour de la corruption de la vice-présidente du Parlement européen a dévoilé de manière incontestable la porosité de cette institution à l'argent du parrain mondial des Frères musulmans.

Londres entretient en effet une relation spéciale avec Ennahdha, dont le groupe dirigeant est connu pour y avoir séjourné de 1989 à 2011. Rached Ghannouchi fut une figure majeure du Londonistan[21]. Le Palestinien d'origine Azzam S. Tamimi a été en Angleterre l'introducteur de la pensée de Rached Ghannouchi en anglais, qui publia en 2001 chez Oxford Press *Rachid Ghannouchi : Democrat within Islam*. Outre la publication de ce qui fut sa thèse, celui-ci a traduit et fait circuler les travaux de Ghannouchi entre l'anglais et l'arabe. Anne Wolf, spécialiste des plus reconnues de la Tunisie en Grande-Bretagne, a marché dans ses pas. Elle est *senior fellow* au sein de POMED (Project on Middle East Democracy), un *think tank* financé par la Fondation Open Society de George Soros[22], actif dans le soutien aux Frères musulmans tant en Europe qu'au Moyen-Orient et en Afrique du Nord*. Membre de l'All Souls College à Oxford, elle donne le ton quant à ce qu'il convient de penser de la situation tunisienne[23], d'Ennahdha et de son chef en particulier.

* Ayant perdu sa famille lors de la Seconde Guerre mondiale, le financier hongrois George Soros, né en 1930 à Budapest, devenu citoyen américain après guerre, s'est fait fort d'œuvrer à saper les fondements des nations européennes pour interdire à jamais la résurgence des nationalismes européens, ce qui passe par le choix stratégique de favoriser par tous moyens sur ce continent le multiculturalisme à l'américaine.

Ce qui frappe à la lecture de ses écrits, à la fois descriptifs, informés et honnêtes, c'est la sous-estimation constante des enjeux idéologiques et religieux – on revient à l'incrimination de culturalisme –, au profit d'un jeu politique qui a sa préférence. Anne Wolf dénie à la Tunisie une composante laïciste qui aurait été excessivement mise en avant ; il n'en reste pas moins que la Tunisie est le premier pays musulman qui s'est doté d'une Constitution, qui a aboli l'esclavage en 1846 et qui a libéré les femmes en 1957. Concernant la période actuelle, elle veut voir un surcroît de pratique religieuse en Tunisie, alors que ce pays se singularise par des taux de pratique et de croyance religieuse au plus bas dans le monde musulman[24], non sans violentes réactions identitaires par ailleurs. Ennahdha est comparée aux partis démocrates-chrétiens[25], ce qui ne repose sur rien. Quant à Ghannouchi, la chercheuse a admiré cet homme politique, estimant qu'il a reçu un grand crédit du fait du succès de son parti après la révolution de 2011, et pour ses contributions à la transformation démocratique de la Tunisie !

Une telle analyse est inaudible pour qui a vécu en Tunisie, où le parti a terminé son règne dans l'opprobre général, avec une haine populaire particulièrement puissante à son encontre. Anne Wolf considère que l'échec d'Ennahdha tient à son incapacité à préserver les droits économiques et sociaux des Tunisiens, sous-estimant constamment les résistances idéologiques et culturelles à la salafisation du pays, tant promue par ce parti. Dans son dernier texte, établi sur la base de deux cents entretiens, notamment à l'intérieur d'Ennahdha, elle reconnaît l'échec du parti, mais l'impute à une dérive népotique et autoritaire de son vieux chef : « Le *démocrate au sein de l'islamisme* tant vanté est devenu le véritable test de l'engagement d'Ennahdha envers la démocratie interne du parti. »

L'approche française : les politiques sous influence ?

Lorsque surviennent les printemps arabes puis la guerre en Syrie, la classe politique et la diplomatie françaises sont déboussolées. Les militaires et les services de renseignement, mieux au fait de la décomposition sociale et politique des régimes arabes, le sont moins, mais ils ne peuvent agir[26]. Que faire ? Comment réorienter la machine étatique française ? Quels sont les vecteurs et les agents d'influence – on dit parfois les lobbies – qui ont guidé Nicolas Sarkozy, François Hollande, Alain Juppé et Laurent Fabius ?

Après la chute de Ben Ali et celle de Moubarak, le président Sarkozy est furieux d'avoir piloté un État qu'il perçoit comme aveugle. En Libye et en Syrie, il opte pour la politique suggérée par le Qatar – dont il est très proche –, le principal bailleur des Frères musulmans depuis 1990. Sa télévision internationale, Al Jazeera, est aux avant-postes de la « révolution arabe ». Or, pour les Frères musulmans, ce printemps arabe est un don de Dieu qu'il faut saisir. Le renversement de Bachar el-Assad menacé par une coalition dont les islamistes ont pris le contrôle avec l'appui des monarchies du Golfe est en ligne de mire.

Rares sont ceux qui ont entendu et pris au sérieux le sinistre rappel historique de Bachar el-Assad soufflé en janvier 2011 à Fabrice Balanche : « Mon père a fait trente mille morts [à Hama] et nous avons eu trente ans de tranquillité. » Car « Bachar » est donné comme mort par Laurent Fabius – le nouveau ministre des Affaires étrangères français après l'élection de François Hollande – et par tous les cercles autorisés. Les géopoliticiens néoconservateurs et philo-islamistes qui voudraient que le monde se plie à leurs vœux abondent autour de François Hollande. En novembre 2012, on va jusqu'à suggérer que placer Al-Nosra (la branche syrienne d'Al-Qaida) sur la liste des organisations terroristes serait une erreur, car elle « fait du bon travail sur le terrain » : la formule est reprise par Laurent Fabius à Marrakech le 12 décembre 2012 sous la forme « bon boulot [sur le terrain] » !

Le vrai-faux engagement de la France aux côtés de la révolution syrienne a été stoppé net par les Britanniques et les Américains à la fin de l'été 2013. Les Français l'ont payé cash. Tenue de combattre Daech pour sa barbarie, la France subit la séquence inouïe des grands attentats de masse en 2015-2016 ; elle assiste au maintien puis à la victoire des armées de Bachar el-Assad, soutenu par la Russie, l'Iran et le Liban, qui ont permis la reconquête du pays. Elle s'est retrouvée isolée, ayant perdu ses alliés et toute crédibilité au Moyen-Orient. Le compagnonnage de route avec les Frères musulmans s'est achevé en querelle avec les Turcs et les Libyens, et en déconfiture en Égypte et en Syrie – même si le cheikh émirati Zayed, soucieux de maintenir l'alliance française et de renforcer l'allié égyptien face à l'Iran et à la Syrie, a financé une énorme commande de Rafale à la France.

En 2017, le président Macron a dû reconnaître ce fiasco et la victoire de fait de l'État syrien, sans possibilité de renouer avec lui. La nouvelle politique arabe de la France de soutien aux révolutions, à la démocratisation, et aux Frères musulmans, a achoppé sur le réel et sur les rapports de force internationaux dramatiquement sous-estimés.

Le Califat : un intense désir d'unité et de suprématie mondiale

Les Frères musulmans sont nés dans un pays de tradition sunnite, l'Égypte. Il est important de rappeler toutefois que la division sunnite/chiite n'avait pas la dimension tranchée et oppositionnelle qu'elle a prise aujourd'hui du fait de la tension guerrière entre l'Arabie saoudite et l'Iran et de la montée en puissance du salafisme ces dernières décennies. À titre de simple exemple, la sœur du roi

Farouk, Faouzia, a été la première épouse du shah d'Iran dans les années 1940, tout chiite qu'il fût. De même, le chiisme était enseigné à Al-Azhar[27].

Le sunnisme classique, contrairement au chiisme, n'intègre pas le pouvoir politique et le djihad, parmi les piliers de l'islam. Hassan al-Banna, lui, les intègre dans la croyance et dans la foi. Ce n'est pas un hasard si ce dernier a fondé la confrérie quatre ans après la chute du Califat ottoman en 1924. *Unifier* les musulmans sous la bannière califale est l'objectif premier de la confrérie. L'importance du mythe califal renvoie et/ou s'inscrit à l'intérieur même de ce désir d'unité ou d'unification des musulmans. Cette dernière est censée fonder leur force, leur prestige, leur grandeur passée, mais également leur suprématie mondiale. Hassan al-Banna a pour modèle non pas le Califat « réel » mais le modèle idéalisé de Médine, celui du Prophète et des quatre califes bien guidés. Pour réaliser le projet califal et restaurer l'unité de l'Oumma, la méthode prônée par Hassan al-Banna est l'islamisation de la vie, des institutions et des structures. Son but n'est pas d'inventer un nouvel islam, mais de le faire vivre et de le rendre vivant, précise Olivier Carré dans ses ouvrages de référence sur les Frères musulmans[28].

Son propos est strictement à l'opposé de celui de l'ouléma Ali Abderrazak[29] qui, en 1925, prôna une séparation radicale du spirituel et du temporel. Sa thèse lui a valu un renvoi d'Al-Azhar*. Hassan al-Banna remet en cause radicalement tout le processus et l'effort de sécularisation des institutions politiques et juridiques du XIXe siècle entamé par Mohamed Ali Pacha en Égypte, et ses propos s'inscrivent à l'opposé même du libéralisme et du sécularisme du Wafd nationaliste.

Même s'il accorde une place particulière aux Arabes et à l'arabe, langue du Coran, le lien de l'Oumma est d'abord religieux. Pour lui, tous les musulmans de la planète forment la patrie musulmane.

---

* Jusqu'à aujourd'hui les descendants d'Ali Abderrazak portent les stigmates de ce qui est arrivé à leur arrière-grand-père. Sarah Ben Néfissa a connu certains d'entre eux. Ils lui diront notamment : « Ce n'est pas vrai que notre aïeul était athée ! »

Son nationalisme est d'abord et avant tout musulman. Il a pour but l'encouragement de la vertu et la lutte contre le vice à l'image du modèle de Médine caractérisé par la justice et la bienveillance. Il « islamisa » sur cette base le nationalisme égyptien, car il fit du djihad contre les Anglais une obligation individuelle pour tout musulman, du fait de l'agression par des non-musulmans, et ce sans dispense ni autorisation quelconque*.

Hassan al-Banna délivra sa pensée *via* des discours et des épîtres multiples. Il fut toutefois plus un leader charismatique et un organisateur pragmatique qu'un idéologue ou un penseur. Ce sont incontestablement les écrits de Sayyid Qotb qui donnèrent au projet de Hassan al-Banna sa dimension idéologique pérenne jusqu'à nos jours. Celui-ci systématisa et radicalisa les idées de son prédécesseur, et surtout les exprima dans une langue arabe moderne[30], et non plus l'arabe des autorités religieuses classiques. Le succès constant jusqu'à nos jours de Sayyid Qotb auprès de la jeunesse arabe scolarisée tient notamment à son style littéraire. Lui-même est issu du riche milieu intellectuel et littéraire de l'Égypte du milieu du XXe siècle, traversée par les questionnements en vogue à cette époque. Il en a même été l'un des principaux acteurs. Essayiste et critique littéraire, c'est lui qui découvrit l'importance de Naguib Mahfouz**. Ce dernier signala à plusieurs reprises que les articles élogieux de Sayyid Qotb à son égard firent découvrir son travail à un large public. Il lui en a été très reconnaissant. Accompagné par d'autres écrivains, il se rendra même à son domicile à Hélouan pour lui souhaiter la bienvenue en Égypte après le long séjour d'étude de Sayyid Qotb aux États-Unis. À la suite de cette visite, Naguib Mahfouz fera la réflexion suivante : Sayyid Qotb n'était plus le même, il avait un regard d'assassin ! De même, il ira lui rendre visite en prison avant sa pendaison[31]. Enfin,

* Les autorités religieuses classiques font du djihad une obligation collective et devant être encadrée et autorisée par les pouvoirs politique et religieux. Même Abdelkader, en 1832, en Oranie, envoya une délégation au sultan-calife de Fès soutenant l'appel au djihad contre l'envahisseur français – ce qu'il obtint.

** Naguib Mahfouz, prix Nobel de littérature en 1988, est l'un des plus importants écrivains égyptiens. Plusieurs de ses œuvres ont été traduites en français.

il utilisa la personnalité de Sayyid Qotb pour décrire les traits d'un sinistre personnage d'un de ses romans[32].

Sayyid Qotb intégra les Frères musulmans en 1951 à la veille de la prise du pouvoir par les « officiers libres » en juillet 1952. Il souhaitait jouer le rôle de conseiller du prince auprès des officiers libres. À la suite de sa rupture avec ces derniers, et surtout de la tentative d'assassinat de Nasser, il est emprisonné puis pendu en 1966. Son succès auprès des Frères musulmans et des groupes djihadistes est principalement lié à ses travaux et écrits en prison[33].

Sayyid Qotb a été inspiré par le Pakistanais Abû al-A'lâ al-Maudûdî, invité ultérieurement à Al-Azhar sous le régime de Sadate. Ses écrits sont structurés autour de la *Hakimiya*, à savoir la souveraineté divine absolue de Dieu sur terre, qui s'oppose de manière radicale à la souveraineté démocratique moderne, celle du peuple et de ses élus. La légitimité des gouvernants repose donc sur leurs continuels application et respect de la loi divine. Ils doivent non seulement être musulmans, mais également adopter le Coran comme Constitution. Pour Sayyid Qotb, les sociétés occidentales sacralisent et confèrent des attributs divins à des instances non divines. D'une certaine manière et à sa façon bien évidemment, il rejoint les analyses d'un Pierre Legendre[34] à propos de la sacralisation de l'État en France, héritier de l'Église catholique.

Pour Sayyid Qotb, toutes les sociétés non musulmanes sont mécréantes. Toutefois, même les sociétés qui se *disent* musulmanes mais acceptent de se soumettre à d'autres lois que celle d'Allah sont mécréantes ! Ces dernières, malgré leur respect du culte et des obligations religieuses, ne sont pas au service de Dieu l'unique dans l'organisation de leur vie. Par conséquent, un État islamique est loin d'être simplement un État gouverné par les hommes de religion ! La société entière doit se soumettre à la Loi divine et cette société n'existera pas avant que ne se forme une communauté d'hommes décidée à servir Dieu, et Dieu seul, de tout leur cœur… Alors et alors seulement, cette communauté vraiment musulmane sera en mesure d'instaurer une « société musulmane » et un « État musulman ». *Il faut d'abord convaincre la société avant d'instaurer l'État islamique.*

La doctrine de Sayyid Qotb est d'une importance capitale pour analyser non seulement les regroupements djihadistes, mais également et peut-être surtout pour comprendre les Frères musulmans, leur conception de la réforme et du changement, les caractéristiques de leur organisation, leurs pratiques dans l'opposition et au pouvoir, et enfin leur rapport à la violence.

L'opuscule de Qotb, *Repères sur le chemin*, qui se vendait encore sur les trottoirs du Caire au début de la décennie 1990, n'est pas sans rappeler le *Que faire ?* de Lénine, qui posait l'importance pour la classe ouvrière de disposer d'un parti politique d'avant-garde. En l'occurrence, il s'agit de fonder le parti de l'avant-garde croyante, formée par de *vrais* musulmans qui, à l'image de la petite minorité autour du Prophète, sauveront non seulement les musulmans mais l'ensemble de l'humanité. C'est un millénarisme révolutionnaire islamique, pour lequel le lien national est religieusement illégitime.

« Poison amer » de l'État-nation et vide sidéral programmatique

À leur arrivée au pouvoir par les urnes en Égypte et en Tunisie, aussi bien leurs électeurs que leurs opposants attendaient de comprendre et de lire les programmes politiques et économiques des Frères musulmans ainsi que leurs différentes propositions de politiques publiques alternatives, capables de résoudre le problème du chômage, de corriger les inégalités sociales, les déficiences des services sanitaires et scolaires, les équipements collectifs, etc. Or, dans les deux pays, citoyens et observateurs extérieurs ont constaté l'absence d'originalité dans la gestion de leur politique gouvernementale, ou plutôt sa vacuité.

Ce phénomène révèle la véritable perception de la réforme et de ses acteurs par les Frères musulmans. Pour eux, l'acteur principal du changement social et de la réforme est d'abord et avant tout l'individu lui-même. Ce changement est de nature « religieuse », et il doit s'opérer à travers la prédication religieuse (*da'wa*).

En Égypte, le préambule du programme du parti Liberté et Justice (PLJ) affirme son engagement à procéder aux réformes d'une façon pacifique et graduelle sur une base islamique. Il se doit de réformer l'individu, la famille, la société et le gouvernement et, à partir de là, les institutions de l'État. Il n'est donc pas étonnant que les Frères musulmans et les salafistes, qui dominaient l'Assemblée de la Choura (Chambre haute) élue en février 2012[35], aient fait avaliser la législation remettant en cause l'interdiction d'utiliser des slogans religieux dans les campagnes électorales, au grand dam des courants politiques séculiers et des coptes.

Rached Ghannouchi, en 2011, déclare de son côté à Vincent Geisser : « La voie de l'islam doit passer par l'individu, la famille, la société et l'imitation du prophète Mahomet. Il faut commencer par l'individu avant de s'attaquer à l'État. Il faut réformer la société avant de conquérir véritablement le pouvoir[36]. »

C'est en devenant un *vrai* musulman que l'individu islamisera la société et que cette dernière islamisera l'État. L'État n'est donc pas perçu comme un levier ou un acteur du changement et de la réforme, bien au contraire. De même, il n'y a pas de « question sociale » ni de « question politique ». Il y a en revanche une « mégaquestion religieuse », et c'est la résolution de cette dernière qui résoudra l'ensemble des autres questions !

Hazem Kandil, auteur d'un important ouvrage sur les Frères musulmans égyptiens[37], explicite de manière très simple cette logique des Frères : « Si vous êtes moral et si vous adhérez aux règles religieuses, vous réussirez dans le monde. En d'autres termes, en suivant la moralité islamique et la charia, vous devenez politiquement fort, militairement invaincu, économiquement prospère[38], etc. »

Cette particularité idéologique des Frères musulmans n'est pas comprise par les analystes, parce qu'elle est peut-être incompréhensible ! Il y a une sorte d'incrédulité de la part des analystes à admettre une telle assertion, d'apparence si naïve, surtout de la part d'analystes et d'observateurs rompus aux stratégies de gouvernance étatique, *a fortiori* pour les chercheurs ayant une culture de gauche, et plus encore marxiste. C'est pourtant cette particularité qui a été l'une des sources des succès électoraux des Frères musulmans, et tout aussi rapidement de leurs échecs. Il serait faux de croire que les Égyptiens ou les Tunisiens ont voté en faveur des islamistes pour fonder le Califat ou l'État islamique, ou pour l'application de la loi islamique. Ils ont voté pour des personnes considérées comme justes, honnêtes et sérieuses, car « craignant Dieu » !

D'une certaine manière, les Frères musulmans sont tombés dans le piège de leur offre politique qui consistait à moraliser la politique. Les hommes politiques sont loin d'être des saints, mais rares sont les formations politiques qui placent la morale, religieuse de surcroît, au cœur de leur offre politique. C'est bien le cas des Frères musulmans : « Notre vision de la politique est contraire à celle de ceux qui estiment que la politique est l'art du mensonge, de l'hypocrisie, de la traîtrise et qui affirment que la fin justifie les moyens. Nous pratiquons, nous les fondateurs du parti Liberté et Justice, la politique pour la nettoyer, la purifier et l'élever, etc. », déclare le préambule du programme du parti égyptien des Frères, Liberté et Justice, fondé en 2011.

Les Frères musulmans sont des menteurs, des fourbes et des hypocrites… telles étaient les expressions qui se répétaient en Égypte au cours des quelques mois qui ont précédé le 30 juin et le 3 juillet 2013. La campagne médiatique qui les a visés n'est pas l'unique responsable d'un tel phénomène, tant s'en faut. Leur volonté de ne pas présenter de candidat aux présidentielles, puis l'affirmation de leur volonté de « participation » et non de « domination » ont été battues en brèche par leurs propres pratiques, comme il apparaîtra par la suite !

La réforme religieuse des individus, *via* la *da'wa*, la prédication, conditionne la réforme sociale et politique. L'acteur du changement est d'abord et avant tout l'individu, et le moteur du changement c'est la religion. L'État n'est pas un acteur de la réforme. Plus encore, l'État-nation moderne est considéré comme une sorte d'ennemi car il divise l'Oumma, la communauté des musulmans. Si le Califat unifie… l'État-nation divise…

Les islamistes en général, notamment les Frères musulmans, ne disposent pas d'une culture de l'État-nation, bien au contraire. Qualifié de « poignée de terre infecte » par l'Égyptien Sayyid Qotb, le modèle politique étatique est considéré comme un obstacle au projet politique principal des Frères musulmans, qui consiste en l'unification de l'Oumma et la construction du Califat mondial. Les Frères prônent d'abord et avant tout le lien religieux et non pas le lien national.

Une telle assertion contrarie toute une littérature, principalement occidentale et française, présentant ces derniers comme les plus *modernes* des groupements islamistes. Un de leurs grands spécialistes égyptiens, Husam Tammam[39], a noté que durant les dernières décennies avant 2011, les Frères musulmans égyptiens avaient intégré le jeu politique égyptien, en participant notamment aux élections universitaires, législatives et locales, et à la compétition pour la conquête des syndicats professionnels. Pourtant, observait-il, il y a toujours une dichotomie ou un problème d'ajustement entre le discours et les actes. Leurs pratiques montrent leur reconnaissance du jeu politique étato-centré mais, note-t-il, les références de leur discours sont antérieures à l'apparition de l'État-nation moderne.

Le refus de la direction des Frères musulmans d'assumer pleinement la « modernisation » de leurs pratiques est lié tout simplement à un refus – ou à un blocage – idéologique et conceptuel. Loin d'avoir opéré leur aggiornamento, les Frères musulmans égyptiens sont demeurés fidèles aux idéaux de leurs fondateurs. Il s'agit pour eux d'opérer une contre-offensive culturelle et religieuse à la modernisation, perçue comme une aliénation, une acculturation et une occidentalisation, car transmise par la « colonisation chrétienne ». L'État-nation et ses institutions ne sont au fond qu'un legs colonial illégitime et inutile.

Pour mener une telle contre-offensive idéologique et culturelle, l'arme de la loi dite « islamique » (communément qualifiée de charia) a été fondamentale. C'est par la revendication de l'application de cette loi que les acteurs islamistes se sont révélés et imposés, dans le courant des années 1970 et 1980, avec pour objectif la contestation des régimes injustes et corrompus, car ils n'appliquaient pas cette loi présentée comme synonyme de justice, d'égalité et de perfection[40]. De plus, la loi islamique pose un principe juridique et politique tout à la fois : elle caractérise ce que doit être l'État pour les Frères musulmans, à savoir un « État inachevé », selon Ali Mezghani[41], non créateur de droit, frappé d'inertie juridique car soumis à une norme figée qui le dépasse, étant d'origine divine.

Il n'y aura pas d'échappatoire à l'application des *houdoud**, déclara Mahmoud Ezzat, le dirigeant frériste, dans un meeting organisé dans une banlieue du Caire en avril 2011[42] !

Une organisation sectaire, puissante et disciplinée mais sans élites ni compétences

Pour les Frères musulmans, le changement et la réforme commencent donc par l'individu *via* la *da'wa*, à savoir la prédication religieuse… Le lecteur objectera que tous les islamistes prônent la prédication religieuse et la pratiquent autour d'eux. Et plus encore : tous les fondamentalistes religieux, quelle que soit leur religion, font de la prédication religieuse.

---

* Les prescriptions du droit pénal islamique pour les délits considérés comme très graves : peine de mort, lapidation et flagellation pour adultère, meurtre, apostasie, etc.

La différence entre la prédication fririste et les autres prédications tient au fait que les Frères musulmans disposent d'un outil d'une exceptionnelle efficacité pour la mener à bien et transformer, ici et maintenant, le « musulman ordinaire et insuffisamment musulman » en « vrai musulman » : le *tandhim* (« l'organisation ») qui n'est autre que leur propre organisation, qui tient initialement de celle des confréries islamiques, fécondées par le léninisme, inventeur des partis politiques modernes et du centralisme « démocratique ». Il s'agit en outre d'une structure de type sectaire.

Telle est l'originalité foncière de la démarche des Frères musulmans qui n'existe pas chez ses rivaux. Rares sont les travaux académiques qui ont compris ce particularisme essentiel, l'ont pris au sérieux et l'ont analysé. Cette originalité foncière du projet fririste est capitale : elle permet de comprendre la source de leur force, mais également de leur faiblesse. Elle permet peut-être surtout d'appréhender l'originalité de leur gestion du pouvoir politique. Il ne s'agit pas de réformer à travers des politiques publiques, mais de placer l'État et la société sous le contrôle de leur *tandhim*, composé de « vrais musulmans » ! Ce n'est pas un hasard si Husam Tammam[43] a estimé que le *tandhim* des Frères musulmans est une sorte d'État parallèle à celui de l'État égyptien avec ses finances, sa police, son administration, ses écoles, etc.

Ce sont les travaux en arabe, publiés en Égypte au cours des années 2010, qui ont permis de saisir l'originalité de l'organisation des Frères musulmans, de ses objectifs et des moyens mis en place pour les atteindre.

Cette singularité foncière du projet fririste est d'autant plus « incroyable » pour le chercheur qu'il s'agit d'une organisation dont les cadres et les dirigeants, notamment en Égypte, appartiennent aux élites diplômées. Au cours des années 1980 et 1990, les Frères musulmans égyptiens avaient conquis la direction de l'ensemble des syndicats des classes moyennes supérieures : médecins, pharmaciens, avocats, ingénieurs, etc.

Pour résoudre cette énigme, il faut s'appuyer sur les analyses inédites des chercheurs égyptiens. Tewfik Aclimandos[44] a ainsi mis en avant des éléments qui aident à résoudre cette apparente contradiction. La direction des Frères musulmans égyptiens dans les années 1980 et 1990 est sous le contrôle des « qotbistes », dénommés par Amr Elshobaki[45] les « Frères du dogme », à savoir les dirigeants qui ont été en prison en même temps que Sayyid Qotb et qui sont acquis à ses thèses. L'ensemble de ces cadres faisaient partie de ce que l'on dénomme l'« Organisme secret » ou l'Organisation des 65, qui a été la cause principale de la répression nassérienne à leur égard. À leur sortie de prison et au moment de leur « compromis historique » avec Sadate, ces derniers mirent en place une organisation clandestine sous leur propre contrôle et une organisation de masse recrutant très largement dans les milieux universitaires et syndicaux[46].

Cette analyse a été confortée en 2012 par la publication d'un ouvrage essentiel[47] de la part de ceux qui se dénomment eux-mêmes les « Frères réformistes », un courant contestataire interne aux Frères musulmans égyptiens. Les Frères réformistes ont attesté qu'en effet la direction des Frères musulmans était tenue par le courant qotbiste, dénommé par eux le courant « organisationnel », qu'ils opposent à leur propre courant, dénommé le courant du « travail public ». Ce dernier courant désigne les cadres Frères musulmans investis dans les syndicats, l'Assemblée du peuple, les associations de bienfaisance, etc.

Beaucoup de travaux ont concerné ce dernier courant et ont tenté de comprendre les causes du succès des Frères musulmans dans les organisations syndicales, au cours des années 1980 et 1990, ainsi que les particularités de leur clientélisme social à l'origine de leurs succès politiques et électoraux. Il s'agit en effet de milieux très largement accessibles aux chercheurs et aux experts ; ce n'est évidemment pas le cas de la direction.

Ces travaux ont contribué, par ignorance tout simplement, à la légitimation de la « modération » et de la « banalisation » des Frères musulmans, alors que le courant du « travail public » était écarté des instances décisionnelles et était instrumentalisé par la direction qotbiste, qui construisit et contrôla une organisation de type sectaire d'une très grande efficacité. Rappelons que toute organisation léniniste est un parti qui comporte une façade légale doublée par un appareil clandestin de direction, capable de tenir le choc en cas de répression, et de passer à la violence révolutionnaire en cas de nécessité. Tous les mouvements trotskistes révolutionnaires et marxistes-léninistes étaient établis selon cette structure, et certains comportaient aussi une dimension sectaire : le modèle n'est pas à prendre à la légère.

Ce n'est pas un hasard si le courant qotbiste est également dénommé « organisationnel ». Comme il a été dit plus haut, Sayyid Qotb estimait qu'il faut d'abord construire une communauté de *vrais* musulmans – toutes choses égales par ailleurs, l'avant-garde révolutionnaire de Lénine – avant d'aller à la conquête de la société et de l'État. Tel est l'objectif premier du *tandhim*, à savoir l'organisation des Frères musulmans. Cette dernière représente l'élite, la minorité éclairée, l'avant-garde révolutionnaire en charge de guider et de réislamiser les masses. Il faut, dit Sayyid Qotb, que nous nous transformions avant de transformer la société[48], et cette transformation ne peut se faire que dans le cadre d'un nouveau regroupement organique qui aura rompu toutes les attaches avec les autres regroupements[49].

Sayyid Qotb a ainsi posé la nécessité que les « vrais » musulmans se mettent à distance, se séparent des « faux » musulmans, afin de se prémunir de leur influence néfaste dans le cadre de l'Organisation des vrais musulmans, qui n'est autre que l'organisation des Frères musulmans. Cette dernière, dénommée selon les pays Jamaa ou Gamaa (la ligue), constitue la « vraie Oumma » musulmane, contrairement au reste de la société qui n'a aucun lien avec la religion et avec l'islam. L'objectif de ce noyau de vrais musulmans est de s'élargir au détriment du reste de la société impie, de ramener cette dernière progressivement vers elle, afin de l'inclure ou de l'avaler dans ce nouveau cadre organisationnel. Tel est le but principal de la prédication individuelle typique des Frères musulmans (*da'awa*), et à laquelle ils ont consacré une immense et pléthorique littérature.

Peu de chercheurs ont pris au sérieux cette littérature pourtant disponible et très facile d'accès, notamment en Égypte.

À la veille du soulèvement de 2011 en Égypte, le nombre des Frères musulmans égyptiens se situait entre quatre-vingt mille et un million. Le second chiffre intègre l'ensemble des membres et affiliés, quel que soit leur degré ou échelon, alors que le premier ne comptabilise que ceux qui ont atteint le degré supérieur. L'accès au temple fériste n'est pas permis au tout-venant. L'intégration au sein des Frères musulmans n'est pas libre ni volontaire. Il faut d'abord être sélectionné et coopté. De même, avant d'atteindre le statut de membre à part entière[50] et faire son serment d'allégeance, la future recrue est prise en charge par une demi-douzaine d'éducateurs. Pendant des décennies avant leur arrivée au pouvoir, l'activité principale de l'organisation des Frères musulmans égyptiens a consisté à éduquer ses propres membres pour en faire des membres obéissants et soumis à la hiérarchie.

Cette activité implique une *administration* spécialisée, chargée de mener des enquêtes sur les potentiels futurs membres, de remplir des formulaires, de faire des rapports et, le cas échéant, de punir et d'organiser des procès internes. La fabrication du « vrai musulman » n'est donc pas liée à des initiatives individuelles des uns et des autres. La section « éducation » est la plus importante de l'organisation, et la littérature des Frères musulmans sur la sélection, l'éducation et l'encadrement de la jeunesse est pléthorique. L'organisation des Frères musulmans dispose d'une administration chargée de la planifier et de l'organiser. Elle commence au sein des mosquées contrôlées par les Frères puis se poursuit dans les écoles et dans tous les espaces et organisations regroupant des jeunes, comme les clubs, les scouts, les villages de vacances, etc. L'« activité éducative » continue jusqu'à l'université et se réalise par délégation : les adultes contrôlent le travail éducatif des jeunes, qui eux-mêmes sont chargés d'attirer et d'éduquer les adolescents et les enfants.

Une fois la future nouvelle recrue sélectionnée et intégrée dans la cellule de base de l'organisation, elle est impliquée dans des activités tellement intenses et multiples, sous le contrôle permanent d'un supérieur ou d'un éducateur, qu'elle se trouve en l'espace de quelques mois coupée de ses anciennes amitiés et de son entourage social, voire familial. L'organisation deviendra sa famille. Ce nouvel attachement affectif est précisément recherché, car la fidélité à l'organisation la dispense de recourir aux punitions et aux humiliations. Un tel facteur est d'autant plus important que, généralement, la famille biologique vient au secours de la famille fririste*. Le Frère musulman qui souhaite se marier cherche à prendre femme à l'intérieur de l'organisation. Cette endogamie est encouragée par l'organisation car elle permet de limiter la dissidence.

La littérature éducative des Frères accorde à l'organisation de colonies ou de camps de vacances une importance fondamentale. Il s'agit de développer au sein des recrues le sentiment d'appartenance à une grande organisation qui dépasse les multiples autres structures dans lesquelles s'inscrivent habituellement leurs activités.

À la veille du soulèvement de 2011, l'activité principale de l'organisation des Frères musulmans égyptiens était donc d'abord et avant tout une entreprise de « fabrique » du vrai musulman, du « soldat » au service de l'organisation. Marie Vannetzel[51] releva comment la participation des Frères musulmans aux manifestations de la place Tahrir, après la démission de Moubarak, avait pour but principal de démontrer leur importance et leur poids. Il s'agissait d'une mise en scène de leur hégémonie : démonstration massive de militants défilant en rangs organisés, dans un espace et un temps délimités, afin de prévenir le débordement de la protestation (de telles manifestations de force très impressionnantes de maîtrise avaient déjà été observées ailleurs, notamment pour protester contre Israël, que ce soit au Maroc ou en Indonésie). Elle s'adressait principalement ici à la direction de l'armée afin de conforter l'image d'une organisation disciplinée « capable de tenir la rue ».

* De manière significative, la cellule de base de l'organisation des Frères musulmans est la *usra*, qui signifie « famille » en arabe.

Ce type de socialisation « militante » n'arrive à fidéliser que les adhérents les moins dotés sur le plan éducatif et culturel. Husam Tammam avait noté comment la base sociale des Frères musulmans égyptiens a été marquée par la « ruralisation ». Une telle expression est chargée de sens en Égypte, où elle suggère l'ignorance, l'illettrisme et plus généralement la faiblesse du niveau social et culturel des millions de paysans (*fellahs*) analphabètes ayant investi les villes à la recherche de travail à partir des années 1960 – on sait dans quelles conditions terribles ils ont été logés, investissant même les cimetières et les décharges transformés en quartiers. Au fur et à mesure que son emprise sociale et géographique s'étendait, l'organisation fériste a vu une baisse générale des niveaux socio-économiques et culturels de ses militants de base. Si la confrérie est connue pour ses activités de bienfaisance, déterminantes pour les conquêtes électorales, elle est avant tout une immense organisation d'entraide et de solidarité entre ses propres membres.

La direction qotbiste de la confrérie a favorisé une telle évolution afin de conforter son contrôle de l'organisation. C'est ainsi que la formation et la socialisation de ses membres actifs est avant tout religieuse et morale, et la formation politique quasi inexistante. Tout se passe comme si la dimension politique était strictement réservée à la direction. De même, les critères de recrutement et d'avancement au sein de l'organisation sont la fidélité, l'obéissance, la capacité à exécuter, et non pas à innover ou à prendre des initiatives.

Les Égyptiens ont découvert avec étonnement et effroi la manière dont l'avocat Frère musulman Sobhi Saleh[52] parla dans une émission de télévision des différentes étapes du projet fériste, devant aboutir à la réforme islamiste de l'ordre international et à la suprématie mondiale[53]. Ils ont ainsi appris que le « vrai » Frère musulman est caractérisé par les dix qualificatifs suivants : moralité exemplaire ; force corporelle ; croyance saine ; pratiques religieuses justes et saines ; autonome ; attractif ; organisé dans ses affaires personnelles ; utile aux autres ; protecteur des sœurs musulmanes, etc. Toutes ces qualités sont de nature morale et religieuse, aucune n'est d'ordre intellectuel, culturel ou politique. De même, ils apprirent que les mariages ne peuvent se réaliser qu'entre des frères et sœurs de l'organisation ayant atteint les mêmes degrés de perfection morale et religieuse. De fait, pendant des décennies avant leur arrivée au pouvoir, l'activité principale de l'organisation des Frères musulmans égyptiens a été l'éducation de ses propres membres pour en faire des membres obéissants et soumis à la hiérarchie.

Les Frères réformistes ont confirmé ce phénomène dans l'ouvrage publié par un dissident des Frères musulmans aujourd'hui réfugié en Turquie, Haithem Abou Khalil[54]. L'ouvrage intègre un document intitulé « Les tentatives de réformes depuis vingt-cinq ans ». Ce document met l'accent sur le fait que l'organisation est devenue un but en soi et non pas un instrument de réforme ou de changement de la société. Tout se passe comme si le but de l'organisation, dit le texte, était d'*avaler* la société qui l'entoure et non pas de la changer. Le choix de la clandestinité, continue le document, est un prétexte pour justifier le monolithisme et l'autoritarisme de la direction. Le document parle de la sacralisation de la direction et de ses décisions, car la confusion entre la religion et l'organisation a conduit à sacraliser cette dernière, devenue infaillible, comme peuvent l'être une Église, la papauté ou un secrétariat général. Enfin, le texte critique les critères d'avancement au sein de l'organisation, basés sur la fidélité, la capacité à exécuter, non pas à innover ou à prendre des initiatives. Ainsi ont été marginalisés les meilleurs militants et les plus compétents.

Le même texte estime que la source des problèmes de l'organisation des Frères musulmans est l'éducation de ses membres, qui repose sur le sentiment, l'affectif et la morale et non pas sur la raison et la conviction. Quant aux cadres des Frères musulmans, continue le texte, ce sont des prédicateurs religieux et non pas des penseurs ; les matières enseignées aux militants sont uniquement des matières religieuses qui isolent les membres de l'organisation du reste de la société et les coupent du réel.

Cet ouvrage est d'une valeur capitale. Il aide à comprendre la faiblesse ou plutôt l'inexistence d'une production théorique originale des Frères musulmans sur les questions sociales et économiques. Aussi bien en Égypte qu'en Tunisie, les deux branches des Frères musulmans au pouvoir n'avaient pas de programme de gouvernement, soit un ensemble de mesures et de décisions capables de transformer positivement la vie économique et sociale de leurs concitoyens. Plus que par l'absence d'originalité, ils se sont distingués par un vide programmatique sidéral. Leur incapacité à renouveler et à adapter leur corpus conceptuel originel aux transformations sociales et politiques doit ainsi être liée à leur socialisation organisationnelle, source de leur force mais également de leur faiblesse. Il n'est dès lors pas étonnant que les Frères musulmans soient peu présents dans les milieux culturels, intellectuels et médiatiques, mais également totalement absents des élites économiques, technocratiques, scientifiques, etc.

Par ce dévoilement, Haithem Abou Khalil nous aide à comprendre les raisons qui ont conduit à leur « chute historique » en 2013. Cette dernière est le résultat de leurs propres erreurs politiques. Un diplomate français présent au Caire en 2013 parla de « suicide en direct » des Frères musulmans, à cause de leur incapacité à voir venir le « grand coup » du 3 juillet 2013.

CHAPITRE 3

Ennahdha : une exception islamiste tunisienne ?

Le mouvement Ennahdha est considéré, en France notamment, comme une exception « modérée » des branches locales de l'organisation des Frères musulmans, qui elle-même serait la plus modérée des organisations islamistes. C'est ainsi que la surmodération concurrence le surmusulman dont parle Fethi Benslama[1] ! L'image d'une exception islamiste nahdhiste repose sur certains éléments justes et vérifiables, mais qui sont considérablement surinterprétés et amplifiés, et qui agissent comme une sorte d'écran masquant la réalité et la complexité du mouvement tel qu'il est.

Ce n'est pas un hasard si Michaël Béchir Ayari parle d'un « aggiornamento sans cesse renouvelé[2] » en ce qui concerne Ennahdha. De même, ce n'est pas un hasard si Hamza Meddeb parle de la sortie « difficile[3] » d'Ennahdha de l'islam politique.

De manière régulière, Rached Ghannouchi exprime des idées qui vont à l'encontre du credo classique des Frères musulmans, à l'instar du Frère musulman soudanais Hassan al-Tourabi : critique du programme de 2007 des Frères musulmans égyptiens qui refusent le droit des coptes et des femmes de se présenter au poste de président de la République ; reconnaissance des acquis « de la femme tunisienne » ; demande de légalisation d'un parti politique dès 1981 ; suppression de la référence à l'islam dans le nom du parti ; propos sur la « démocratie islamique » à l'instar de la démocratie chrétienne, etc. Sa fameuse annonce de la séparation entre le religieux et le politique en 2016, lors du dixième congrès du parti, a été le couronnement des précédentes déclarations.

La théorie américaine du Grand Moyen-Orient, née à la suite du 11 septembre 2001, consistant à encourager les « modérés » contre les radicaux, a poussé le leader islamiste tunisien à multiplier les propos manifestant sa modération. Elle s'afficha notamment par la participation d'Ennahdha au mouvement du 18 octobre 2005, à savoir la grève de la faim de trente-cinq jours menée par des opposants à Ben Ali lors du sommet mondial sur la société de l'information organisé en Tunisie, et sa signature des accords scellant l'alliance entre « laïcs et islamistes tunisiens ». Il n'est donc pas étonnant qu'en plus de la publication de plusieurs ouvrages en langue arabe, les propos du leader d'Ennahdha aient été publiés en français et en anglais sous la forme d'entretiens menés par des personnalités du milieu académique occidental et du milieu journalistique.

En 2011, un ouvrage de Rached Ghannouchi a été publié à Tunis. Il s'intitule *L'Expérience du mouvement islamiste en Tunisie*[4]. Sa première partie, d'une soixantaine de pages, est tirée de la thèse de doctorat de Azzam Tamimi déjà citée. Elle est d'un très grand intérêt. Le leader islamiste explicite les principales étapes de son cheminement intellectuel articulé à son propre parcours. Le lecteur ne peut que constater la révision profonde que Rached Ghannouchi introduit dans la doctrine des Frères musulmans telle que formulée par Hassan al-Banna et Sayyid Qotb, ainsi que son ouverture à la modernité et au changement. La lecture du document met en exergue sa volonté de construire une modernisation autochtone, inscrite dans le cadre de l'islam, loin de ce qu'il dénomme les excès de la modernisation bourguibienne caractérisée par la « francisation » outrancière, le suivisme et l'imitation aveugle de l'Occident. C'est ainsi, dit-il, que les islamistes tunisiens ont critiqué, dès la fin des années 1970, l'islamisme des Frères musulmans du « Moyen-Orient », notamment les écrits de Sayyid Qotb. De même, déclare-t-il, « nous avons appris de la gauche tunisienne l'importance de la question sociale ». Enfin, poursuit-il, « nous l'avons d'autant plus intégrée dans nos analyses que la révolution iranienne de 1979 a mis en valeur la question des inégalités sociales et économiques ». Selon Rached Ghannouchi, le dialogue avec l'opposition libérale tunisienne a également permis d'« intégrer la question de libertés publiques, de la démocratie et des droits de la femme » (*sic*). L'expérience tunisienne d'ouverture vers l'Occident, conclut Rached Ghannouchi, a ainsi « facilité la remise en cause par les islamistes tunisiens de leur opposition initiale à l'ensemble des théories et philosophies occidentales ». C'est ainsi qu'ont été reconnus et intégrés certains apports positifs du marxisme, du communisme, du darwinisme, du freudisme, etc.

Intelligence politique et fidélité aux dogmes !

La particularité première du leader d'Ennahdha est son exceptionnelle intelligence politique, qui le rend capable de comprendre très rapidement les rapports de force politiques, leur évolution, et de s'y adapter. Rached Ghannouchi a séjourné au Soudan. Il a été très admiratif de l'expérience soudanaise, conçue par le dirigeant islamiste soudanais Hassan al-Tourabi. Ce dernier a développé le concept de *fiqh al-dharoura,* à savoir la jurisprudence de la nécessité ! La ligne droite n'est pas nécessairement le plus court chemin entre deux points. La *Realpolitik* impose souvent l'adoption de la politique des étapes. En présence d'obstacles insurmontables, la « nécessité » rend licite l'illicite.

Plusieurs exemples récents peuvent être cités pour illustrer cette méthode : sa décision rapide de reculer sur l'introduction de la loi islamique dans la Constitution du pays en 2011* ; son rapprochement inattendu avec le président élu Béji Caïd Essebsi, et dernièrement sa position de repli devant les mesures de Kaïs Saïed,

* Il semble également que ce recul de Ghannouchi soit lié au refus des deux formations politiques alliées à Ennahdha de le soutenir sur cette question au sein de l'ANC.

le 25 juillet 2021. Quelque temps avant le coup d'État du 3 juillet 2013 destituant Mohamed Morsi, Rached Ghannouchi aurait suggéré aux Frères musulmans égyptiens de reculer et d'accorder quelques concessions à leurs opposants. Ils ne l'ont pas écouté. De même, invité à Paris en juin 2014 pour faire une conférence dans un grand *think tank* français, il a fait dire à l'un des participants : « Si on lui avait proposé de prendre sa carte d'adhérent au Parti communiste français, il l'aurait prise ! »

En réalité, cette adaptabilité et cette intelligence politique sont loin d'être contradictoires avec ses convictions profondes autour du projet fériste et qotbiste à la fois[5].

Dans l'entretien qu'il a accordé à Vincent Geisser[6], il a rappelé son opposition viscérale à Bourguiba, car ce dernier, dit-il, faisait la guerre à l'islam comme dogme et comme institution. « Pour moi, dit-il, c'était l'ennemi de l'islam, l'antimusulman. »

N'ayant pas pu s'inscrire à l'Université de Tunis à cause de la domination de la langue française, il se rend en Égypte et en Syrie entre les années 1964 et 1967. Nationaliste arabe à l'origine, il fait siennes les critiques portées par les Frères musulmans syriens à l'encontre du baasisme et du nassérisme pour leur laïcisme et la faible importance qu'ils accordent à la question religieuse. C'est ainsi qu'il posait régulièrement des questions aux responsables du parti sur le lien entre l'arabisme, le nationalisme arabe et l'islam. Est-ce que la croyance en Dieu est une composante fondamentale de la culture et de l'idéologie du parti ? La réponse qui lui a été fournie a été négative : un membre du parti peut appartenir à toutes les religions qu'il souhaite et peut même être athée ! À cet instant, Rached Ghannouchi estime qu'il a été dupé et trahi, et décide de quitter le parti[7].

En réalité, Rached Ghannouchi a été surpris de constater, comme l'ensemble des Maghrébins qui se rendent en Égypte et au Moyen-Orient, que dans ces pays la langue arabe n'est pas forcément corrélée à l'islam, et qu'il y existe d'autres appartenances religieuses.

Dans le même entretien accordé à Vincent Geisser, il dit : « En 1967 j'ai quitté le parti nassérien. J'étais très soulagé de prendre cette décision. J'avais le sentiment d'avoir été trahi car ce parti ne donnait aucune importance à la religion. J'ai commencé à lire Sayyid Qotb, Mohamed Iqbal et Mawdoudi. À partir de là, j'ai commencé à considérer que l'islam était une vue globale de la société, et que "mon islam" était un faux islam. Il fallait accepter globalement l'islam ou le refuser. Je me considérai comme un non-musulman[8]. »

Pour les Frères musulmans, c'est la laïcité qui est responsable de la perte de la Palestine, de la corruption de la politique et des mœurs, de l'état de l'économie et des inégalités sociales. Conformément aux analyses de Sayyid Qotb, ils estiment que la civilisation islamique est non seulement supérieure à la civilisation occidentale, mais qu'elle est porteuse des remèdes aux maladies de cette dernière. Rached Ghannouchi a ainsi écrit que la nuit du 15 juin 1966 fut pour lui l'instant où sa vie a basculé, car ce fut la nuit de son entrée en Islam ; c'est ainsi qu'il s'est débarrassé de deux choses : le nationalisme séculier et l'islam traditionnel, et qu'il a adopté par la même occasion l'islam authentique[9].

Le rejet de l'État-nation et le mépris de l'entité territoriale (*qotr*), telle qu'elle existe depuis l'indépendance, constituent l'une des constantes de l'idéologie des Frères musulmans. Rached Ghannouchi a ainsi exprimé sa crainte que la culture attachée aux entités nationales (*aqtar*) n'ait atteint un tel degré d'enracinement, chez les gens, que la concrétisation de la foi et du rêve islamiste (l'unité des musulmans) ne soit devenue chimérique. Il redoute que les islamistes eux-mêmes aient accepté et avalé l'appât empoisonné, amer et dégoûtant que représente *al-qotriya*, à savoir l'État-nation[10]. Après un court séjour en France, où il a fait de la prédication religieuse auprès des émigrés maghrébins dans le cadre de la Jama'at al-Tabligh wa El Dawa*, Ghannouchi rentre à Tunis à la fin des années 1960 où il

* Née dans l'Inde britannique des années 1920, la Jama'at al-Tabligh wa El Dawa (« Foi et prédication ») se consacre uniquement à la prédication religieuse. Elle a ainsi bénéficié

rencontre ses futurs compagnons de route. Ils constituent ensemble Al-Jama'a al-Islamiya puis le Mouvement de la tendance islamique, future Ennahdha. À partir de cette période, les relations entre le mouvement et le régime oscillent entre affrontement, répression, alliance et participation.

L'activisme du leader islamiste se déploie dans les mosquées, les salles de prière, les lycées, les universités, les maisons d'étudiants, les cités universitaires, etc. Ces activités sont déployées dans le cadre d'un accord avec une partie du régime tunisien, affaibli par l'échec de la politique des coopératives agricoles du ministre Ahmed Ben Salah*. Ce prosélytisme se diffuse par le biais de l'Association de sauvegarde du Coran fondée par le cheikh Habib el-Mistaoui, un ancien militant youssefiste réprimé par Bourguiba, mais qui est revenu dans le giron du Parti socialiste destourien (PSD) et a même été élu en 1971, au congrès de Monastir, membre de son comité central[11]. C'est dans cette association que les dirigeants actuels d'Ennahdha ont commencé publiquement leur travail de mobilisation ou plutôt de prédication.

Rappelons qu'ils s'opposèrent au soulèvement social du 26 janvier 1978 et se tinrent à l'écart du conflit entre Bourguiba et l'UGTT, le grand syndicat national alors aux mains de la gauche. Une telle donnée éclaire la mansuétude du régime de l'époque à l'égard de leurs activités. Leurs écrits dans leur journal *Al-Maarifa* ont implicitement soutenu le gouvernement contre les activistes de gauche. Ils ont attribué le vandalisme et la violence de l'affrontement aux syndicalistes et aux « gauchistes », qu'ils considèrent comme l'ennemi traditionnel du mouvement islamique[12]. Cette alliance avec le régime se réaffirma après les émeutes du pain de 1984 et la nomination comme Premier ministre d'un proche des pays du Golfe, Mohamed Mzali. Ce dernier arabisa l'enseignement public secondaire et favorisa la diffusion de la littérature wahhabite et salafiste dans le pays[13].

---

de la mansuétude des pouvoirs publics arabes. Elle a fondé des branches dans le monde entier, y compris en France, en Tunisie et en Égypte.

* Très important ministre sous Habib Bourguiba durant la décennie 1960, promoteur de la planification et de la réforme agraire.

La défaite de 1967 a ainsi confirmé les critiques de Ghannouchi à l'encontre des nationalismes et autres idéologies « laïques ».

« À mon retour en Tunisie, déclare-t-il en 2011 à Vincent Geisser, j'étais choqué par la marginalisation de l'islam et de l'arabisme, par la sexualité, par les mœurs. Notre but était de convaincre le peuple que l'islam ne représentait pas seulement la tradition mais aussi un mode de vie, un système global[14]. »

Fidèle à la doctrine de base de Hassan al-Banna et de Sayyid Qotb, il s'agit de « convertir » à l'islam ou au vrai islam des Tunisiens insuffisamment musulmans, *via* les techniques précises de la prédication individuelle, pièce maîtresse de la socialisation fririste partout dans le monde.

De ce point de vue, les travaux de Maryam Ben Salem, notamment sa thèse de doctorat soutenue en 2013, sont très importants[15]. Ils montrent comment, malgré quelques différences formelles, la socialisation des membres du mouvement Ennahdha repose strictement sur les mêmes principes que ceux des Frères musulmans égyptiens : sélection et cooptation, non pas adhésion volontaire ; formation principalement religieuse et non pas politique, loyalisme et obéissance quasi aveugle à l'organisation, parcours quasi initiatique et passage par des étapes pour pouvoir accéder au statut de membre à part entière, etc. Le serment d'allégeance signale le couronnement de l'adhésion : « Je jure par Allah tout puissant de travailler dans le cadre du groupe islamique tunisien et d'obéir à son commandement dans le plaisir comme dans le déplaisir et Dieu est témoin de ce que je dis[16]. »

Plus important encore, en 2014 a été publié l'ouvrage d'un cadre d'Ennahdha, le docteur Jalaleddine Rouis, intitulé *Les Particularités organisationnelles et structurelles du mouvement islamique en Tunisie (l'action collective)*[17]. Sa publication a été soutenue financièrement par le ministère tunisien de la Culture de l'époque. L'analyse de Jallel Saada de cet ouvrage démontre la similarité complète entre la socialisation militante des Frères musulmans égyptiens et celle des islamistes tunisiens[18]. Comme caractéristiques principales du militant, il note : la discipline aveugle par rapport à la direction ; la *taqiyya* ou la dissimulation ou le mensonge légitime face à des « ennemis » ; l'importance du *kitmân* (le fait de bien garder les secrets), etc. À travers la formation, l'individu affilié à l'organisation reçoit les bases de l'éducation islamique, indique Jalaleddine Rouis. Cette éducation permet de le purger des *akhl'ak al-jahiliyya* (la morale antéislamique), de rectifier le relâchement de ses mœurs, de le libérer des déviances religieuses qui le conduisent à associer une autre déité à Allah. Ce n'est qu'ensuite qu'il sera procédé à son remplissage (*mal'ouhou*) avec la morale supérieure de l'islam[19] !

La conversion au « vrai » islam, selon les manuels explicitant la prédication individuelle, se réalise de manière graduelle au sein des *usar** et l'appartenance pleine et entière à l'organisation (*tandhim*) requiert des années pour s'accomplir. Le *tandhim* constitué de « vrais musulmans » acquis à la cause et d'une fidélité absolue à la direction est l'instrument principal susceptible de réaliser le *tamkin* (le terme sera défini au chapitre 4, mais retenons ici qu'il consiste en la maîtrise de leur environnement politique et social par les Frères). L'importance du *tandhim* n'est toutefois pas contradictoire avec d'autres organisations. Rached Ghannouchi estime ainsi que le mouvement islamique représente un bataillon ou une brigade sur un théâtre d'opérations ouvert, sans restriction, au concours d'autres brigades, groupes et personnes[20]. Il estime également que toutes ces brigades se complètent, s'entraident, se coordonnent car l'époque est à la spécialisation.

Ces propos mettent l'accent sur la complexité de l'organisation du *tandhim* nahdhiste : une organisation duale dissociant structure légale et structure clandestine, souligne Michaël Béchir Ayari[21]. Elle s'apparente au concept de parti de l'avant-garde révolutionnaire de la doctrine léniniste, ce qui est conforme à sa période de naissance dans les années 1920, il y a un siècle.

---

* Pluriel de *usra* qui signifie famille. Il s'agit de la structure de base de l'organisation des Frères musulmans, équivalente à la cellule du Parti communiste.

La déclaration sur la division entre le politique et le religieux annoncée au 10e congrès d'Ennahdha en 2016 est en réalité une spécialisation organisationnelle entre ceux qui font de la politique et ceux qui font de la prédication dans le secteur associatif notamment. La revue en ligne *El Sawaab*[22] a mentionné les noms des associations chargées de faire de la prédication. Les plus importantes sont l'association de la Prédication et de la Réforme, qui dispose de structures locales jusque dans les villages[23], et également la branche tunisienne de l'Union mondiale des savants musulmans, présidée par al-Qaradâwî à partir du Qatar[24]. Ces structures montrent leur efficacité pour combattre idéologiquement le projet du Colibe* du président défunt Béji Caïd Essebsi visant notamment à remettre en cause l'inégalité successorale entre l'homme et la femme par la loi islamique (finalement abandonné).

Les années de braises

Le ministre tunisien de l'Enseignement supérieur de 2011 à 2014, le nahdhiste Moncef Ben Salem, décédé en 2015, publia un ouvrage en langue arabe intitulé *Les Années de braises*, où il raconte les préparatifs du coup d'État qui devait se produire le 8 novembre 1987 et qu'il avait lui-même supervisé**. À l'instar des Frères musulmans égyptiens dans les années 1940, 1950 et 1960, Ennahdha a bien créé, au cours des années 1980, un appareil sécuritaire secret[25], parallèle à l'organisation politique. Elle a également encouragé ses jeunes recrues à intégrer l'académie militaire et les appareils sécuritaires : les corps de la police, de l'armée, de la gendarmerie ou de la douane. C'est ainsi que le mouvement Ennahdha s'est préparé à organiser une prise du pouvoir ou, du moins, la déposition de Bourguiba, le 8 novembre 1987. Mis au fait de leurs intentions, le Premier ministre

* La Commission des libertés individuelles et de l'égalité.
** L'exemplaire utilisé a été téléchargé sur Internet.

de l'époque Zine el-Abidine Ben Ali décida de les devancer avec le coup d'État médical du 7 novembre qui destitua Bourguiba.

Une autre révélation post-2011 confirme le rapport à la violence du mouvement Ennahdha. L'attaque du siège de la cellule destourienne de Bab Souika (à la médina de Tunis) qui coûta la vie à l'un des gardiens, brûlé vif, en 1991, a bien été commanditée par la direction d'Ennahdha, plus précisément par son aile sécuritaire. L'information a été démentie par un cadre d'Ennahdha, Ajmi Lourimi, lors de son intervention sur Jawhara FM du 24 mars 2021. Toutefois, c'est l'organisateur même de cet attentat, aujourd'hui repenti, Karim Abdelsalem, qui expliqua[26] que cet attentat tout comme les attaques au vitriol de Sousse et de Monastir entraient dans le cadre de la directive de la direction du parti, dénommée *tahrir al-moubadara* (« libération des initiatives »). Il s'agissait d'encourager les initiatives de la base militante pour sortir des mosquées, s'étendre à la société et viser le régime de manière symbolique afin que l'aile sécuritaire et armée puisse, par la suite, « en récolter les fruits ». Cet événement annonça le deuxième tour de vis sécuritaire de Ben Ali à leur encontre.

Or, de manière étonnante, la preuve de l'existence d'un appareil sécuritaire secret d'Ennahdha a été récemment réactivée par le Comité de défense de Belaïd et Brahmi – assassinés en 2013[27]. De façon fortuite ont été découvertes des archives volées au ministère de l'Intérieur. Elles devaient être déchiquetées. Elles attestaient que, malgré son passage à la légalité et au pouvoir, Ennahdha aurait conservé son appareil sécuritaire clandestin dédoublant à son profit l'appareil sécuritaire de l'État. Toutefois, aussi bien cette affaire que celle des assassinats politiques dont il va maintenant être question n'ont pas encore été jugées par la justice.

Transition pacifique tunisienne et… violences

Durant la décennie post-2011, la Tunisie a connu un affaiblissement considérable de l'appareil d'État, notamment de ce qui fait son identité première, « le monopole de la violence légitime », face à la montée de l'insécurité et des actes terroristes qui ont coûté la vie à des centaines de policiers, gendarmes, militaires, touristes et citoyens tunisiens, aussi bien dans la capitale que dans l'ensemble du pays et aux frontières du territoire national. L'ouvrage de Mustapha El Haddad consacré à la violence politique sous la « Troïka » est, de ce point de vue, une très grande source d'information[28].

Le 6 février 2013, l'homme politique Chokri Belaïd est assassiné devant chez lui, ce qui provoque une onde de choc. Ses obsèques se déroulent dans le cadre de manifestations de très grande ampleur au cri de « Ghannouchi assassin ! ».

Une année auparavant, Rached Ghannouchi avait déclaré que cette jeunesse salafiste qui commençait à se manifester lui rappelait sa propre jeunesse, et que son activisme présageait d'une culture nouvelle dans le pays[29]. De même, et peut-être surtout, une vidéo enregistrée et diffusée en octobre 2012 montrait le leader d'Ennahdha dans son bureau de Montplaisir (siège du parti à Tunis) discutant avec des dirigeants salafistes[30]. Le journal électronique *Leaders* a transcrit les propos contenus dans la vidéo dont voici un extrait en français : « Les médias, dit-il, sont entre leurs mains [les laïcs], l'économie est entre leurs mains, l'administration est entre leurs mains. Nous occupons la sphère supérieure de l'État, mais ils tiennent tous ses rouages. Le RCD est en train de revenir. L'armée est entre leurs mains. L'armée n'est pas sûre et la police non plus n'est pas sûre. Vous pouvez créer des TV, des radios, vous pouvez construire des mosquées. Vous pouvez organiser des campements. Le nombre ne doit pas vous leurrer. Vous pouvez attirer deux mille ou dix mille personnes, mais vous vous trompez si vous pensez que cela est irréversible et qu'on ne peut pas revenir en arrière. En Algérie, en 1990, on avait pensé la même chose que vous. On a cru que le moment était irréversible. La suite vous la connaissez. Les laïcs ont tout repris en mains[31]. »

Rached Ghannouchi conseillait donc à ses interlocuteurs salafistes d'être patients, de consacrer tout le temps nécessaire au changement et de ne pas se laisser griser par l'opportunité d'avoir quitté les prisons par milliers.

Le second assassinat est celui de Mohamed Brahmi. Tout comme Chokri Belaïd, ce leader politique appartenait à la mouvance nationaliste arabe. Cette dernière est l'héritière de l'idéologie du président Nasser, mais également des dirigeants politiques arabes baasistes d'Irak et de Syrie. Il s'agit de formations idéologiques et politiques à la fois proches et ennemies des Frères musulmans. À l'instar des Frères musulmans, le nationalisme arabe ou le panarabisme a eu pour objectif de faire retrouver aux Arabes un prestige politique passé grâce à leur unification. Son principal fondateur est un chrétien syrien, Michel Aflak. Il donna à sa formation politique l'appellation très significative de Baas ou « Résurrection arabe[32] ».

Le qualificatif « arabe » plutôt qu'« islamique » avait pour fonction d'intégrer aussi les communautés religieuses non musulmanes, chrétiennes principalement. Le laïcisme affiché du Baas se mariait aussi avec le socialisme arabe. Ce nationalisme arabe première mouture peut d'ailleurs se retrouver chez Jamal al-Din al-Afghani, un des pères fondateurs du réformisme musulman éclairé. Le thème principal de sa doctrine repose sur la nécessité pour les pays orientaux, quelle que soit leur religion, de trouver dans leur passé des motifs de fierté et de courage pour résister à l'invasion européenne. Son cercle de pensée comprenait un juif égyptien, Yaqub Sannu, qui s'illustra dans le journalisme humoristique antikhédivial, et plusieurs chrétiens syriens[33]. À l'inverse, le nationalisme des Frères musulmans est fondamentalement islamique, exclusiviste et bannit l'altérité.

La mouvance nationaliste arabe en Tunisie est très diversifiée, mais elle a pour point commun d'insister sur l'identité arabe et musulmane du pays en tant qu'acquis culturel et civilisationnel, et non pas en tant que somme normative devant être appliquée littéralement. De même, les nationalistes arabes tunisiens connaissent l'idéologie et la littérature des Frères musulmans. Beaucoup d'entre eux ont fait de longs séjours dans les pays arabes et ont des liens forts avec le milieu intellectuel et académique de ces pays. Ce n'est pas le cas, en grande majorité, de l'élite politique francophone tunisienne.

À la veille de son assassinat, le 5 février 2013, Chokri Belaïd était invité par la chaîne de télévision Nessma TV[34], en tant qu'avocat de cette même chaîne, qui avait été attaquée par des bandes salafistes pour avoir diffusé le film *Persepolis*. Sorti en 2007, le film raconte en dessins animés la vie d'une jeune Iranienne avant et après la révolution islamique. Chokri Belaïd relata les agressions physiques qu'il avait subies à l'entrée du tribunal avec Hamadi Redissi et le journaliste Ziad Krichen, dans l'indifférence générale de la police tunisienne contrôlée à l'époque par le ministre de l'Intérieur Ali Larayedh. Il déclara :

> Les Frères musulmans d'Ennahdha étaient absents du processus révolutionnaire. J'avais par le passé défendu bon nombre d'entre eux quand les avocats islamistes ne les défendaient pas. J'étais dans le collimateur de Ben Ali parce que je les avais défendus et que j'avais évoqué avec mes collègues la question de la torture. Nous étions un petit nombre d'avocats à nous être engagés dans le combat contre la torture et dans leur défense. Je suis triste en tant qu'avocat, car ceux qui m'ont agressé moi et mes collègues du barreau, sous le regard indifférent de la police d'Ali Larayedh, ministre de l'Intérieur, sont ceux-là mêmes que nous avions défendus. Aujourd'hui, ils nous désignent à la vindicte parce qu'ils sont les ennemis de l'intelligence. Ce qui est arrivé aujourd'hui est grave parce que le 14 janvier 2011 était un appel à la liberté et à la dignité.

Au cours de cette séance, il met en exergue avec brio et clarté la communauté de pensée entre l'ensemble des mouvements islamistes. Plus encore, il rappelle que ces derniers ne font que poursuivre le combat historique qui a marqué la pensée musulmane entre les partisans de la raison et des Lumières et les partisans de l'imitation aveugle et de l'obscurantisme*. Le lendemain, le 6 février 2013 au matin, alors qu'il venait de claquer la porte de son véhicule qui devait l'emmener au travail, Chokri Belaïd a été abattu à bout portant par un certain Kamel Gadhgadhi, tué un an plus tard lors de l'assaut donné par les agents de la Garde nationale, en février 2014, dans la banlieue de Tunis contre un repaire de terroristes.

Neuf ans après les faits, le dysfonctionnement de la justice tunisienne continue d'empêcher la vérité d'éclater au grand jour sur ce crime d'État.

Face à l'onde de choc provoquée par la mort de Chokri Belaïd, la direction d'Ennahdha non seulement ne recula pas, mais remplaça le chef de gouvernement nahdhiste Hamadi Jebali par Ali Larayedh, le ministre de l'Intérieur qui occupait ce poste au moment de l'assassinat de Belaïd. D'après le témoignage de Jalaleddine Rouis, Ali Larayedh est connu pour sa discipline sans faille, et son allégeance exclusive à l'organisation[35].

Les propos de Mohamed Brahmi, quelques mois plus tard, vont encore plus loin que ceux de Chokri Belaïd. Mohamed Brahmi, du Front populaire, est assassiné de plusieurs balles tirées devant son domicile vingt-deux jours après le coup d'État militaire contre Mohamed Morsi en Égypte. Le projet de cet assassinat a été découvert par les services de la CIA, qui en ont informé le ministère de l'Intérieur, par télégramme, le 14 juillet 2013[36]. Dans une vidéo datant du 3 juillet 2013[37], Mohamed Brahmi célébra le coup d'État et exprima son espoir que ce qui se passait en Égypte se produise en Tunisie avant le ramadan…

* L'intervention de Chokri Belaïd est traduite et reproduite entièrement en annexe.

Ce deuxième assassinat bouleversa entièrement la scène politique transitionnelle tunisienne, car il entraîna l'organisation du sit-in du Bardo par soixante députés non islamistes de l'ANC, et soutenu par l'ensemble de la population. Quelque temps après, Ennahdha accepte de quitter le pouvoir, provisoirement du moins.

CHAPITRE 4

La chute historique des Frères musulmans en Égypte

La stratégie du tamkin *en guise de gestion politique et de gouvernance*

En 2019 est paru *Le Projet* d'Alexandre Del Valle et Emmanuel Razavi consacré aux Frères musulmans en Europe[1]. L'ouvrage met l'accent sur l'une des particularités du mode d'action des Frères musulmans à travers le monde, en parfaite harmonie avec leur conception de la réforme. Il s'agit de la stratégie fériste d'entrisme et d'infiltration des entreprises, administrations, syndicats et également des associations de défense des droits de l'homme. Ces pratiques s'intègrent dans ce que les Frères musulmans dénomment le *tamkin*. Le terme arabe *tamkin* vient du radical *mkn* qui signifie « lieu, espace géographique ». Le *tamkin* est le substantif duquel découle le verbe *tamakkana*, qui signifie prendre possession des lieux ou maîtriser un espace pour le sécuriser et le mettre au service de ses propres objectifs et, par extension, contrôler les institutions de souveraineté[2].

Une importante littérature fériste est consacrée à cette expression et le *fiqh* (« jurisprudence ») du *tamkin* est enseigné dans les réunions de « familles » féristes.

Le *tandhim* ou l'organisation formée par les « vrais musulmans », à savoir les Frères musulmans, constitue l'un des outils les plus importants du *tamkin*, voire le plus important et le plus efficace car il repose sur l'obéissance et la fidélité absolues à l'organisation. C'est par le biais du *tandhim* que les Frères musulmans placent leurs hommes et font de l'entrisme dans l'État, les organisations de la société civile, et dans la société d'une façon générale. Le contrôle de cette dernière est tout aussi important que le contrôle de l'État. Un des doctrinaires des Frères musulmans, le Syrien Fathi Yakan, déclara : « Si 10 % de la population est formée de cellules fréristes et que 60 % sont des proches ou apparentés des Frères musulmans, on arrive déjà à 70 % de personnes qui sont acquises à notre cause ! » C'est par l'intermédiaire de cette « masse critique islamisée » que les syndicats, associations de bienfaisance, œuvres sociales, ONG, universités, administrations et ministères de souveraineté (Justice, Armée, Police) peuvent être infiltrés, voire acquis à l'organisation.

Outre la manipulation des élites non islamistes, bien d'autres activités peuvent être intégrées dans la stratégie du *tamkin,* car il s'agit de parvenir à une prise de pouvoir permanente, dont la durabilité ne peut être atteinte qu'en agissant sur deux facteurs clés, le *soft* et le *hard power* simultanément. Il s'agit d'islamiser l'individu qui, à son tour, islamisera la société, laquelle aspirera à être gouvernée par un État mettant en œuvre la charia, la loi islamique. Dans le même temps, l'organisation des Frères musulmans noyaute les institutions de la société civile et procède à l'infiltration/dédoublement des institutions de l'illégitime État-nation pour les contrôler et les détourner de leurs missions, *via* leurs propres milices et structures de renseignement liées au *tandhim.*

Tamkin et *tandhim* sont de ce point de vue fortement liés. En 2005, en Égypte, le journaliste égyptien Hamdy Rizk publie un document trouvé par la police égyptienne dans les bureaux du numéro deux des Frères musulmans égyptiens, Khairat al-Chater, aujourd'hui en prison[3]. Le document est dénommé, de manière significative, *Fath Misr* (« la conquête [au sens islamique du terme] de l'Égypte »). Le document mentionne l'importance de la dissimulation et du camouflage pour réaliser une telle entreprise qui comporte plusieurs volets. Il s'agit d'ouvrir des canaux de communication avec le pouvoir en place et les personnalités qui comptent ; d'utiliser « des sédatifs et des calmants » (*sic*) pour réduire la méfiance du régime et des autres institutions et parties « civiles » ; de pénétrer les institutions de presse notamment gouvernementales ; de passer des accords (*deals*) avec les organes de presse indépendants ou privés ; d'infiltrer les syndicats, les organisations de la société civile, les ONG des droits de l'homme, notamment les organisations internationales, etc. Le lecteur découvre ainsi que la participation électorale, loin d'être le signal de leur conversion à la démocratie, s'intègre en réalité dans la stratégie du *tamkin*. Il faut, dit le document, inciter le maximum de Frères à participer aux élections législatives et ruiner la réputation de leurs concurrents en les accusant de corruption et de traîtrise, etc.

Avant 2011, les Frères musulmans égyptiens ont bénéficié de beaucoup plus de liberté que leurs homologues tunisiens pour faire le travail de *tamkin*. Outre la conquête des syndicats des classes moyennes diplômées, à la fin des années 1990, ils ont également conquis la direction de la plus importante association islamique de bienfaisance en Égypte, la Gamia Charia*. Elle contrôlait plus de six mille mosquées et quatre cent cinquante-sept filiales et bureaux répartis sur tout le territoire égyptien[4]. Une majorité de ces structures disposaient de ce que l'on dénomme en Égypte des « complexes islamiques », à savoir ces mosquées disposant de bâtiments abritant des écoles, des dispensaires, des cliniques, des salles de cérémonie et dispensant des cours d'apprentissage du Coran, des cours de langues et de soutien scolaire, de formation professionnelle ainsi que d'autres services sociaux pour leur

* La Gamia Charia pour l'Entraide des Serviteurs du Coran et de la Sunna Mohemmedia a été fondée en 1913.

environnement immédiat. Ce type de structure était fondamental pour les conquêtes électorales des Frères musulmans, afin d'élargir leur clientélisme politique[5].

Le laisser-faire accordé aux Frères musulmans par le régime égyptien leur a permis de se constituer des bases sociales et des clientèles locales qui arrivaient à concurrencer le clientélisme du Parti national démocratique (PND), cette sorte de parti-État de Moubarak. Il s'agit de l'équivalent égyptien du Rassemblement constitutionnel démocratique de Ben Ali, qui pratiquait le clientélisme à partir principalement des biens et des services de l'État. Les Frères musulmans égyptiens pratiquaient également du clientélisme électoral « privé ». Dès le lendemain de la démission de Moubarak, ils se joignent aux forces révolutionnaires pour applaudir à la dissolution du PND. Ainsi ont-ils conquis 40 % des sièges de députés aux législatives 2011-2012.

Au cours de leur domination de cette assemblée législative, ils sont les premiers à voter la loi interdisant aux membres du PND de faire de la politique, et ils réclament des tribunaux révolutionnaires pour juger les anciens cadres du régime de Moubarak. En réalité, il s'agissait pour eux d'écarter un concurrent de taille qui pratiquait le clientélisme « public » à grande échelle. Amr Elshobaki, sociologue égyptien et coauteur de ce livre, expérimenta la machine électorale des Frères musulmans quand il se présenta dans la circonscription Dokki-Agouza-Imbaba au Caire. Il constata la discipline des membres de l'organisation pour inciter les électeurs à aller voter en faisant du porte-à-porte et en organisant le vote*.

Malgré de tels avantages comparativement aux Frères musulmans tunisiens, leurs homologues égyptiens n'ont pas été capables de demeurer plus d'une année au pouvoir, tout simplement à cause de leur mauvaise lecture de l'état du rapport de force entre eux et leurs adversaires. Ils ont constamment sous-estimé la coalition adverse et

---

* Son concurrent, Amrou Draz, l'ancien responsable du parti Liberté et Justice sur le gouvernorat de Guizeh, sera nommé ministre dans le gouvernement de Hicham Qandil. Il est actuellement réfugié en Turquie.

sa capacité à faire bouger la « rue ». Pire encore, leurs erreurs politiques ont contribué à souder la coalition d'intérêts hétéroclites qui a préparé l'extraordinaire mobilisation du 30 juin 2013, prélude au coup d'État militaire du 3 juillet 2013.

Calculs politiques erronés

La direction des Frères musulmans n'a pas été capable d'analyser correctement ses propres scores électoraux postsoulèvement 2011. Leur candidat à la présidentielle, Mohamed Morsi, ne gagna les présidentielles qu'avec une petite différence sur son adversaire Ahmed Chafik, le général candidat de l'armée (voir en annexe). Morsi a sans conteste bénéficié des voix de ceux qui ne voulaient pas se retrouver avec le dernier Premier ministre nommé par Moubarak comme président de la République.

Un tel score aurait dû inciter les Frères musulmans à passer des compromis ou, au moins, à respecter leurs alliances avec les salafistes du parti Al-Nour, certaines coalitions de la jeunesse révolutionnaire, et des figures importantes des forces libérales et non islamistes, à l'instar de l'écrivain très engagé Alaa al-Aswany et de bien d'autres. Ils auraient dû respecter l'accord de Fairmont de juin 2012* qui prévoyait notamment la nomination d'un chef de gouvernement non Frère musulman, et également une refonte des membres de la deuxième commission chargée de rédiger la nouvelle Constitution en y intégrant plus de personnalités non islamistes. Mohamed Morsi n'a respecté aucun de ses engagements.

* Le 22 juin 2012, cet accord avait entériné le soutien officiel au candidat islamiste de plusieurs personnalités politiques et de nombreux mouvements révolutionnaires opposés à la candidature d'Ahmed Chafik, dernier Premier ministre de Moubarak. En échange de leur soutien, Mohamed Morsi leur aurait alors promis la formation d'un gouvernement comportant des représentants de l'ensemble du spectre politique. Ont signé également l'accord Wael Ghonim, l'administrateur de la page Facebook « Nous sommes tous Khaled Saïd » qui a appelé à la descente dans la rue le 25 janvier 2011, et également Ahmed Maher, l'un des fondateurs du Mouvement des jeunes du 6 avril.

La petite victoire de Morsi aux élections présidentielles est liée au comportement des députés Frères musulmans à l'Assemblée du peuple. Tant leurs bureaux locaux que leurs téléphones portables étaient fermés – paroles d'électeurs –, et leur électorat n'arrivait plus à les joindre pour leur demander les services et aides habituels. Il ne s'agit pas de mauvaise volonté de leur part. En fait, ils étaient tout simplement concentrés sur les questions politiques nationales : rédaction de la nouvelle Constitution du pays ; législation facilitant leur *tamkin* institutionnel de l'appareil d'État, etc. Ils n'avaient plus le temps de jouer leur rôle habituel de bienfaiteur social local, de médiateur entre les populations et les administrations et de « supra-maire de leur circonscription ». En Égypte, il n'y a pas de véritable pouvoir municipal, et c'est le député qui joue traditionnellement ce rôle. À la suite du soulèvement de 2011, ils n'en avaient plus le temps. Occupés par la conquête du « haut », ils ont oublié le « bas ». Toutefois, cette « conquête du haut » échoua à son tour rapidement.

Les Frères musulmans ne comprennent que le langage de la force, déclara un journaliste, ex-membre d'Ennahdha. En effet, en Égypte, ils ont ménagé la direction de l'armée et se sont alliés à elle au détriment des autres composantes de la scène politique et transitionnelle. Ainsi, la nouvelle Constitution, rédigée par la commission parrainée par les Frères musulmans et adoptée par voie référendaire en décembre 2012, n'a pas remis en cause certaines prérogatives de l'armée. Son budget n'est toujours pas contrôlé par le Parlement, le poste de ministre de la Défense est confié à un militaire, et un civil peut être jugé par un tribunal militaire.

Par contre, les Frères musulmans ont traité avec mépris les autres acteurs de la scène politique et sociale après le soulèvement de 2011. Ils ont tourné le dos aux coalitions de la jeunesse révolutionnaire, aux acteurs de l'intelligentsia culturelle et artistique égyptienne, aux journalistes de l'importante vie médiatique, aux magistrats, aux coptes, aux femmes, aux élites académiques et économiques, aux syndicalistes, aux activistes laïcs libéraux ou de gauche, et évidemment à ce que les forces révolutionnaires ont dénommé les « foulouls », les élites de l'ancien régime*, etc. Khairat al-Chater a entrepris d'acheter et de noyauter les petits groupes de l'opposition et notamment l'important mouvement du 6 avril dirigé par Ahmed Maher. Il s'agit d'une mobilisation de la jeunesse à partir d'une page Facebook pour soutenir l'importante grève des ouvriers des usines du textile le 6 avril 2009. Le mouvement a appelé à descendre dans la rue le 25 janvier 2011[6].

Ces catégories d'acteurs n'ont pas de poids électoral. Ils disposent toutefois d'importants leviers pour modifier le cours des événements et changer la « règle du jeu » de la transition… Ils ne se sont pas gênés pour le faire. La direction des Frères musulmans n'a pas intégré une telle donnée, car leur direction était totalement coupée du réel.

*Une vieillesse qui lutte contre le temps***…

De par la socialisation sectaire et le caractère paranoïde du grand récit et du décryptage de la réalité, les Frères (plus précisément : la direction de ce mouvement), écrit l'historien Tewfik Aclimandos[7], combattent sans cesse tant de complots imaginaires qu'ils finissent par rater ceux qui ont un fondement dans le réel. Ils ne font aucune confiance à aucun de leurs interlocuteurs ni à aucun des acteurs intervenant dans le même champ : ils les considèrent comme des impies, de faux musulmans, des idiots utiles, tous des ennemis activement en guerre contre la confrérie et méritant d'être traités comme tels. Des trêves sont possibles, des coopérations ponctuelles aussi, mais guère davantage, même si ces derniers obéissent inconditionnellement…

L'analyse de Tewfik Aclimandos n'a rien de caricatural. Elle a été confirmée par les Frères réformistes[8], avant même leur chute. Pour Amr Elshobaki, qui les a côtoyés comme député au sein de

* Dissolution du PND le 16 avril 2011 par le tribunal administratif.
** L'expression est empruntée au titre du livre de Khalil Inani, *Les Frères musulmans en Égypte : une vieillesse qui lutte contre le temps*, Bibliothèque El Chourouk El Daoulia, 2007, Le Caire (en arabe).

l'Assemblée du peuple, les Frères musulmans n'ont pas compris ni mesuré les implications du moment historique où ils sont passés de l'opposition au pouvoir[9]. Ils ont continué à se percevoir comme des victimes des complots de l'État profond, des médias, de l'étranger, et ils n'ont pas eu de recul par rapport à leur propre pratique du pouvoir ni à l'image qu'ils ont donnée d'eux-mêmes à la population.

Mohamed Morsi est arrivé au pouvoir en juin 2012 sans Constitution qui fixe ses pouvoirs et définit les règles du jeu politique. En effet, la première commission constitutionnelle, choisie par le Parlement élu en 2011-2012, a été dissoute par décision de justice*. Elle n'a donc pas eu le temps de rédiger la nouvelle Constitution. De même, Mohamed Morsi est arrivé au pouvoir sans Assemblée du peuple pour le soutenir. En effet, l'Assemblée du peuple élue quelques mois auparavant a été dissoute également par décision de justice** entre les deux tours des élections présidentielles qui ont donné la victoire à Mohamed Morsi. Ce dernier tenta de rétablir l'Assemblée du peuple dissoute, mais la Haute Cour constitutionnelle a suspendu sa décision. L'Assemblée de la Choura (Chambre haute) élue en février 2012 et à dominante islamiste n'avait toutefois pas la même importance que l'Assemblée du peuple.

Ces décisions sont le fruit des recours portés par ses adversaires, qui ont utilisé les ressources juridictionnelles comme alternatives aux ressources politiques qu'ils n'avaient pas***. La direction de l'armée profita de cette situation pour publier le 17 juin 2012 une déclaration constitutionnelle s'attribuant le pouvoir législatif et le contrôle du budget, et confiant à la Haute Cour constitutionnelle la mission de trancher les litiges concernant la rédaction de la Constitution.

---

* Elle a été déclarée inconstitutionnelle par le Conseil d'État parce que la moitié de ses membres avaient été choisis au sein de l'Assemblée législative.

** Le 14 juin 2012, la Haute Cour constitutionnelle égyptienne invalida la loi organisant les élections législatives, pour rupture du principe d'égalité entre candidats de partis politiques et indépendants.

*** Les autres décisions de justice qui ont eu un impact politique sont l'interdiction faite à Khairat al-Chater, l'homme « fort » des Frères musulmans, de se présenter aux élections présidentielles. Mohamed Morsi a été le candidat de remplacement.

Cette déclaration a été abolie par le président Morsi le 12 août 2012. Celui-ci s'est attribué les pouvoirs législatifs et a supprimé toutes les prérogatives constitutionnelles de la direction de l'armée. Sous couvert de mise à la retraite, il a démis le même jour le maréchal Tantaoui (président du Conseil suprême des forces armées) et le général Sami Anan (chef d'état-major des armées) pour les remplacer par le général Abdel Fattah al-Sissi.

Le 22 novembre 2012, le président Morsi fait sa déclaration constitutionnelle devenue célèbre, car elle immunise ses décisions présidentielles de tout recours devant les tribunaux, et elle interdit la dissolution de l'Assemblée de la Choura et de la deuxième commission constitutionnelle. Il limoge ensuite le procureur général nommé sous Moubarak pour le remplacer par un proche. C'est un véritable coup d'État constitutionnel.

Doté de sa légitimité électorale et arrivé à la tête de l'État sans Constitution pour fixer ses pouvoirs et les règles du jeu, Mohamed Morsi a opéré ce coup de force envers l'ancienne direction de l'armée, définissant lui-même les règles du jeu. La direction des Frères musulmans ne se doutait pas que cette fameuse déclaration précipiterait leur chute quelques mois plus tard, car elle n'a pas compris que la légitimité de l'armée dans ce pays est autrement plus importante que celle des urnes[10].

Les Frères musulmans parviennent à rédiger la nouvelle Constitution du pays, mais sans consensus large, car la déclaration du 22 novembre de Mohamed Morsi a entraîné la défection des quelques personnalités non islamistes qui avaient accepté de s'allier à eux au sein de la deuxième commission chargée de rédiger la Constitution. Elle les a ainsi incités à retourner dans le camp de l'opposition dite civile.

C'est ainsi que l'opposition non islamiste s'est soudée. Traditionnellement divisée, cette dernière s'est regroupée au sein d'un Front du Salut dirigé notamment par Mohamed el-Baradei, Hamdine Sabahi et Amr Moussa. Les grandes manifestations organisées contre la déclaration constitutionnelle de Mohamed Morsi, au mois de décembre 2012, à l'appel du Front du Salut, ont mis en lumière un phénomène nouveau. L'opposition non islamiste a été capable de mobiliser « la rue », alors que les Frères musulmans ont toujours estimé que « la rue » était leur terrain exclusif. Ces manifestations, jusque devant le palais présidentiel, ont provoqué une réaction de violence de la part des Frères. Ils ont envoyé leurs milices attaquer les jeunes manifestants, provoquant des morts parmi ces derniers. La jeunesse révolutionnaire devait se venger en juin 2013 quand elle attaqua le grand local des Frères musulmans, avec le silence complice du ministère de l'Intérieur.

Si les Frères musulmans ont perdu l'appui des quelques forces non islamistes qui étaient prêtes à les soutenir, ils ont également perdu l'appui de ceux qui étaient idéologiquement proches d'eux, les salafistes du parti Al-Nour. Pour faire passer leur projet de Constitution, les Frères musulmans leur ont bien accordé certaines concessions. Ils ont ainsi renforcé le poids de la référence à la loi islamique dans la Constitution adoptée en décembre 2012*. Par contre, ils ne les ont pas associés au pouvoir. Aucun salafiste n'a été nommé au gouvernement de Hicham Qandil nommé par Mohamed Morsi le 2 août 2012. Les salafistes se sont retrouvés exclus de tout poste clé au sein de l'appareil d'État. En l'espace de quelques mois à peine, les salafistes du parti Al-Nour ont ainsi été poussés, par la politique des Frères musulmans, dans le camp de l'opposition dite libérale. Les Frères musulmans se sont coupés ainsi de toute la classe politique. Il ne leur resta comme soutien que les courants islamistes radicaux, qui contribuaient davantage à accentuer leur discrédit politique en plusieurs occasions et à effrayer des couches importantes de la population, notamment la population copte, mais pas seulement. C'est donc l'ensemble de l'opposition politique qui a aidé les activistes du mouvement Tamarrod (« la rébellion »)

* La nouvelle Constitution définira le contenu de la charia : les principes de la charia islamique comprennent ses preuves globales, ses bases fondamentales, les règles de la jurisprudence, ainsi que ses sources significatives, acceptées par les écoles juridiques de la tradition du Prophète et l'ensemble de la communauté.

à recueillir les signatures pour la pétition demandant des élections présidentielles anticipées[11]. Outre la Déclaration constitutionnelle du 22 novembre 2012, les Frères musulmans sont entrés en conflit avec certaines institutions de l'appareil d'État et avec des grands corps administratifs dans le cadre d'une société nationaliste, attachée à l'État, respectueuse de ses institutions et de leur prestige aux plans interne et externe : l'institution présidentielle, les forces armées, la magistrature, les appareils médiatiques et d'autres corps de l'administration. Le bureau de la Guidance de l'organisation des Frères musulmans est apparu comme le véritable centre de décision, dédoublant non seulement les institutions de l'État mais aussi leur propre parti, Liberté et Justice.

Le maintien de l'Organisation… ou de la secte

Le maintien de l'Organisation (Gamaa) n'est pas fortuit. Il s'agit du principal signe de distinction et de fierté des Frères par rapport aux autres Égyptiens musulmans, et plus encore coptes. « Nous sommes vos maîtres », déclara un de leurs députés dans une émission télévisuelle de grande écoute ! Un tel comportement pourrait être analysé comme une manifestation d'ivresse de la réussite de la part d'une organisation persécutée pendant des décennies. Mais ce sentiment de supériorité, qui contredit l'image de modestie longtemps affichée, doit également être compris dans le cadre de leur croyance en la sacralité de leur mission et de leur organisation, cette avant-garde islamique chargée de sauver non seulement les Égyptiens, mais l'ensemble des êtres humains qui vivent dans l'ignorance sans le savoir.

Cette avant-garde, préconise Sayyid Qotb, doit « rompre émotionnellement[12] » avec son environnement « naturel » pour se protéger. Cette rupture est également légitimée par le « sentiment de supériorité » qui doit caractériser le vrai croyant, auquel Sayyid Qotb a consacré un chapitre entier[13].

Le maintien de la Gamaa a été légitimé et même revendiqué par l'homme fort du mouvement et son grand financier, le milliardaire Khairat al-Chater, dans son fameux discours d'Alexandrie le 21 avril 2011, rapporté par Marie Vannetzel :

> Les Frères croient que cette mission ne peut être menée à bien qu'au moyen d'une Gamaa puissante. C'est la même idée que celle exprimée par Son Éminence le calife Omar Ibn al-Khattab [compagnon de Mahomet mort en 644 à Médine], lorsqu'il a déclaré : il n'y a pas de religion sans Gamaa, pas de Gamaa sans leader, et pas de leader sans obéissance. [...] Il n'est donc pas possible de se développer en disant « la Gamaa doit devenir un parti », parce que le parti est un outil né d'une idée occidentale et conçu pour le processus et la compétition politique, qui ne forment qu'un seul des nombreux aspects du grand projet de Renaissance. [...] Chaque aspect de la vie doit être islamisé et l'instrument primordial pour cela est la Gamaa. Elle peut créer un parti, des associations ou des écoles mais elle est destinée à demeurer[14].

Il s'agissait pour Khairat al-Chater de répondre aux critiques de ses propres dissidents, notamment d'Abdel Moneïm Aboul Fotouh. Ce dernier s'est opposé à ce que les Frères musulmans fondent un parti politique afin de laisser la liberté à leurs membres, soit de créer des partis, soit de rejoindre d'autres partis. Or la direction des Frères musulmans a non seulement créé le parti Liberté et Justice, mais elle a interdit à ses membres de rejoindre d'autres partis que ce dernier. C'est elle qui doit nommer ses dirigeants.

Une des conséquences les plus néfastes de la mise sous contrôle du parti Liberté et Justice par les Frères musulmans (donc par la Gamaa) a été l'impression générale, au sein de la population, que Mohamed Morsi n'était pas libre de ses actes et de ses choix, car soumis lui-même au bureau de la Guidance, principalement au trio Khairat al-Chater, Mahmoud Ezzat et Mohammed Badie. C'est au prestigieux immeuble des Frères musulmans à Mokattam, qui surplombe Le Caire, que se rendaient les ambassadeurs et les représentants des pays étrangers. L'institution présidentielle – le président ou *raïs* –, qui est d'une très grande importance symbolique et politique aux yeux des citoyens égyptiens, s'en trouvait minorisée et affaiblie.

Dès les premiers mois après la chute de Moubarak, plusieurs plaintes ont été déposées contre la Gamaa par des avocats devant les tribunaux, afin de dénoncer son illégalité, et pour obliger l'organisation à se plier à une forme légale. Celle-ci a cependant résisté pendant deux ans à sa légalisation en tant que simple association caritative. Elle ne déposa sa demande que sous la contrainte. Le 20 mars 2013, alors que Morsi était président de la République, la Haute Cour administrative a émis une recommandation selon laquelle l'organisation était illégale et devait être dissoute. Quelques heures plus tard, la direction des Frères musulmans a fini par céder à la pression et annoncé son enregistrement officiel comme association.

Magistrats, militaires, journalistes et… religieux contre les Frères musulmans

La conquête du « haut », c'est-à-dire de l'État, s'est opérée par les nominations de fidèles des Frères dans les administrations, ministères, organismes étatiques, groupes de presse « nationaux » et entreprises du secteur public, etc. Les chiffres avancés vont de dix mille à treize mille. Les observateurs ont noté la faiblesse de leur niveau professionnel et leur incompétence. Ces nominations ont entraîné la marginalisation d'ayants droit du fait de leur ancienneté. Or l'administration égyptienne est formée par près de sept millions de fonctionnaires, qui sont animés par des corps professionnels ayant des intérêts à défendre. Ils se sont sentis menacés par les nominations opérées par les Frères musulmans et par les projets de réforme de leurs statuts respectifs*.

Ces nominations ont également mécontenté leurs alliés salafistes. Ces derniers n'ont pas bénéficié des mêmes recrutements. Enfin, leurs collègues dans les services et les administrations ont noté leur goût du secret, des débats dans des chambres closes, et leur méfiance. « Ils se taisaient quand on entrait dans les pièces où ils étaient réunis », rapportèrent les fonctionnaires qui les ont côtoyés[15] ! Au sein de la présidence, Mohamed Morsi a bien nommé une équipe d'experts-conseillers de toutes tendances politiques. De même, il a nommé un copte, Samir Morcos. Ces experts n'ont jamais été consultés par le président et la majorité d'entre eux démissionna au moment de la crise de décembre 2012, liée à la décision de Morsi de s'attribuer tous les pouvoirs.

Mais il y a pire… Avec la nomination, en juin 2013, en tant que gouverneur de Louxor, de l'un des chefs de l'organisation terroriste responsable du massacre de cinquante-huit touristes étrangers en 1997 dans ce même gouvernorat. Il s'agit d'Adel el-Khayat**. Face au tollé provoqué par sa nomination, il a démissionné.

Comme autre technique de ce que les Égyptiens ont dénommé à l'époque la « frérisation » de l'État, relevons la suppression des primes. Sous le régime de Moubarak, les salaires du public étaient très faibles, mais les primes importantes. Le salaire est un droit, mais le reste est un avantage qui peut être retiré à tout moment. Le régime de Moubarak arrivait ainsi à « contrôler » certaines fonctions sensibles dans l'appareil d'État et le secteur public, notamment celui du journalisme. Mais la suppression des primes était rarement

---

* Les exemples sont nombreux et ils concernent notamment le personnel d'Al-Azhar, les gouverneurs, les fonctionnaires de l'administration locale, du ministère de l'Information, de la Culture, de l'Enseignement, etc.

** Adel el-Khayat est le responsable du Parti de la construction et du développement, la branche politique du groupe islamiste radical Al-Jama'a al-Islamiya. Impliqué dans l'assassinat de Sadate, ce groupe fut à l'origine d'une vague d'attentats dans les années 1990 avant de renoncer à la violence. Lui-même n'a été condamné qu'à une année de prison. (https://www.liberation.fr/planete/2013/06/18/un-ex-terroriste-regne-sur-les-sites-de-louxor_911983/.)

pratiquée. Les Frères musulmans ont tout de suite retiré les primes à tous ceux qui n'étaient pas Frères, arguant de difficultés financières réelles ; mais cela ne les a pas empêchés de multiplier les primes destinées aux employés Frères...

Enfin, le pouvoir fnériste a tenté de réformer les conditions de départ à la retraite de la puissante caste des magistrats égyptiens, mais ils n'en eurent pas le temps ; trois mille cinq cents magistrats devaient être concernés par la réforme.

La décision dc la Haute Cour administrative imposant l'enregistrement légal de l'organisation des Frères musulmans a révélé le combat mené par la puissante magistrature égyptienne contre les Frères musulmans. Les décisions de cette dernière ont perturbé à plusieurs reprises le chemin tout tracé des Frères musulmans pour gouverner non seulement l'Égypte, mais le monde entier. Dès avant la révolution du 25 janvier 2011, les magistrats égyptiens ont fait preuve d'autonomie et d'indépendance face au pouvoir politique de Moubarak. Ainsi, la « fronde des juges » en 2005 a été un événement politique marquant de la période annonciatrice de la révolution du 25 janvier 2011.

Le premier signal de la volonté des Frères musulmans de « mettre au pas » la magistrature a été le fait que Morsi refuse de prêter serment uniquement devant la Haute Cour constitutionnelle comme le veut la tradition égyptienne.

Outre les décisions qui ont été abordées plus haut, Mohamed Morsi a limogé le procureur général nommé sous Moubarak pour le remplacer par un proche*. De même, la Constitution proposée par les Frères musulmans réduisait le nombre des magistrats membres de la Haute Cour constitutionnelle de dix-neuf à onze membres. Ont été écartés certains d'entre eux, notamment la magistrate Tahani Jebali, qui n'avait pas hésité à critiquer les Frères musulmans à plusieurs reprises. Les partisans de Morsi ont également

* En principe, le poste de procureur général est occupé par le plus ancien des membres du parquet, qui devrait être choisi par le Haut Conseil de la magistrature. Le Conseil propose le nom de trois personnes au président de la République qui, à son tour, en choisit un.

organisé un sit-in autour du siège de la Haute Cour constitutionnelle pour que ses membres ne puissent pas se réunir. Ces derniers ont riposté par un sit-in devant le bureau du nouveau procureur général nommé par Morsi. Très vite, le Club des Juges a organisé des grèves et refusé de contrôler le référendum sur la Constitution en décembre 2012.

Mais ce qui a provoqué la résistance des magistrats égyptiens a été incontestablement le projet de réforme de leur statut visant à réduire l'âge de passage à la retraite des magistrats de 70 à 60 ans[16]. Il s'agissait pour Morsi de « punir » cette sorte de « caste » des juges et des magistrats égyptiens sûrs d'eux-mêmes, et de leur prestige au sein de l'État, pour les remplacer par des proches et des fidèles. Or cette fonction prestigieuse s'hérite quasiment de père en fils. « Les métiers de la justice ne sont pas appropriés pour les enfants des éboueurs », a déclaré en 2015 le ministre de la Justice, qui fut démis de sa fonction à cause de cette affirmation. Ce projet de réforme de leur statut n'a pas vu le jour, mais il a intensifié le combat des juges contre les Frères musulmans.

Outre la résistance opposée par le corps de la magistrature au pouvoir islamiste, l'intelligentsia médiatique et culturelle égyptienne a également joué un rôle fondamental dans la chute des Frères musulmans. Le paysage médiatique égyptien est doté d'une très grande force de frappe et, là également, les Frères musulmans n'ont pas suffisamment apprécié la faiblesse de leurs ressources médiatiques au sein de la confluence médiatique égyptienne.

De manière significative, les Frères musulmans n'ont pas de présence dans le milieu de la presse, terreau privilégié de la gauche, des nassériens et des forces dites civiles ou libérales. La liberté d'expression, de publication et de la presse, renforcée de manière considérable quelques années avant la révolution du 25 janvier 2011, a perduré jusqu'à l'arrivée de Sissi au pouvoir en 2014. De manière paradoxale, cette liberté d'expression a été amplement confortée par l'entrée du secteur privé des affaires dans le financement de la presse et des télévisions satellitaires. Ces médias privés n'ont pas tardé à remettre en cause la prépondérance, dans l'espace médiatique, du secteur public symbolisé par le journal *Al-Ahram* et la télévision nationale égyptienne.

De même, ils ont remis en cause la majorité des tabous politiques de la période de Moubarak, à l'exception notable du rôle politique de l'armée. L'intelligentsia égyptienne, formée de journalistes de la presse écrite et audiovisuelle, d'écrivains et d'hommes de culture, a joué un rôle essentiel pour « casser » le projet de succession héréditaire de Gamal Moubarak à son père et pour « préparer » l'opinion publique à la révolution du 25 janvier 2011. Avec l'arrivée de Mohamed Morsi à la tête de l'État, ils ont continué leur combat, mais cette fois contre les Frères musulmans.

Ces derniers se sont singularisés par leurs tentatives répétées de museler les médias en procédant au changement de direction des journaux gouvernementaux et des chaînes de télévision publique. En revanche, les journaux et les télévisions privées sont demeurés hors d'atteinte, malgré les sit-in organisés par les partisans de Morsi autour de la Cité de la production médiatique, qui abrite les sièges des chaînes privées. Or, tous les jours, les quotidiens et les émissions de talk-show des télévisions privées analysaient et critiquaient les décisions et comportements de la nouvelle élite dirigeante. De même, le mouvement Tamarrod a été quotidiennement encouragé par les journalistes et les émissions de talk-show.

Au cours des années 2012 et 2013, l'espace médiatique égyptien a été marqué par le retour des journalistes proches de l'ancien système de Moubarak. Ces derniers firent alliance avec les journalistes « justiciers[17] », dont parle Bachir Benaziz, qui ont préparé par leurs écrits et discours le soulèvement de 2011.

Ce sont les acteurs médiatiques qui informèrent la population égyptienne d'un certain nombre de faits et de discours qui inquiétèrent cette dernière, ce qui conforta son retournement contre les Frères musulmans et, plus largement, contre l'ensemble du courant islamique. La liste en est très longue et variée.

L'arrivée des Frères musulmans au pouvoir s'est accompagnée par la montée de la violence dans le pays. Des éléments islamistes se sont crus autorisés à agresser la population, à imposer de force le port du voile, à empêcher les femmes non accompagnées de prendre le bus, à attaquer des cérémonies de mariage où se produisaient des danseuses, où de l'alcool était servi. Partant du fait qu'en dehors du mariage la mixité est *haram* (« interdite ») dans les rues, les restaurants, les lieux publics, ils vérifiaient si les couples étaient bien mariés. Ils cherchaient à imposer la fermeture des cafés, au prétexte qu'on y jouait pour de l'argent, sans mesurer l'importance de ces lieux d'échanges sociaux, amicaux ou professionnels. Dans certains villages ou certaines villes, ils ont fermé des salons de coiffure pour femmes et ont imposé le voile à des enfants. C'est ainsi que dans un village proche de Louxor, le 10 octobre 2012, une institutrice s'est permis de couper les cheveux de deux écolières qui ne portaient pas le voile[18].

Cette agressivité sociale au nom de l'islam a culminé avec le lynchage d'un homme de religion chiite et les incendies répétés d'églises coptes. Bref, des Frères, des salafistes, des électrons libres voulaient « wahhabiser » l'ordre public et imposer la discipline wahhabite par la force. Quand Morsi en a eu vent, il a déclaré qu'il fallait laisser les prédicateurs faire leur travail !

Certains activistes salafistes ont cherché à imposer la police des mœurs à l'instar de celle qui existe en Arabie saoudite, ils ont saccagé également les tombeaux de saints. Certains députés salafistes ont refusé de se lever et de chanter l'hymne national à l'Assemblée du peuple. Ils déposèrent un projet autorisant le mariage des filles dès l'âge de 6 ans, de même que certains Frères musulmans ont cherché à remettre en cause l'interdiction de l'excision, pourtant très largement pratiquée en Égypte*. Sous prétexte de rejeter l'héritage du président Moubarak, ils ont voulu remettre en cause la loi sur

---

* L'Égypte avait adopté en 2008 une loi punissant les excisions de trois mois à deux ans d'emprisonnement. Le 29 novembre 2016 est entrée en vigueur une loi qui aggrave jusqu'à quinze ans les peines de prison contre les personnes pratiquant l'excision, sauf en cas de

le *khul* de 2000*. Cette législation permettait à l'épouse d'obtenir un divorce par volonté unilatérale, mais aussi à la mère de garder les enfants jusqu'à l'âge de 15 ans, ou encore l'amendement à la loi sur l'enfance, qui portait l'âge minimal du mariage pour la femme à 18 ans, et donnait le droit à la mère célibataire de déclarer la naissance de son enfant, même de père inconnu. Cette législation « libérale » était déjà en vigueur en Tunisie depuis 1957 à l'initiative de Bourguiba.

Dans un autre registre, les cadres Frères, proches du bureau de Guidance, se rendaient dans les clubs et syndicats pour tester l'idée d'interdire aux femmes de travailler afin de résoudre le problème du chômage !

Plus grave encore a été la mise en lumière de leurs liens avec les salafistes djihadistes. « Je tiens à la sécurité et à la vie des kidnappeurs et des kidnappés », déclara le président Mohamed Morsi. Les kidnappés étaient les soldats de l'armée égyptienne servant dans le Sinaï où étaient fixés des groupes de guérilla salafistes.

Les projets de police parallèle, sur le modèle des gardiens de la révolution iranienne, inquiétèrent en outre la population égyptienne. Certains officiers prirent même l'initiative de laisser libre cours à leur pilosité. Mais ce qui conforta les soupçons de la population, ce furent les différentes milices que les Frères musulmans utilisaient pour opérer un certain nombre d'actions, comme la défense du palais présidentiel au début de la crise liée à la Déclaration constitutionnelle du 22 novembre 2012, ou bien le sit-in autour de la Haute Cour constitutionnelle pour l'empêcher de se réunir, ou enfin le sit-in autour du Village médiatique.

Mais le plus choquant pour de larges fractions de l'opinion publique fut l'entretien téléphonique cordial entre Mohamed Morsi

---

« nécessité médicale ». Isabelle Gillette-Faye, « État des lieux des mesures législatives contre les mutilations sexuelles féminines », *Droit et cultures*, 2020, 79, p. 77-95.

* *Khul* est l'équivalent de la répudiation, mais décidée par la femme. Nathalie Bernard-Maugiron, « La loi sur le "khul" en Égypte. Contraintes argumentatives et réformes du droit de la famille », *Cahiers d'études africaines*, 2021, 242 (2), p. 395-416.

et Ayman al-Zawahiri, le numéro deux d'Al-Qaida jusqu'à la mort de Ben Laden. Ce docteur égyptien, ayant longtemps séjourné au Soudan, était alors vraisemblablement réfugié au Pakistan. Le 9 décembre 2013, le quotidien *El-Watan* titre : « Ayman al-Zawahiri a demandé à Morsi de mettre en prison le cheikh d'Al-Azhar et Morsi lui a répondu que le Califat est pour bientôt[19] ! »

Enfin, l'incompétence de la nouvelle équipe au pouvoir a été mise en exergue par la fameuse réunion, retransmise en direct, de Mohamed Morsi et de ses alliés sur le projet éthiopien de construction sur le Nil du barrage « La Renaissance ». Rappelons que du Nil dépend la survie de l'Égypte en tant que pays et peuple, son seul fleuve étant alimenté depuis le lac Victoria (Nil blanc) et l'Éthiopie (Nil bleu) : l'affaire relevait donc directement de la sécurité nationale. Or, en Éthiopie, lors du sommet africain à Addis-Abeba, le comportement du président Morsi a sidéré les fonctionnaires égyptiens présents. Celui-ci a déclaré aux responsables éthiopiens : « Ne vous occupez pas de ce que disent les Égyptiens, faites votre barrage », si bien que le traducteur égyptien a refusé de traduire. La lettre amicale signée par Mohamed Morsi au président israélien a également été utilisée pour mettre l'accent sur la faiblesse du sentiment national des Frères et de l'importance qu'ils accordent à la défense des intérêts de l'Égypte[20].

D'autres dossiers ont été montés en épingle par la presse égyptienne pour mettre en exergue la faiblesse du patriotisme des Frères musulmans. Ainsi leur participation à des tractations devant déboucher sur la cession, au profit du Hamas, d'une partie du Sinaï pour rendre viable l'enclave de Gaza. Ou bien leur gestion des champs gaziers égyptiens, qui n'est pas plus glorieuse, car elle se fit de manière à satisfaire davantage les intérêts turcs que ceux de leurs compatriotes. Enfin, l'annonce prématurée par le président el-Béchir de l'accord égypto-soudanais attribuant les territoires frontaliers de Halayeb et Shalatine au Soudan a conduit la direction de l'armée, par la bouche du général Sedki Sobhi, à contredire

Mohamed Morsi, pour affirmer en public : « Cette zone est égyptienne, point barre. »

À cette bourde est venue s'ajouter l'annonce faite par le président égyptien Mohamed Morsi de s'engager en Syrie et d'y envoyer trente mille djihadistes. Le samedi 15 juin 2013, Mohamed Morsi a rompu les liens diplomatiques qui subsistaient entre Le Caire et Damas. Deux jours plus tôt, sur les bords du Nil, il avait organisé une conférence de dignitaires sunnites partisans du djihad en Syrie. Ces décisions ont été très mal perçues par la hiérarchie militaire égyptienne. Elles précipitèrent leur décision d'abroger son mandat.

Enfin, le plus inexplicable est peut-être le projet relatif au canal de Suez : rappelons que ce canal – qui offre une importante source de devises à l'Égypte –, inauguré en 1869, a été creusé par des intérêts franco-égyptiens ; mais sa réalisation a attiré l'impérialisme britannique, qui en a pris le contrôle de 1881 à 1954. Le nationalisme égyptien s'est édifié à la fin du XIXe siècle contre la domination coloniale britannique, qui a pris possession de tout le pays pendant les deux guerres mondiales. L'Égypte a été le premier pays d'Afrique et d'Asie à obtenir son indépendance en 1922, à l'issue d'une révolution politique et populaire, ce qui n'a pas empêché les Britanniques de contrôler le canal pendant plus de trente ans encore. Il a fallu la révolution des officiers libres au début des années 1950, une nouvelle insurrection, et deux ans de négociations pour que Gamal Abdel Nasser obtienne la fin des bases militaires britanniques sur le canal. Enfin, lorsque Nasser, qui demeure le grand héros national du XXe siècle en Égypte, a annoncé la nationalisation du canal en 1956, cela a déclenché quelques mois plus tard une guerre franco-israélo-britannique sur Suez qui a détruit l'armée égyptienne. Le canal de Suez et sa propriété nationale sont donc en Égypte une affaire d'État, de cœur et de passion politique extrêmement sensible. Or, chose inimaginable, les Frères musulmans au pouvoir ont conçu le projet de privatiser des zones autour du canal de Suez, au profit de leur partenaire stratégique, le Qatar. Cette nouvelle sidérante n'a pas manqué de susciter de furieuses oppositions dans tout le pays, y compris au sein de la direction d'Al-Azhar. Elle a dévoilé une inexplicable inculture politique des Frères et de ses chefs, certes radicalement hostiles à Nasser, mais incapables de comprendre l'âme et la fierté égyptiennes, ce qui leur coûta très cher.

Pourtant, les Frères musulmans sont arrivés rapidement à placer leurs hommes dans les postes clés du ministère des *Wakfs*, à savoir les départements de la prédication et des mosquées. Ils visaient également le contrôle de l'institution azharienne (la grande université islamique du Caire) ; mais ils y rencontrèrent une opposition imprévue, même s'ils réussirent à licencier le président de l'université* et ses principaux collaborateurs.

Quelques mois après la chute de Moubarak en 2011, le grand imam cheikh Al-Tayeb avait pourtant surpris tout le monde en recevant le guide des Frères musulmans, Mohammed Badie, une rencontre inédite. Al-Tayeb créa toutefois une deuxième surprise quelques mois plus tard, avec la rédaction d'un document dans lequel il proposait « l'établissement d'un État national constitutionnel, démocratique et moderne, fondé sur la séparation des pouvoirs, garantissant l'égalité des droits entre citoyens et la protection des lieux de culte des trois religions monothéistes ».

Cette déclaration fut très mal accueillie par les Frères musulmans, qui cherchèrent en vain à le déloger. Parmi les arguments utilisés par les défenseurs du cheikh Al-Tayeb, il y avait la carence des Frères musulmans en matière de personnalités compétentes en sciences de la religion[21]. Mais il y a plus. Une autre source du conflit entre les Frères musulmans et Al-Azhar a été le refus du Conseil des oulémas d'avaliser leur projet d'intégration dans la législation égyptienne d'un protocole sur la finance islamique, un certificat

* Dans l'impossibilité de « laïciser » Al-Azhar, le pouvoir nassérien (1954-1970) y a introduit de nombreuses institutions séculières : facultés de médecine, de commerce, de langues, aux côtés des facultés de sciences religieuses, outre les écoles primaires, préparatoires et secondaires, sous le nom de *ma'had* ou instituts. *In* Nicolas de Lavergne, « Le *kuttab*, une institution singulière dans le système éducatif égyptien », *Journal des anthropologues*, 2005, 100-101, p. 163-181.

d'investissement conforme à la loi religieuse dénommé *sukouk*. C'est leur propre Constitution éphémère de 2012 qui accorde un tel pouvoir au grand cheikh d'Al-Azhar. Or ce dernier estima que leur projet de Sukouk n'était pas conforme à la charia et *portait atteinte à la souveraineté de l'État, en autorisant la possession par des étrangers de biens nationaux.*

Le Conseil des oulémas recommande dans son rapport l'interdiction de la vente de terrains et de biens immobiliers publics en contrepartie de ces certificats d'investissement. Il a de même souligné la nécessité d'inclure à la loi un article interdisant toutes sortes de transactions sur les infrastructures nationales comme le canal de Suez et les sites touristiques. Al-Azhar s'oppose de surcroît farouchement aux articles relatifs aux biens des *wakfs*. Il réclame leur modification de façon à interdire tout usage de ces biens sauf à des fins caritatives. Enfin, le recours à l'arbitrage international en cas de conflits sur les accords conclus basés sur la loi des *sukouk* représente pour Al-Azhar une autre atteinte flagrante à la souveraineté de l'État et à ses intérêts[22].

Ainsi, malgré son conservatisme foncier conforté par la relation de très grande proximité établie entre l'État égyptien et la monarchie d'Arabie saoudite, la défiance des Frères musulmans à l'égard de l'État égyptien n'a pas été tolérée par l'institution azharienne. Il n'est donc pas étonnant que le cheikh Al-Tayeb fasse partie des grands acteurs du 3 juillet 2013. Il est présent sur la photo de l'annonce du coup d'État aux côtés du chef de l'Église copte. Il manifesta toutefois son mécontentement à la levée sanglante des sit-in des Frères musulmans en août 2013. Il a ainsi annoncé qu'il se plaçait « en retrait » jusqu'à la fin des violences. Le conflit entre les Frères musulmans et Al-Azhar se poursuit par fatwas interposées[23].

À l'issue du coup d'État contre les Frères musulmans de juillet 2013, la déclaration du dirigeant fririste Mohamed Beltagi[24], le 8 juillet, a confirmé que les Frères musulmans avaient utilisé les djihadistes du Sinaï comme ressource pour améliorer les conditions de leurs négociations avec l'armée. Il a ainsi déclaré, depuis une tribune dressée lors du sit-in de Rabia : « Les actions [terroristes] menées au Sinaï s'arrêteront à la seconde qui suivra la déclaration du retour de Morsi au pouvoir ! » Les observateurs ont noté que les attaques contre les pipelines de gaz naturel s'étaient multipliées quand la direction de l'armée était aux commandes (de février 2011 à juillet 2012), puis arrêtées complètement quand Morsi se débarrassa des deux patrons de l'armée, Tantaoui et Inan. La même ressource a été utilisée vis-à-vis des États-Unis et d'Israël : la pression exercée par la menace djihadiste, et sa neutralisation par la présence de Morsi au sommet de l'État, fut un argument fort qui fut utilisé afin de leur présenter l'Égypte islamiste comme le meilleur garant de la sécurité d'Israël, et l'« islamisme modéré » comme le meilleur remède contre l'islamisme violent !

Ajoutons enfin qu'au plan économique, les Frères musulmans créèrent une nouvelle taxe douanière pour cent produits ne relevant pas de la première nécessité[25]. Devant les protestations, ils revinrent sur leur décision. Mais cela renforça leur réputation d'incompétence, d'hésitation et d'impréparation à la direction du pays.

La culture égyptienne contre les Frères musulmans

L'intelligentsia médiatique égyptienne s'était sentie menacée dans son existence par l'arrivée des Frères musulmans à la tête de l'État. L'instauration de ce pouvoir islamiste, n'aimant ni les intellectuels ni les hommes de culture, était une menace directe, il est vrai. Ce n'est pas un hasard si les Frères musulmans sont absents des milieux culturels et médiatiques, et s'ils n'ont jamais produit un intellectuel, un journaliste, un romancier ou un cinéaste… Tel a été par ailleurs l'argumentaire principal des écrits des intellectuels et journalistes égyptiens publiés par les journaux de l'époque : les Frères musulmans *ne peuvent pas* produire des intellectuels et des penseurs car ils ne disposent pas de la liberté de penser. Ils n'ont pas tort.

Du fait de cette faible présence des Frères musulmans dans le milieu culturel, Morsi n'est parvenu à nommer un ministre de la Culture qu'en mai 2013, c'est-à-dire un mois avant sa chute. Il s'agit d'Alaa Abdelaziz, professeur à l'Académie des arts. Peu connu des intellectuels, il s'est attiré les foudres de ces derniers, qui ont fouillé son passé pour découvrir que son seul apport est d'avoir participé à l'encyclopédie d'Abdelwahab al-Messiri sur le sionisme. Il a alors été décrit comme un « intrus », chargé d'appliquer aveuglément les politiques des Frères pour avoir la mainmise sur le champ culturel. D'ailleurs, sa première démarche a été de chercher à contrôler les cinq cent soixante-dix palais de la culture disséminés dans tout le pays. Avant la nomination de ce dernier, ils ont laissé Saber Arab, le ministre de la Culture nommé par le précédent gouvernement dirigé par Kamal al-Ganzouri, au moment où la direction de l'armée était au pouvoir.

Saber Arab a été démis de ses fonctions pour avoir refusé de signer un protocole avec le Qatar et exigé d'avoir l'accord du ministère égyptien des Affaires étrangères et du conseiller juridique de son propre ministère. Selon ce protocole, il devait s'engager à mettre à la disposition du musée national du Qatar des manuscrits anciens, des documents, des toiles, etc., appartenant à l'État égyptien, ou faisant partie de ses collections privées, en contrepartie d'un appui financier et de biens d'équipement modernes. Son refus lui a coûté son poste. Le président lui a même reproché d'avoir provoqué « un gros problème, avec nos amis » et d'« entraver son travail ».

Saber Arab a témoigné plus tard, dans des entretiens télévisés, qu'il avait subi des pressions pour remplacer certains fonctionnaires par d'autres appartenant aux rangs des Frères ou parmi leurs sympathisants. Il se plaignit également de son budget restreint, à comparer avec le ministère de la Jeunesse et du Sport, auquel on avait alloué 1 milliard de livres égyptiennes, alors que lui-même avait à peine de quoi payer les employés. « Antérieurement, ils avaient exprimé leur souhait de tenir des colloques religieux à l'Opéra et d'y inviter des cheikhs, toutes les semaines ! » a-t-il précisé, dans un entretien publié avec le quotidien *El-Watan,* le 19 février 2021.

En réalité, la résistance du milieu culturel à l'arrivée des Frères musulmans a commencé dès l'arrivée de Mohamed Morsi au pouvoir. En janvier 2013, le président Morsi inaugure la 44e édition de la Foire internationale du livre du Caire. Le directeur de l'organisme général du livre, Ahmad Mégahed, a placé la foire sous le signe du « oui au dialogue, et non à la confrontation ». Il s'agit d'un clin d'œil à peine provocateur aux membres de la confrérie au pouvoir, les invitant à entrer en interaction avec le reste de la société. Mais le milieu culturel est allé plus loin. Les organisateurs accordent le prix du « meilleur livre de l'année 2012 » à l'ouvrage de Tharwat al-Kharbawi, intitulé *Le Secret du temple. Les dessous de la confrérie des Frères musulmans.* L'auteur, un avocat né en 1957, est un membre dissident de l'organisation panislamiste. Il l'a quittée en 2002, et s'est montré depuis très critique à son égard !

Les renvois et les démissions en signe de protestation au sein du ministère se sont succédé : le président de l'organisme du livre, la présidente de l'Opéra, le président du secteur des arts plastiques, la responsable du secteur des relations extérieures, le secrétaire général du Haut Conseil de la culture, le poète Ahmed Abdel Moati Hegazi, rédacteur en chef de la revue *Ibdae*, etc.

Le nouveau ministre, qui avait refusé toute discussion avec les intellectuels, a cependant reçu une délégation du parti Liberté et Justice des Frères musulmans. Le 23 mai 2013, des intellectuels de tout bord ont organisé une rencontre au syndicat des journalistes, dans le centre-ville du Caire, pour annoncer le lancement d'un Front pour défendre la culture égyptienne. Le 27 mai, le ministre était censé inaugurer la 35e édition de l'exposition nationale des plasticiens à l'Opéra du Caire, mais il s'est désisté à la dernière minute, sous un prétexte fallacieux. Il faut rappeler que l'Égypte est la principale puissance culturelle du monde arabe tout au long du XXe siècle, qu'elle domine la région avec ses productions musicales, cinématographiques et télévisuelles, qu'elle possède la plus grande littérature arabe, dont un prix Nobel de littérature. Dans ce pays, la culture a une forte réalité matérielle, une histoire glorieuse, et elle fait vivre un assez large secteur économique et humain qui n'avait aucune envie de disparaître.

Les artistes décidèrent de continuer à tenir leur vernissage, comme si de rien n'était. Le 28 mai 2013, le chef du secteur des arts plastiques, Salah Al-Méligui, a été renvoyé, et les artistes ont publié un communiqué réclamant son retour et le départ du ministre. Ce même jour, le soir où Ines Abdel-Dayem, la directrice de l'Opéra, fut congédiée, la présentation de l'opéra *Aïda* (cet opéra a été écrit par Verdi pour l'inauguration du canal de Suez en 1869) qui devait avoir lieu a été annulée. Le maestro Nayer Nagui est monté sur les planches du grand théâtre de l'Opéra du Caire afin de s'excuser auprès du public et a annoncé la suspension de toutes les activités de l'Opéra pendant trois jours, renouvelables. Les artistes ont réclamé le retour d'Ines Abdel-Dayem, et le départ du ministre. Le public a déclaré son soutien aux artistes et a refusé de se faire rembourser les billets !

La pression du milieu culturel alla crescendo au fur et à mesure que le discrédit des Frères musulmans s'approfondissait et que le nombre des signataires de la pétition Tamarrod, exigeant le départ des Frères musulmans du pouvoir, augmentait… Le 5 juin, commença le sit-in dans les locaux du ministère de la Culture avec occupation du bureau du ministre à Zamalek. Il s'accompagna du silence des responsables de la sécurité, ainsi que du ministre de l'Intérieur. D'autres artistes sont venus les rejoindre, et tous les soirs se tenaient des activités diverses, dans la rue : ballet, chant, etc. Le public jubilait, et les voisins envoyaient des bouteilles d'eau minérale aux manifestants pour leur permettre de mieux résister à la chaleur. Le message était clair : l'art n'a jamais été illicite en Égypte !

Un homme de main de Khairat al-Chater a essayé avec d'autres de s'attaquer aux manifestants et de s'introduire de force dans la manifestation : il y a eu des accrochages, mais les forces de l'ordre ont secouru les artistes. L'événement a fait scandale sur les réseaux sociaux. Le combat contre les Frères musulmans et les salafistes prit d'autres formes et fut relayé par d'autres acteurs.

Bassem Youssef, un ancien médecin, qui s'est transformé au lendemain de la révolution en présentateur et créateur d'un programme de satire politique, est devenu extrêmement populaire. Son émission était regardée par environ huit millions de téléspectateurs en Égypte, et plusieurs millions d'autres en dehors du pays. Le programme a débuté sur Internet, sous la forme d'une série de clips amateurs filmés dans son appartement, au Caire, durant les jours qui ont suivi la révolution de 2011.

Plusieurs plaintes ont été déposées contre lui, et le procureur général a ordonné, en mars 2013, l'arrestation du célèbre animateur de télévision, accusé d'insulte à l'islam et au président issu des Frères musulmans. Après son interrogatoire, il a été libéré contre une caution. Le tribunal administratif a rejeté toutes les plaintes et les accusations qui le ciblaient, de sorte qu'il a poursuivi son émission jusqu'à ce que la chaîne CBC, qui la diffusait, ait reçu une demande pour supprimer son programme à l'été 2014… Bassem Youssef s'était alors mis à critiquer le régime d'Abdel Fattah al-Sissi.

Même la danse du ventre s'est transformée en mode de contestation du pouvoir des Frères musulmans, grâce notamment à la danseuse Sama el-Masri. Ses vidéoclips, où elle apparaît vêtue de tenues légères, sont tournés dans des lieux simples – sur la terrasse d'une maison ou devant une bassine à lessive – et critiquent de façon acerbe les islamistes. Et les exemples de ce type sont multiples. L'actrice Ilham Shaheene porta plainte contre le salafiste qui avait critiqué ses tenues et ses rôles au cinéma, et elle gagna son procès.

La résistance du milieu culturel aux Frères musulmans a été renforcée par la marge de liberté d'expression qui s'était considérablement accrue au lendemain du soulèvement de 2011, grâce à la multiplication de collectifs culturels, à l'instar d'Al-Fan Midan[26].

Ce chapitre a mis l'accent sur la rapidité avec laquelle les Frères musulmans égyptiens ont été éjectés du pouvoir. Le phénomène est d'autant plus étonnant qu'ils étaient tolérés par le régime égyptien depuis des décennies, à l'inverse des Frères musulmans tunisiens. Et pourtant ces derniers se sont maintenus au pouvoir près d'une décennie. Comment expliquer un tel phénomène ?

CHAPITRE 5

Ennahdha, des erreurs stratégiques ?

Le coup d'État de Kaïs Saïed du 25 juillet 2021 a signalé non seulement l'échec du soulèvement de 2011 à réaliser ses promesses sociales et politiques, mais aussi l'échec flagrant d'Ennahdha, qui a pourtant bénéficié de plus de dix ans de règne. Ce dernier constat est nié par les nahdhistes. Ils prétendent n'avoir été au pouvoir que deux années, et qu'ils ne peuvent pas porter à eux seuls la responsabilité de l'échec cuisant de la « décennie noire » post-2011. Ils estiment partager la responsabilité avec l'ensemble de l'élite politique née après la révolution du jasmin.

Rien de moins certain... Ce qui l'est en revanche, c'est que le 25 juillet 2021 a peut-être signifié l'échec d'Ennahdha à réaliser son projet de *tamkin*, si spécifique à la stratégie fririste !

Comme en Égypte, la direction d'Ennahdha n'a pas vu venir le « grand coup » du 25 juillet 2021. Si en Égypte Morsi a nommé Sissi, en Tunisie Ennahdha a appelé à voter pour Kaïs Saïed au deuxième tour des présidentielles de 2019. Il s'agit là peut-être des conséquences de l'arrogance de sa direction, aveuglée par sa domination politique en interne, riche de ses soutiens financiers et également des certificats de « modération » délivrés par le monde intellectuel et politique, français et occidental. Ajoutons que tout le monde jugeait Saïed faible, et qu'il serait aisé de rallier ce président sans parti après son élection.

Si les pouvoirs publics égyptiens ont laissé les Frères musulmans construire des bases électorales, associatives et syndicales au cours des années 1980 et 1990, c'est loin d'être le cas pour les Frères musulmans tunisiens. Ces derniers ont dû attendre 2011 et leur passage à la légalité et au pouvoir pour reprendre leur projet de *tamkin*, stoppé par la répression de Ben Ali au début des années 1990. Toutefois, lors des périodes d'accalmie avec le régime tunisien, l'infiltration et l'entrisme des organisations « ennemies » ont fonctionné.

Cet art de la *taqiyya* ou de la dissimulation se rejoue dès l'été 2021, à la suite de leur éjection du pouvoir : propos contradictoires de leurs dirigeants par rapport au coup d'État du 25 juillet 2021, disparition médiatique de certains d'entre eux, critiques acerbes de l'autoritarisme de la direction du mouvement, fondation de nouveaux partis par les cadres d'Ennahdha. Toute cette mise en scène est parfaitement orchestrée dans l'attente d'un nouveau jeu de rôles… C'est ainsi que leur pragmatisme et leur opportunisme foncier se conjuguent avec de faux calculs politiques en liaison étroite avec les œillères de leur perception et de leur analyse du réel qui les entoure.

2011 a donc constitué pour eux la chance historique de pouvoir faire du *tamkin* par le « haut », par le « bas » et par le « milieu ». La rédaction de la nouvelle Constitution du pays a notamment visé à faciliter les activités liées au *tamkin* politique, social et religieux. Il s'agissait de faire adopter un texte constitutionnel facilitant l'entreprise de « frérisation » sur le plan politique, institutionnel, et peut-être surtout sur le plan des institutions religieuses du pays car la religion, il faut le rappeler, constitue ce que l'on pourrait dénommer le « nerf de la guerre » pour les Frères musulmans.

Cette *frérisation* de l'islam tunisien ne suffit évidemment pas. Il convient également de placer ses hommes non seulement dans les véritables lieux du pouvoir économique, sécuritaire, juridictionnel et médiatique… mais aussi parmi le personnel de service des ministères et des administrations, afin de recueillir les informations. Quand le placement des hommes et des « taupes » ne suffit pas ou bien n'est pas possible, d'autres techniques existent. La « conquête des cœurs » enseignée dans la doctrine fririste du *tamkin* peut se faire de plusieurs manières : la séduction et la gentillesse bien sûr, mais aussi la peur, la corruption et l'achat des consciences par l'argent, par les honneurs, par les postes administratifs et politiques, etc.

La nature humaine est la même partout, la domination attire et fait peur à la fois... Ainsi, quand l'achat des consciences n'est pas possible, la menace lui succède.

C'est ce qui s'est passé notamment dans le milieu médiatique. Les Tunisiens se souviennent d'un responsable d'Ennahdha menaçant les journalistes d'une feuille de papier sur laquelle il aurait inscrit la liste des journalistes liés au régime corrompu de Ben Ali. En 2012, dans le même ordre d'idées a été publié en version PDF un ouvrage de 354 pages en arabe[1] intitulé *Le Livre noir*[2], égrainant et jetant en pâture à l'opinion publique le nom de centaines de journalistes et d'intellectuels prétendument liés à l'ancien régime, et leurs méfaits et actes de corruption ou de soumission (hors de tout acte ou enquête judiciaire).

Un tamkin *constitutionnel et légal*

Avant même la rédaction de la nouvelle Constitution du pays par l'Assemblée nationale constituante (ANC), le processus du *tamkin* politique a bel et bien commencé après la fuite de Ben Ali le 14 janvier 2011. Les acteurs de la société civile, notamment la Commission de la réforme dirigée par Yadh Ben Achour, ont freiné cette stratégie. Afin de permettre la plus large représentation possible au sein de l'ANC et ne pas laisser Ennahdha monopoliser cette dernière, le scrutin de liste à la proportionnelle au plus fort reste a été adopté. Ennahdha souhaitait un scrutin de liste à la proportionnelle mais à la plus forte moyenne. Le RCD ayant été dissous, ses cadres interdits de participer au scrutin et toutes les autres forces étant éparpillées, la plus forte moyenne aurait donné une écrasante majorité absolue à Ennahdha.

Puis, la thématique de la campagne électorale imposée par Ennahdha s'est tout de suite focalisée sur la question identitaire autour de l'arabité et l'islamité de la nation tunisienne. Cette thématique séduisit une population conservatrice et « salafisée », désireuse de tester ces personnalités « craignant Dieu », pourvues d'une morale islamique leur interdisant le vol et la corruption. Plus prosaïquement, leurs liens avec les monarchies du Golfe laissaient présager une abondance de flux de capitaux et d'argent vers la Tunisie. À la fin de l'année 2011, le comportement des Tunisiens a changé vers plus d'islamité. Il est bon d'être du côté des futurs gagnants au moins une fois dans sa vie.

En effet, dans tous les quartiers des villes et des villages, les locaux d'Ennahdha se sont ouverts, arborant leur célèbre sigle, une colombe bleue ouvrant ses grandes ailes à la conquête de l'étoile rouge du drapeau tunisien. Le voile islamique s'est ainsi popularisé dans les villes et les campagnes. De même, on n'entendait plus le son des *mezzoueds** pour fêter les mariages populaires à l'été 2011. Il est vrai que dès les lendemains de la révolution, près d'une cinquantaine de tombes de marabouts – ces saints d'obédience soufie – ont été entièrement ou en partie détruites ou consumées dans le pays (*cf. infra*) ; que, dans les campagnes du Grand Tunis, des vestiges de la colonisation, plus ou moins en bon état (fermes isolées, chapelles ou anciennes églises, petits cimetières chrétiens résiduels), ont été pillés ou vandalisés, ce qui n'était jamais arrivé depuis l'indépendance du pays en 1956. Dans les deux cas, il s'agissait certainement de « purifier » le paysage d'éléments jugés païens (« associationnistes ») ou chrétiens. Enfin, l'entrée dans la nouvelle année n'est pas fêtée en 2012, car elle est spécifique du calendrier « chrétien » comme le répètent les prédicateurs salafistes dans les mosquées. Habituellement les familles tunisiennes, dans leur grande majorité, fêtent la nouvelle

* Instrument de musique très populaire en Tunisie, du genre cornemuse.

année autour d'un poulet rôti*. Les aviculteurs s'étaient donc préparés à la forte hausse de la demande sur le poulet. En décembre 2011, ils ont fait un flop, leurs poulets n'ont pas été vendus**.

Les élections d'octobre 2011 avaient pour objectif la formation d'une Assemblée nationale constituante (ANC) afin d'écrire la nouvelle Constitution du pays en une année. Telle était la règle du jeu fixée par le texte appelant les Tunisiens aux urnes. Les observateurs s'attendaient à la nomination d'un gouvernement de technocrates, pour que les élus se consacrent à l'écriture de la Constitution. Ennahdha en décida autrement. Munis d'une sorte de blanc-seing international et national, ils changèrent la « règle du jeu », sur laquelle l'ensemble des acteurs s'étaient mis d'accord. *Via* une « petite Constitution », les députés d'Ennahdha prolongèrent la durée de vie de l'ANC *ad vitam aeternam*.

Ennahdha prit en main les rênes de l'appareil d'État par le biais du gouvernement dirigé par Hamadi Jebali, qui accapara tous les départements de souveraineté pour un attelage islamiste. Seize ministres et deux secrétaires d'État nahdhistes ont la charge de transformer la physionomie du pays : Ali Larayedh à l'Intérieur, Noureddine Bhiri à la Justice, Rafik Abdessalem aux Affaires étrangères, Noureddine El Khademi aux Affaires religieuses. Les observateurs ont noté comment, de manière significative, la direction d'Ennahdha n'était pas véritablement intéressée par la rédaction de la nouvelle Constitution, laissant ses députés à l'ANC se débrouiller avec leurs adversaires. Elle avait bien d'autres préoccupations.

Ennahdha décida donc de gouverner en s'alliant à des formations politiques « sécularisées », bienveillantes à son égard, capables de conforter son image de « modération » et de « respectabilité ». Telle est la marque de fabrique de tous les gouvernements contrôlés par Ennahdha pendant une décennie. Au lieu de s'allier à l'incontrôlable

---

* Témoignages d'aviculteurs qui intensifient leur production au moment des fêtes de fin d'année.

** Information délivrée par un aviculteur qui a constaté la chute impressionnante de la vente du poulet fin décembre 2011.

– proche idéologiquement et ex-nahdhiste – Hechmi Hamdi*, arrivé pourtant en deuxième position aux élections, elle choisit de s'allier à deux participants du « mouvement du 18 octobre » 2005** : le dirigeant du Congrès pour la République (CPR) Moncef Marzouki, médecin et militant des droits de l'homme, élu constituant avec sept mille voix grâce au plus fort reste, et le dirigeant du parti Ettakatol Mustapha Ben Jaafar. Le premier est nommé président de la République et le second président de l'Assemblée nationale constituante.

Mais cette alliance est plus formelle que réelle. Ces deux présidents ont été élus à la majorité absolue des constituants-législateurs, mais la même majorité pouvait les destituer. Ce ne fut nullement le cas pour le nahdhiste Hamadi Jebali, élu président du gouvernement et détenant la réalité du pouvoir exécutif. S'il suffisait d'une majorité absolue pour lui accorder la confiance, une majorité renforcée de trois cinquièmes était nécessaire pour le destituer[3].

Les formations dites civiles qui se sont alliées à Ennahdha ont payé cher cette alliance « contre-nature » et humiliante. Le CPR n'a obtenu que quatre sièges aux élections de 2014.

C'est ce que les journalistes tunisiens ont dénommé le « baiser de la mort » de la part d'Ennahdha, la caractéristique la plus marquante de sa façon de gouverner : se cacher derrière ses alliés non islamistes pour qu'ils endossent la responsabilité de ses propres échecs, mais continuer à gouverner, ou plutôt à contrôler, et à faire du *tamkin* par le biais des nominations au sein des ministères, des administrations et des sociétés publiques.

Entre 2011 et 2013, la stratégie d'Ennahdha est toutefois plus offensive qu'après 2014. Elle assume alors pleinement la direction politique du pays. Sous le gouvernement Jebali puis le gouvernement

---

* Ex-membre d'Ennahdha.

** Il s'agit d'un collectif de l'opposition politique à Ben Ali de toutes les tendances, y compris islamistes. Il s'est formé à l'occasion de l'accueil par la Tunisie du Sommet mondial sur la société de l'information parrainé par les Nations unies, en novembre 2005. Il s'est particularisé par une grève de la faim.

Larayedh, elle dispose des ministères suivants : Intérieur, Affaires étrangères, Justice, Droits de l'homme et Justice, Commerce et Industrie, Santé publique, Coopération internationale, Transports, Technologie de l'information, etc.

L'échec flagrant de son expérience au pouvoir, qui lui fit perdre plus du tiers de son électorat aux élections de 2014, incita la direction d'Ennahdha à quitter le devant visible de la scène politique tout en continuant à tout contrôler, *via* les nominations de ses membres au sein des cabinets ministériels et des administrations, tant au plan national que local. En effet, un des principaux outils utilisés par Ennahdha pour dédommager ses militants et conforter leur fidélité à l'organisation a été de les faire recruter dans la fonction publique.

Nominations et recrutements publics

L'économiste et ancien ministre des Finances sous la Troïka Houssine Dimassi[4] a estimé que « pour les seules années 2012 et 2013, 90 000 personnes auraient été intégrées aux différents organes étatiques », sous le gouvernement de la Troïka. Il ajoute que « le pire est que parmi ces personnes, certaines ont été parachutées dans des postes de direction, alors que leurs compétences n'étaient pas prouvées ! À ces nouvelles recrues ont été versés les émoluments relatifs à leurs années d'inactivité, passées en prison ».

Comme en Égypte, les cadres d'Ennahdha se caractérisent par la faiblesse de leurs compétences et de leur niveau universitaire et scientifique. Tel est le résultat de leur socialisation « militante » qui ne peut que rejeter les plus compétents et les plus dotés en capitaux culturels ! La socialisation religieuse de type sectaire forme, il est vrai, des membres dociles et obéissants, mais ne forme pas des hommes d'État, des administrateurs ni des gestionnaires.

S'ajoute à cela le recrutement des membres des familles des victimes de la révolution de 2011. Les amnistiés recrutés ont bénéficié, par effet rétroactif, de tous leurs avantages, y compris leurs cotisations pour le système de retraite. Selon une étude de l'INS (Institut national de la statistique) intitulée « Caractéristiques des agents de la fonction publique et leur salaire, entre 2011-2015[5] », le nombre de fonctionnaires est passé de 444 905 en 2011 à 604 163 en 2015 – dans un État déjà très endetté et très fonctionnarisé, de sorte que la Tunisie atteint un des records du monde pour le nombre de fonctionnaires par habitant, eu égard à ses revenus. Le ministère de l'Agriculture, dirigé par les nahdhistes durant cette période, a bénéficié de la plus grande progression puisque ses effectifs sont passés de 15 000 fonctionnaires en 2011 à 24 790 en 2012, puis à 28 900 en 2015 (soit une hausse des effectifs de ce ministère supérieure à 90 % en quatre ans). De ce fait, les salaires des fonctionnaires représentent en 2022 presque 60 % du budget de l'État.

Selon l'Union tunisienne du service public et de la neutralité de l'administration (UTSPNA)*, 90 % des nominations dans le secteur public entre décembre 2011 et février 2013 ont été faites par le gouvernement Jebali sur la base d'orientations partisanes, régionales ou familiales, nullement sur la base de la compétence. La nomination en masse de cadres nahdhistes sans prérequis professionnels a concerné aussi des postes à responsabilités locales et régionales, notamment les *omda***, les délégués et les gouverneurs.

Le régime politique défini par la Constitution de 2014 ainsi que le mode de scrutin adopté pour élire les membres du Parlement ont facilité la nouvelle stratégie de gouvernance d'Ennahdha : quitter le devant de la scène politique en se cachant derrière des alliés de circonstance, tout en continuant d'être présents et de tout contrôler.

La Constitution de 2014 est finalement écrite dans la précipitation de la crise politique de l'été 2013, à la suite de l'assassinat de Mohamed Brahmi. Trois brouillons successifs de la nouvelle Constitution n'ont pas été retenus (ceux des 6 août 2012,

---

* Nominations dans le secteur public : 87 % pour la Troïka, dont 93 % en faveur des partisans d'Ennahdha.

** Représentants de l'administration centrale à l'échelle de la plus petite subdivision administrative.

14 décembre 2012 et 22 avril 2013) ; le quatrième du 1er juin 2013 n'arriva pas non plus à emporter tous les suffrages.

Grâce à l'entrée dans le jeu politique du quartet*, la rédaction de la Constitution a repris au pas de charge le 3 janvier 2014, et a été plébiscitée le 26 janvier 2014 par les 216 députés présents : deux cents voix pour, douze contre et quatre abstentions. Le nouveau texte est promulgué le 10 février suivant. En ultime hommage, le portrait du député Brahmi est exhibé, comme s'il votait *in absentia*.

Le débat contradictoire autour de cette Constitution dépasse de loin le cénacle des députés de l'ANC. Il inclut les acteurs de la société civile, notamment les experts et les juristes constitutionnalistes de l'université tunisienne. Les fins observateurs de la scène politique d'alors relèvent la manière dont Ennahdha, tout en disposant d'un avantage numérique certain, manque d'ascendant culturel à cause de la faiblesse du niveau scientifique et universitaire de ses membres. Les islamistes, écrit Hamadi Redissi[6], ont tout fait pour imposer une Constitution « islamo-autoritaire », mais ils ont fini par céder, préférant un moindre bien, mais salutaire, à un plus grand avantage qui les exposait à des représailles. Qu'ils en soient convaincus ou qu'ils y soient contraints ne change rien à l'essentiel : l'acte constitutionnel a été le produit d'un consensus. En fait, c'est moins la sagesse qui a prévalu que la raison publique incarnée dans un débat contradictoire. Mais le dialogue intersubjectif n'a pas que des vertus, poursuit Hamadi Redissi. Il a même des limites. Il maintient en l'état la contradiction entre islam et laïcité. Il n'est donc pas étonnant qu'il fasse cette réflexion : « Nous n'avons écarté momentanément la dictature religieuse du pays qu'au prix de concessions qui ont affaibli l'État ! » Il s'agit là d'une des conséquences du régime politique défini par la Constitution de 2014. En effet, la Constitution et la loi électorale de 2014 condamnent le président de la République élu au suffrage universel direct à être dans l'opposition. Depuis le

---

* Le quartet qui a reçu le prix Nobel de la paix est formé par l'UGTT (premier syndicat des travailleurs), l'Utica (patronat), l'Ordre des avocats et la Ligue tunisienne des droits de l'homme.

début, Ennahdha souhaitait un régime d'assemblée au détriment de la présidence.

Le principal allié d'Ennahdha au sein du Parlement en 2019, le député de la Coalition de la dignité, Seifeddine Makhlouf, déclara publiquement avec son arrogance habituelle : « L'unique force institutionnelle dans le pays c'est le Parlement. Le Parlement peut écarter le président de la République, mais ce dernier ne peut pas dissoudre le Parlement. Le Parlement peut dissoudre le gouvernement, mais le contraire n'est pas possible. Le Parlement peut arrêter le travail des magistrats, mais le contraire n'est pas possible[7]. »

Un président de la République opposant est un paradoxe, souligne la revue *Le Courrier de l'Atlas* du 23 novembre 2018[8]. Dans les régimes parlementaires classiques, on n'accepte pas de faire élire le président au suffrage universel par le peuple, et on ne lui confie que des attributions formelles. On le fait désigner par des assemblées parlementaires, qui désignent généralement des personnalités indépendantes. En Tunisie, cela n'a pas été le cas. Cette mésaventure est arrivée au président Caïd Essebsi, puis à Kaïs Saïed, malgré leur légitimité électorale incontestable. Si le second n'avait pas de formation politique qui lui soit liée, cela n'était pas le cas du premier, tant s'en faut. Caïd Essebsi disposait du parti Nidaa Tounes, arrivé premier aux législatives devançant Ennahdha en nombre de députés.

Cette majorité était toutefois relative à cause des caractéristiques du mode de scrutin, par liste proportionnelle au plus fort reste. Légitime pour élire une Assemblée nationale constituante, ce mode de scrutin s'avéra d'une très grande dangerosité pour la stabilité politique à cause du déséquilibre entre le pouvoir législatif et l'exécutif au détriment de ce dernier. Cela a nourri la crise politique et l'indécision générale dans laquelle a été plongé le pays.

Mais un deuxième déséquilibre aggrava le premier au sein même de l'exécutif, au détriment du président de la République. Bien qu'élu au suffrage universel direct, le chef de l'État est dépourvu de moyens d'action efficaces[9]. Il nomme certes le chef de gouvernement issu de la majorité parlementaire. Mais, pour gouverner, l'adoubement du président de la République n'est pas suffisant ; la confiance du Parlement demeure nécessaire.

De son côté, le Parlement, dénommé l'Assemblée des représentants du peuple (ARP), qui vote les lois et contrôle l'action du gouvernement, dispose d'un redoutable pouvoir : accorder sa confiance au gouvernement, ou le censurer. Or la stabilité des groupes parlementaires est aléatoire. En effet, la migration des députés d'un groupe parlementaire à l'autre est une pratique licite et courante, ce qui peut faire varier la majorité. Avoir été élu au suffrage universel direct ne suffit donc pas au président de la République pour contrôler l'action du chef de gouvernement. Il lui faut également une majorité parlementaire forte, stable et cohérente.

Béji Caïd Essebsi a rencontré cette fragilité. Quatorze mois après sa victoire, le 11 janvier 2016, son parti, Nidaa Tounes, s'est disloqué, faisant d'Ennahdha la première force au Parlement. Les raisons d'une telle dislocation sont multiples. Il s'agit d'abord d'un groupement hétéroclite au plan idéologique, constitué autour de l'idée de s'opposer à l'islam politique et d'écarter du pouvoir Ennahdha. Il a mené sa campagne électorale sur le mot d'ordre « Les islamistes et nous représentons deux droites parallèles qui ne se rencontrent jamais ». Mais les électeurs ne lui ont pas donné la majorité requise. Contraint de former une coalition gouvernementale, il commence les négociations en adoubant la gauche radicale représentée par une quinzaine de députés réunis au sein du Front populaire, regroupant une myriade de petites formations. Deux réunions entre les lieutenants de Béji Caïd Essebsi et la direction du Front populaire se sont tenues, sans succès. La gauche radicale voulait d'abord discuter du programme, avant la formation du gouvernement.

Béji a également proposé à Zied Lakhdhar, président du Parti unifié des patriotes démocrates, l'une des composantes du Front populaire, la présidence de l'ARP. La proposition a été refusée par une extrême gauche suspicieuse et infantile, qui a flairé la manœuvre au lieu d'y voir une opportunité historique de devenir une gauche de gouvernement*.

Ce refus de la gauche radicale a ainsi conduit à l'alliance avec les islamistes, désormais présentée comme la seule option pour constituer un gouvernement. Dont acte. Béji Caïd Essebsi l'a répété en septembre 2015 à une délégation d'intellectuels formée par Raja Benslama, Habib Kazdaghli, Abdelhamid Larguèche et Hamadi Redissi[10]. La rencontre de ces derniers avec le président de la République fait suite au succès du Congrès des intellectuels contre le terrorisme du 12 août 2015, dont les travaux ont été consignés dans un texte fondateur[11]. Il est vrai que la mobilisation du Congrès a été un grand succès à cause de la diversité des formes d'action adoptées. C'est ainsi qu'a été organisée une veillée pour une caravane de deux cents personnes accueillant l'année 2016 au pied du mont Chaambi, au centre du pays, et théâtre des opérations terroristes[12]. Hamadi Redissi témoigne de la manière dont, au cours de la rencontre avec le président défunt Béji Caïd Essebsi, ce dernier a tenu à expliquer que c'est le refus de la gauche radicale qui l'a poussé à s'allier à contrecœur aux islamistes.

Cette alliance de nécessité a été perçue par les électeurs et les cadres du parti présidentiel comme une trahison. Toutefois, les raisons de la dislocation de Nidaa Tounes ne sont pas uniquement idéologiques, tant s'en faut. Il importe d'ajouter également les querelles et les disputes d'une jeune équipe assoiffée d'ambitions politiques et économiques, comptant en son sein le propre fils du président de la République.

La nomination du deuxième chef de gouvernement, Youssef Chahed, pour remplacer Habib Essid, illustre avec éclat la contradiction du régime politique issu de la Constitution de 2014. Celle-ci incite en effet les chefs de gouvernement soucieux de garder leur poste à lorgner sans arrêt sur le rapport des forces au sein de l'ARP.

---

* Témoignage d'un membre du bureau politique du Parti unifié des patriotes démocrates ayant participé aux négociations (interview du 3 février 2023).

Youssef Chahed était un profane en politique. Béji Caïd Essebsi, l'ancien ministre de Bourguiba, était persuadé que, du fait de son inexpérience, il lui devait tout et qu'il agirait loyalement à son endroit, suivant ses instructions de vieux routier de la politique. Or ce jeune loup a vite compris que son avenir politique dépendait davantage du soutien de la majorité islamiste à l'ARP que de celui du président de la République sans majorité au Parlement. C'est le moment que choisit la direction d'Ennahdha pour gagner le cœur de Youssef Chahed. Comme à son habitude, elle aurait promis notamment de soutenir sa candidature à la présidence de la République lors des élections de 2019.

Dès lors, les yeux de Chimène se tournèrent vers le patron des islamistes, car le soutien d'Ennahdha était devenu encore plus prometteur que celui d'un président de la République isolé, sans moyens, contraint à une vaine opposition, et élu à 88 ans !

Le 25 juillet 2019, Béji Caïd Essebsi décède dans l'amertume de son isolement politique et des multiples trahisons subies. *Le Courrier de l'Atlas* du 23 novembre 2018 rappelle que c'est Essebsi qui a sauvé Ennahdha en 2014 en lui permettant de remettre le pied au pouvoir, en fermant les dossiers sécuritaires et judiciaires sur les actions nocives de ce mouvement et en marchandant politiquement l'impunité de ses membres[13]. Cette alliance a été bénéfique pour Ennahdha à plus d'un titre. Elle pallia son déficit flagrant d'élites compétentes en matière de gestion administrative, économique, financière, politique et technocratique. De même, elle conforta son *tamkin*, à savoir sa présence dans les instances politiques, administratives et sécuritaires.

La politique des recrutements dans la fonction publique a ainsi été renforcée à cause des caractéristiques du système politique. L'ancien ministre Mohamed Abbou, dans son ouvrage *À contre-courant*[14], livre un témoignage intéressant sur ce sujet. Il écrit qu'après la révolution, du fait de la nature du régime politique favorisant les gouvernements de coalition, les anciennes pratiques ont perduré. Le chef du gouvernement, pour conserver ses soutiens, procède à des nominations à la demande des partis politiques de la coalition. Elles ne concernent pas uniquement les postes de gouverneurs et de délégués, mais aussi les postes de directeurs généraux des établissements publics.

La domination du Parlement par Ennahdha et ses alliés et son contrôle des différents gouvernements lui permettent de poursuivre sa stratégie du *tamkin*. La direction d'Ennahdha a l'intelligence de faire profiter du système ses partenaires du moment afin de conforter ses relations avec eux. Cette stratégie n'a toutefois pas été suffisante pour calmer la volonté de ses opposants de lui barrer la route, notamment le président élu en 2019, Kaïs Saïed. La crise entre ce dernier et la direction d'Ennahdha a culminé avec la nomination par le président de la République d'Elyes el-Fakhfakh comme chef de gouvernement (27 février 2020-2 septembre 2020). Alors même qu'Ennahdha comptait six ministres au sein du gouvernement dirigé par ce dernier, elle a déposé une motion de défiance à son encontre, mettant en avant des soupçons de corruption pesant sur lui*. Il semblerait que la direction d'Ennahdha voulait se débarrasser de ce dernier pour la raison suivante : son gouvernement comportait un « Monsieur Mains Propres », Mohamed Abbou, au poste de ministre chargé de la Corruption !

La déferlante salafiste

L'article premier de la Constitution du pays depuis l'indépendance assure que l'islam est la religion du pays. Il s'agissait pour Bourguiba de contrôler et d'étatiser l'islam. Ennahdha accepte évidemment la reconduction de l'article ainsi formulé dans la Constitution de 2014 : « La Tunisie est un État libre, indépendant et souverain, l'islam est sa religion, l'arabe sa langue et la République son régime. *Le présent article ne peut faire l'objet de révision.* »

* En octobre 2022, il sera innocenté par les tribunaux.

Toutefois, son objectif est bien différent de celui de Bourguiba. Il s'agit pour les Frères de contrôler l'islam de l'État non pas pour « désislamiser », mais pour islamiser à la mode « fériste » à la fois l'État et la société.

Cette entreprise s'avéra plus difficile que prévu à cause de la résistance et de la mobilisation de la société civile et des femmes… mais également à cause de la « démocratisation » du champ religieux parallèle à la démocratisation du champ politique.

Le soulèvement de 2011 a en effet conduit à un affaiblissement général du contrôle des structures religieuses et administratives sur la religiosité des Tunisiens, car il a considérablement affaibli l'emprise de l'État en général sur la société. Il a renforcé cette dernière dans sa double dimension conservatrice et salafiste – *via* notamment le wahhabisme médiatique agissant depuis les années 1980 et 1990 – et, en même temps, sécularistе et moderniste à la mode bourguibienne.

Cette dernière dimension a été active au sein de l'ANC et au sein des structures de la société civile pour contrôler la rédaction de la Constitution. La résistance des femmes tunisiennes a été fondamentale et il n'est pas exagéré de dire que les femmes tunisiennes ont été le dernier « cadeau (empoisonné) » de Bourguiba à Rached Ghannouchi. Rappelons que le Code du statut personnel tunisien (1957) qui accorde à la femme tunisienne un statut juridique favorisé, comparativement aux autres pays musulmans, a été « imposé » en Tunisie par Bourguiba avant même la proclamation de la République. Connaissant les énormes résistances à son projet de réforme et conscient que son prestige politique ne pouvait que s'émousser avec le temps, Bourguiba aurait déclaré : « Si je ne l'avais pas fait à ce moment-là, je n'aurais jamais pu le faire ! » Le débat sur la place de l'islam dans la nouvelle Constitution du pays est principalement lié à la question du statut des femmes tunisiennes.

Il serait faux de croire que ce combat des élites sécularisées ou « modernistes » est restreint à la couche des privilégiés et des classes supérieures francophones de la banlieue nord de Tunis, ou bien des villes côtières. Il s'agit là d'une des composantes principales de l'identité nationale dans ce pays, telles que construites par les élites nationalistes destouriennes. Ce dernier phénomène apparut progressivement au fur et à mesure de la baisse de popularité du parti Ennahdha au pouvoir.

Mais pour l'heure, au lendemain du soulèvement de 2011, c'est à une véritable déferlante islamiste que les Tunisiens ont assisté, sidérés. Pourtant, dès le 26 mars 2012, Rached Ghannouchi fait une déclaration publique allant à l'encontre de l'insertion de la loi islamique dans la Constitution tunisienne. Conscient de l'intérêt porté au statut de la femme en Europe et en France, il sait que sa déclaration sera amplement relayée par les médias occidentaux, et qu'elle confortera son image d'exception d'islamiste modéré.

Sa déclaration a été condamnée, à l'appel des salafistes tunisiens, par près de huit mille manifestants dans l'avenue Bourguiba (Tunis). De même, elle mécontenta les bases du parti Ennahdha. Il n'est dès lors pas étonnant qu'à la suite de l'adoption de la Constitution de 2014, Habib Khedher, rapporteur de la Constitution et neveu de Rached Ghannouchi, publie un livre écrit en langue arabe[15], dans lequel il essaie de prouver que la Constitution tunisienne est *véritablement* islamique car elle se base notamment sur le préambule, qui commence par : « Au nom de Dieu, le Clément, le Miséricordieux. » Habib Khedher conclut ses propos en affirmant que, dans la mesure où l'islam est la religion de l'État tunisien, il est également la religion de toutes les institutions étatiques.

Pourtant, comme l'a affirmé Hamadi Redissi, le « compromis » avec les islamistes a maintenu en l'état la contradiction entre islam et laïcité. Pour chaque article à connotation islamiste succède un autre qui affirme des valeurs séculières, et inversement. Mieux encore, un même article peut intégrer les deux composantes à la fois, observe Jallel Saada. Ainsi, le lecteur découvre que l'État tunisien a pour religion l'islam, mais qu'il est « civil » également, car fondé sur la citoyenneté et la volonté du peuple. De même, l'État tunisien protège la religion mais il garantit la liberté de croyance, de conscience et d'exercice des cultes. Il assure la neutralité des mosquées, des lieux de culte de l'exploitation partisane. L'État s'engage à diffuser les valeurs de modération et de tolérance, mais aussi à protéger le sacré et à empêcher qu'on y porte atteinte. Il s'engage à prohiber et à empêcher les accusations d'apostasie, ainsi que l'incitation à la haine et à la violence, et à les juguler. Enfin, si l'article 21 affirme que les citoyens et les citoyennes sont égaux en droits et en devoirs sans discrimination, l'article 74 s'empresse de le contredire en proclamant que la candidature à la présidence de la République est un droit pour toute électrice ou tout électeur de nationalité tunisienne par la naissance et de confession musulmane ! Cette dernière référence vise à écarter toute candidature d'un citoyen tunisien qui ne serait pas musulman.

Il est important de noter comment, de manière paradoxale, les élites sécularistes, y compris communistes, ont été dans une position défensive, et non offensive, face à « la déferlante islamiste » qui a émergé suite à la révolution du jasmin. Il s'agissait pour eux de « sauver les meubles » dans le cadre d'une société dont le conservatisme religieux a été considérablement renforcé ces dernières décennies. De même, il fallait veiller à ne pas paraître « anti-islam » à la veille des consultations électorales. L'ensemble de ces dispositions décevront évidemment les Tunisiens de confession juive, notamment ceux qui vivent à l'étranger. Ceux qui vivent en Tunisie ont intégré ces limites dans leur stratégie de survie.

Mais, en réalité, c'est l'*épistémê* islamique omniprésente, renforcée par le salafisme « d'atmosphère* » de ces dernières décennies, qui « imposa » les références islamiques dans la Constitution tunisienne comme étant du domaine de l'évidence et de l'intouchable.

Au lendemain du soulèvement, les salafistes tunisiens dans leur diversité, de manière individuelle ou bien collective, connurent beaucoup de succès auprès de la jeunesse au chômage, notamment dans les banlieues populaires à la recherche d'identification révolutionnaire, mais également d'opportunités de voyage et de rétributions

* Expression empruntée à Gilles Kepel.

matérielles liées au djihad. Ce succès incita Ennahdha à s'allier avec eux au moins provisoirement.

Ceux-ci se distinguent rapidement par leur activisme intense et varié : installation de tentes de prédication et de mobilisation aux carrefours, occupations violentes des mosquées, agressions verbales et physiques dans les quartiers de la prostitution en Tunisie, contre les vendeurs d'alcool, caravanes de solidarité médicales itinérantes à travers les camps de réfugiés à la frontière libyenne, au moment du soulèvement libyen, mais aussi attaque des manifestations culturelles…

Le contrôle de la mosquée devient alors un enjeu « stratégique ». Dès le premier vendredi suivant le départ du président Ben Ali, des personnes anonymes à l'époque ont congédié *manu militari* les imams chargés de la prière du vendredi dans plusieurs mosquées, sous prétexte qu'ils appartenaient à l'ancien régime. On compte, à la fin de la première période de transition (octobre 2011), presque cinq cents mosquées (soit à peu près 10 % des mosquées en Tunisie) investies soit par les activistes et les partisans du mouvement Ennahdha, soit par des groupes salafistes. Leur travail de propagande s'appuie notamment sur un important réseau associatif* en coopération avec des fondations saoudiennes privées qui leur ont permis de financer un réseau de près de deux cents jardins d'enfants et garderies islamiques. Les mosquées contrôlées par les salafistes appellent au djihad. Des discours de haine, des critiques virulentes de la société et même des appels au meurtre y ont été également prononcés. La police est intervenue dans peu de cas pour arrêter les imams.

Dès 2011, la projection de deux films provoque la fureur des islamistes : en juin, celle du film documentaire *Ni Allah ! Ni maître !*, réalisé par Nadia El Fani**, puis, en octobre, la diffusion du film

* Selon Mustapha El Haddad, entre 2010 et 2019 plus de dix mille associations ont été créées dont deux mille « caritatives » ; seules cent cinquante-sept ont été poursuivies par la justice pour financement du terrorisme.

** Le 27 juin 2011, un groupe se réclamant du salafisme attaque la salle du cinéma Africa lors d'une projection du documentaire en signe de soutien à la cinéaste. En plein centre de la capitale, à quelques mètres du ministère de l'Intérieur, le groupe de salafistes agresse

*Persépolis**, réalisé par Vincent Paronnaud et Marjane Satrapi. Cette violence se poursuit en 2012 avec trois événements majeurs au cours du mois de mars : l'occupation de la faculté de Manouba et l'agression de son doyen par des salafistes ; l'agression des journalistes devant le siège de la chaîne nationale de télévision par des partisans de la coalition au pouvoir ; et l'attaque des artistes qui fêtaient la Journée mondiale du théâtre[16].

En juin 2012, l'exposition de peinture au palais d'el-Abdelliya à La Marsa est attaquée pour atteinte au sacré par des milieux salafistes et islamistes[17]. Le ministre de la Culture d'alors, bien que non apparenté à Ennahdha, ne défend pas les artistes : au contraire, il décide de fermer le palais d'el-Abdelliya et de porter plainte contre les organisateurs de l'exposition[18].

L'alliance entre Ennahdha et les salafistes en général provoqua une indignation et une résistance des Tunisiens se sentant menacés dans leur identité religieuse « populaire », telle que vécue et pratiquée par ce que nous avons dénommé le « Tunisien ordinaire ».

La piété populaire traditionnelle, qui s'exprimait en Tunisie comme ailleurs par le culte des saints, le maraboutisme et le confrérisme soufi, a forgé des pratiques religieuses décrites par les anthropologues du Maghreb, pratiques tolérées par la hiérarchie religieuse officielle, comme le montre le tableau établi par Arnold Green des oulémas cheikhs ou administrateurs de marabouts et de zaouias[19]. La sécularisation autoritaire de Bourguiba s'est également exprimée en critiquant de telles pratiques, au nom de la « modernisation » des esprits et du combat contre l'illettrisme et l'ignorance. Enfin, la scolarisation des Tunisiens a délégitimé ces médiateurs religieux populaires en permettant l'accès direct aux textes sacrés, ce qui a entraîné la recherche de nouvelles autorités religieuses.

---

les spectateurs, malmène le directeur de la salle et saccage les lieux. Les agresseurs ne sont pas inquiétés.

* Quelque deux cents salafistes ont tenté d'attaquer le siège de la télévision privée Nessma à Tunis qui a diffusé le film décrivant le régime iranien de Khomeyni à travers les yeux d'une petite fille.

L'une des causes du succès, auprès de la jeunesse, des Frères musulmans et des multiples courants salafistes tient à ce phénomène d'évidement et de discrédit de la piété populaire. Après 2011 et à cause de l'affaiblissement du contrôle de l'État, la « salafisation » de l'islam tunisien se transforma en combats d'une très grande violence. L'année 2013 est marquée par une vague de destruction des mausolées soufis à travers tout le territoire national. Rien que pendant le mois de janvier 2013, une quinzaine de mausolées sont profanés, incendiés ou détruits[20]. La directrice de l'Unesco qualifie ces destructions de « crime » contre le peuple tunisien. C'est ainsi que le 13 janvier 2013, le mausolée du saint patron du village de Sidi Bou Saïd, bien connu des touristes, a subi des attaques de la part des groupes salafistes qui l'ont en partie brûlé. Ces derniers considèrent les mausolées en l'honneur des saints comme une forme de *shirk* ou d'associationnisme (contraire à l'unicité de Dieu). Leurs pères spirituels, les wahhabites saoudiens, sont allés plus loin en détruisant notamment une partie des tombes et des maisons de la famille du prophète Mahomet.

Plus encore, la Tunisie a fourni le plus grand nombre de djihadistes pour aller combattre en Syrie, mais aussi au Sahara et en Libye. Dès janvier 2013, un commando de quarante hommes en provenance du Sahel par la Libye, dont onze Tunisiens, a pénétré en Algérie pour réaliser une prise d'otages géante et inédite sur la base pétrolière algérienne de Tiguentourine (*alias* In Amenas). Tous ont été tués.

Ansar al-Charia a joué les relais dans le recrutement des Tunisiens en partance pour la Syrie dans le cadre d'un accord tacite informel avec la Troïka au pouvoir. Aujourd'hui, le dossier des djihadistes tunisiens est en train de réémerger suite à la réactivation du rapport d'enquête de la commission parlementaire de la mandature 2014-2019, animée notamment par la députée Fatma Mseddi[21]. En septembre 2022, près de cent vingt-six suspects dont des imams, des députés, des chefs d'associations et des responsables de la sécurité intérieure ont été convoqués devant les tribunaux. De même, ont comparu, au courant du mois de septembre 2022, devant l'unité antiterroriste d'El Gorjani Ali Larayedh, ex-ministre de l'Intérieur, Noureddine El Khademi, ex-ministre des Affaires religieuses, Rached Ghannouchi, président d'Ennahdha et ex-président du Parlement, Habib Ellouze, membre du conseil de la Choura d'Ennahdha, Mohamed Frikha, président de la compagnie aérienne Syphax Airlines. Cette compagnie aérienne homologuée à ligne unique entre Sfax et Istanbul avait été créée en 2011 par cet ingénieur polytechnicien et homme d'affaires ancien député d'Ennahdha, puis fermée d'office en 2014 au regard des milliers de billets sans retour vers le Moyen-Orient qu'elle a vendus aux jeunes Tunisiens.

Le phénomène djihadiste tunisien a changé de nature après 2011. Auparavant, les déplacements des Tunisiens pour le djihad relevaient d'initiatives individuelles en liaison avec les différents regroupements prônant le combat religieux. Sous la Troïka, le phénomène s'est amplifié et, surtout, a été organisé au vu et au su des dirigeants de l'époque, avec le soutien financier d'un pays du Golfe. Le 25 février 2012 à Gammarth, Moncef Marzouki, accompagné du ministre des Affaires étrangères nahdhiste, inaugure la Conférence des amis du peuple syrien, coprésidée par la Tunisie et le Qatar en présence d'une soixantaine de délégations arabes et étrangères. On avait noté particulièrement la présence du Premier ministre qatari, et des ministres des Affaires étrangères de France, de Grande-Bretagne, du Canada, d'Arabie saoudite, de Turquie, de la Secrétaire d'État des États-Unis, de la représentante des affaires étrangères de l'Europe…

La Tunisie fait partie des premiers pays à rompre ses relations diplomatiques avec la Syrie. Elle envoie plusieurs milliers de combattants djihadistes au profit des « frères » insurgés syriens. La Tunisie devient rapidement le premier pourvoyeur de combattants étrangers, principalement au profit de Daech et de Jabhat al-Nosra. La mobilisation des djihadistes tunisiens est particulièrement intense entre 2012 et 2014. De quelques centaines en 2011, leur nombre atteint environ cinq mille combattants en 2015 : c'est le premier groupe national hors Syriens. Un réseau transnational de recrutement, d'entraînement et de convoyage des jeunes est encadré par des mouvements proches des Frères musulmans en Libye, en Turquie et en Syrie[22]. Il s'agit donc d'une sorte de djihadisme d'État encouragé, armé et financé par la « communauté internationale ».

Dès le mois d'août 2011, les prêches dans les mosquées incitaient les Tunisiens à partir au « djihad » afin de soutenir leurs « frères syriens[23] ». De même, un haut responsable d'Ennahdha a déclaré en 2013 lors d'une interview que s'il était encore jeune, il n'hésiterait pas à partir faire le djihad en Syrie contre le pouvoir de Bachar el-Assad[24].

Il n'est donc pas étonnant que les Tunisiens tiennent le haut du pavé en matière d'attentats terroristes en Europe. Le 14 juillet 2015, à Nice, le jour de la fête nationale française, un Tunisien fonce avec un camion-bélier sur la foule de promeneurs et fait plus de cinq cents victimes, dont près de quatre-vingt-dix décèdent. Moins de six mois plus tard, le jour de Noël à Berlin, un Tunisien en provenance de Tunisie *via* Lampedusa fonce avec un camion-bélier sur les visiteurs du marché de Noël et tue une douzaine de personnes. Fin octobre 2020 à Nice, un Tunisien de 21 ans tue à l'arme blanche trois personnes dans une basilique. Fin avril 2021, à Rambouillet, un ressortissant tunisien tue, de nouveau à l'arme blanche, une policière[25]...

Les victoires de Béji Caïd Essebsi aux présidentielles de 2014 et de Nidaa Tounes aux législatives ne diminueront pas la violence du phénomène djihadiste en Tunisie. Les trois plus graves attentats s'y déroulent après 2015. En mars 2015, un groupe de djihadistes tunisiens venus de Libye – pays dans lequel les Tunisiens ont aussi été le groupe national le plus nombreux de Daech – attaque à l'arme automatique le musée du Bardo et tue plus de vingt touristes. En juin 2015, un étudiant tunisien venu de Libye attaque à l'arme automatique un hôtel de la station balnéaire de Sousse et tue une quarantaine de touristes sur la plage. En novembre 2015, un employé de banque se fait exploser dans le bus de transport de la garde présidentielle et tue une quinzaine d'agents de sécurité. En mars 2016, un commando de plusieurs dizaines de djihadistes venant du camp de Sabratha en Libye prend possession de la ville frontalière de Ben Gardane – de soixante mille habitants : treize membres des forces de l'ordre y sont tués. Après quelques jours de combat, les forces de sécurité reprennent le contrôle de la ville. Le 8 juillet 2018, six gardes nationaux tombent dans une embuscade et trouvent la mort après l'explosion d'une mine antichar. Le 29 octobre 2018, une femme kamikaze, une première en Tunisie, se fait exploser en plein jour sur la principale avenue de la capitale. Une vingtaine de personnes dont quinze policiers sont blessés. Le 27 juin 2019, deux attentats-suicides s'attaquent au même moment aux forces de l'ordre dans le centre-ville de Tunis et devant la caserne de la garde nationale. Un policier est tué et huit autres personnes sont blessées. Le 6 mars 2020, deux kamikazes attaquent le poste de garde de l'ambassade des États-Unis à Tunis et causent la mort d'un policier. Le 6 septembre 2020, un attentat est perpétré contre des agents de la garde nationale à Akouda. Un officier est tué et un de ses collègues grièvement blessé. La plupart de ces attentats ont été revendiqués par Daech[26].

Gestion administrative du religieux par Ennahdha et résistances nationalistes

La volonté de contrôler l'administration du religieux par les Frères musulmans en Tunisie – tout comme en Égypte – rencontra des difficultés et des oppositions à la fois idéologiques et corporatistes, mais également politiques. La mainmise d'Ennahdha sur les institutions de l'islam officiel passa d'abord par la nomination d'un nahdhiste comme ministre des Affaires religieuses entre fin 2011 et début 2014. Ce ministère, à l'origine fondé par Ben Ali, gère les mosquées, le statut du personnel du culte et l'enseignement coranique*. Le nouveau ministre réforme la structure du ministère en créant trente nouvelles structures nationales et régionales afin de renforcer son propre contrôle sur les mosquées, les lieux de culte et également le discours religieux.

Le ministre des Affaires religieuses se montre très indulgent envers les groupes et les prédicateurs salafistes et djihadistes, considérés, avant l'attaque de l'ambassade américaine en septembre 2012, comme alliés politico-religieux stratégiques[27].

Le même ministre crée en 2014 l'Institut supérieur des sciences religieuses à Kairouan – la ville sainte de Tunisie – rattaché au ministère de l'Enseignement supérieur, dirigé à l'époque par un nahdhiste, Moncef Ben Salem. L'objectif est de contrôler la socialisation du personnel religieux. Le programme de formation s'effectue sur trois ans avec évaluation et inspection pédagogique. De même, dans chaque gouvernorat, un prédicateur est chargé d'inspecter les lieux de culte et le personnel des mosquées.

Cette période connaît ainsi la concurrence entre trois types d'imams, observe Asma Nouira dans ses travaux de référence sur le sujet. Les officiels nommés du temps de Ben Ali créèrent un syndicat en juin 2011 affilié à l'UGTT pour défendre leur corporation. Ils demandent en 2012 la démission du ministre qu'ils accusent de « politisation » de la religion, de laxisme envers les salafistes, et de vouloir mettre la main sur les institutions de l'islam officiel. La seconde catégorie est formée par des imams d'Ennahdha nouvellement nommés. Ils sont à son service et servent de courroie de transmission en période électorale, et de découvreurs des potentielles recrues pour l'organisation fRériste ; et enfin, les imams salafistes.

À la même période, commença la tentative d'Ennahdha d'introduire la finance islamique *via* la création d'une Commission de la *zakat* (aumône islamique) et des *wakfs* (synonyme de *habous*, biens

* Il est chargé également du pèlerinage à La Mecque et de l'encadrement religieux des Tunisiens à l'étranger.

de mainmorte des fondations islamiques) au sein du ministère des Affaires religieuses. Le projet n'a pas abouti. Le projet de loi relatif à la restauration des *habous* déposé à l'ANC le 17 octobre 2013 n'a pas non plus été adopté. En 2020, Ennahdha redépose un projet de loi pour fonder un fonds de *zakat*. Il a été rejeté par quatre-vingt-treize députés.

Ennahdha a tenté également de faire du Conseil supérieur islamique, fondé en 1987, une instance constitutionnelle indépendante. La commission des instances indépendantes au sein de l'ANC a refusé par onze voix contre dix par crainte que cette instance se transforme en organe constitutionnel veillant à la conformité de la législation à la charia. Pourtant, ce conseil dispose de beaucoup de pouvoirs. Il est notamment consulté sur l'enseignement religieux de l'Université de la Zitouna et sur les programmes de formation des imams, etc. En 2013, à la fin de la période de la Troïka, il y a eu le renouvellement de ses membres. C'est ainsi qu'ont été nommés des nahdhistes dont la particularité est de ne pas avoir forcément une formation en science islamique. Il s'agit d'une des spécificités des Frères musulmans, constatée également en Égypte. La question religieuse est au cœur même de leur projet de réforme de la société, mais eux-mêmes sont loin d'être des spécialistes en sciences religieuses !

En Tunisie, le Conseil supérieur islamique contrôlé par Ennahdha s'est particularisé par deux interventions. En 2014, il a dénoncé le projet de criminalisation de l'accusation d'impiété (*takfir*). Ce dernier projet avait pour objectif de remettre en cause une des principales sources de légitimation religieuse de la violence djihadiste. En effet, l'accusation d'apostasie peut valoir condamnation à mort. Les nahdhistes se sont opposés à ce projet, mais il est tout de même passé dans la Constitution dans le contexte que l'on sait. En outre, en 2018, le même conseil a dénoncé le projet qui visait à instaurer l'égalité successorale entre les femmes et les hommes, proposé par le président Caïd Essebsi.

Comme en Égypte, il convient de noter la manière dont le mufti de la République*, en la personne de M. Batikh, est devenu une poche de résistance contre Ennahdha. Il a ainsi dénoncé les prédicateurs salafistes étrangers, émis une fatwa contre le voile intégral (*niqab*), ainsi qu'une fatwa contre le djihad en Syrie.

Il n'est donc pas étonnant qu'il ait été révoqué le 8 juillet 2013 par le président de la République Marzouki. Le conflit entre Batikh et le ministre nahdhiste des Affaires religieuses s'est polarisé de manière significative sur la volonté de ce dernier de « multiplier » et de « décentraliser » les instances de délivrance des fatwas en créant des structures régionales regroupant plusieurs muftis appartenant à diverses écoles juridico-religieuses. Le nouveau mufti Hamda Saïed, nommé en juillet 2013, proche d'Ennahdha et prowahhabite, a ainsi soutenu le retour à la polygamie. Il a dénoncé l'article 6 de la Constitution et considéré que la liberté de conscience est une incitation à l'apostasie. Batikh a retrouvé son poste après l'élection de Béji Caïd Essebsi en 2014.

Au cours de cette période, plusieurs courants religieux ont ainsi créé leurs propres structures dispensant un enseignement religieux parallèle et correspondant à leur conception de l'islam. La forme associative a été privilégiée. C'est ainsi que les écoles coraniques et les jardins d'enfants se sont multipliés de manière illégale à cause de l'affaiblissement du contrôle des autorités publiques**.

Un autre signe de cet affaiblissement du contrôle de l'État est l'autoproclamation du wahhabite Houcine Laabidi comme cheikh de la Zitouna***. En 2014, le ministre de l'Intérieur du gouvernement de Mehdi Jomaa interdit aux prédicateurs étrangers de venir en Tunisie. Ces derniers, venus de tout le Moyen-Orient, tenaient des discours pour discréditer les réformes de Bourguiba et présenter les Tunisiens comme de quasi « athées » comparativement aux autres

* L'institution étatique chargée de délivrer les fatwas, à savoir les consultations juridico-religieuses.

** Tutelle du ministère des Affaires religieuses et du ministère de l'Éducation nationale.

*** Il s'est fait arrêter par ordre de Khadmi, le ministre d'Ennahdha.

pays musulmans. Telle est par ailleurs la réputation des Tunisiens dans le monde arabo-musulman, principalement dans les milieux conservateurs et salafisés.

À titre d'exemple, l'interdiction de la polygamie en Tunisie est observée avec beaucoup d'étonnement dans la région. Ces éléments permettent peut-être de comprendre un phénomène remarqué par les analystes du djihadisme tunisien[28]. Les djihadistes tunisiens, comparativement aux autres nationalités qui ont rejoint Daech, se sont illustrés par leur violence excessive et ostentatoire pour appliquer les châtiments islamistes. Il semble que ces derniers, conscients de la réputation d'« athéisme » des Tunisiens, étaient sur la défensive et faisaient de la surenchère macabre. Cette perception semble partagée par le mouvement Ennahdha. Dans la vidéo rapportant la discussion entre le prédicateur égyptien Wagdi Ghoneim et un dirigeant d'Ennahdha, ce dernier aurait déclaré : « Pour nous, cette génération est perdue ; ce sont leurs enfants qui nous intéressent et que nous allons islamiser, par la culture, les médias, l'école[29]… » Parlant plus précisément des progressistes, et selon le journal électronique *Kapitalis*, ce même dirigeant a dit : « Ce sont nos adversaires, mais nous ne devons pas afficher notre hostilité, parce que nous visons leurs fils, leurs femmes et leurs petits-enfants. Leurs fils et leurs filles sont chez nous aujourd'hui. Notre but est de séparer la pensée des enfants de celle des parents[30]. »

Comme autre réforme de la gestion du religieux introduite par Ennahdha, il faut signaler la signature par le ministère des Affaires religieuses, le 6 décembre 2012, d'un accord avec le ministère de la Justice ouvrant l'accès des institutions pénitentiaires aux prédicateurs, y compris salafistes, dans le cadre du programme de réhabilitation des prisons[31]. Un communiqué du syndicat des cadres et des agents des prisons datant du 4 mars 2013[32] informe que des salafistes notoires et contestés ont fait des prêches dans les prisons de Mornaguia, Borj Erroumi et Borj el Amri. La prison est donc également visée par l'islamisation.

Ministère de l'Intérieur et organisme secret

Après le coup d'État du 25 juillet 2021, les dirigeants d'Ennahdha ont été rattrapés par un certain nombre d'affaires qui les ont menés devant les tribunaux. Les informations délivrées par la presse font état de l'implication dans ces affaires de hauts responsables du ministère de l'Intérieur. Ce phénomène montre l'importance que la direction d'Ennahdha a accordée aux ministères de l'Intérieur et également de la Justice pour faire son *tamkin*. Il s'agit pour eux de contrôler et de dédoubler les ministères régaliens de ce « mal nécessaire » qu'est l'État-nation.

Par ailleurs, durant cette décennie, il convient de noter la manière dont la direction d'Ennahdha a tenu à ce que ces deux ministères demeurent sous son contrôle lors de la formation des gouvernements successifs. Placer ses fidèles peut parfois être impossible, vu le manque d'expérience et de compétences administratives et organisationnelles notoires de ses cadres. Dans ce cas, la technique classique est la suivante : repérer un haut responsable qui a des casseroles, lui confier des responsabilités importantes tout en le tenant à sa merci.

La force de frappe des Frères musulmans repose principalement sur leur organisation, à savoir le *tandhim*. Or ce dernier dispose d'un appareil de renseignement et d'un appareil sécuritaire auxquels il est possible de recourir en cas de besoin[33]. Il est fondamental de rappeler l'analyse d'Amr Elshobaki[34] : le gradualisme de la démarche des Frères musulmans s'articule à l'utilisation de la force en cas de conflit avec les pouvoirs[35].

Cet appareil sécuritaire légitimé par leurs doctrinaires leur a posé énormément de problèmes avec les régimes en place. En Égypte, dans les années 1940, il a été à la source de plusieurs attentats politiques, principalement celui du magistrat Al-Khazandar, et de l'ex-Premier ministre El-Nokrachi Pacha, en 1948, sans oublier les tentatives d'assassinat de Nasser. Ce n'était plus le cas à leur retour à l'activisme social et politique à la suite de leur compromis historique avec Sadate.

Toutefois, il est significatif de noter que, durant les années 1980, 1990 et 2000, un des fondements principaux de la socialisation fériste est la bonne santé physique et sportive des membres de l'organisation, *via* la pratique des campements djihadistes ; en Tunisie aussi, depuis l'arrivée d'Ennahdha au pouvoir, nous avons vu se multiplier de façon considérable les salles de sport où se pratiquent les arts martiaux.

En Égypte, jusqu'à la veille du soulèvement de 2011, les Frères musulmans organisaient des camps djihadistes (sans armes) au bord de la mer Rouge ou de la Méditerranée. Les activités sportives avaient pour but de tester la capacité des recrues à l'endurance et à l'obéissance. Tout se passe comme s'il fallait préparer les troupes pour de futurs combats militaires. Parmi les épreuves sportives, il y avait de longues marches de plusieurs heures au soleil sans boire de l'eau. Il n'est donc pas étonnant que ce soient les groupes des jeunes Frères musulmans qui aient été capables de défendre la place Tahrir au moment de la fameuse « bataille du chameau », le 2 février 2011, et dont il a été question plus haut. De même, ce sont ces jeunes, aguerris aux sports de combat, qui ont été envoyés devant le palais présidentiel en 2012 pour casser le sit-in et les tentes des jeunes militants anti-Morsi, venus protester contre sa déclaration constitutionnelle de novembre 2012. La brutalité des jeunes militants féristes causa des blessés et des morts.

En Tunisie, l'ex-ministre de l'Enseignement supérieur aujourd'hui décédé, Moncef Ben Salem, dans son livre-témoignage paru après 2011, non seulement confirme l'existence de l'appareil sécuritaire d'Ennahdha, chargé de préparer le coup d'État contre Bourguiba en 1987, mais rapporte également sa fierté et son orgueil[36] de l'existence d'un tel appareil qui incluait un organisme secret, des armes, des munitions et des revolvers, etc.

Selon Ahmed Nadhif[37], la grande répression qui a concerné Ennahdha en 1991 serait liée à leur tentative de faire renaître leur branche sécuritaire, opération qui avait raté son coup en 1987, car doublée par Ben Ali. C'est ainsi que les dirigeants d'Ennahdha auraient mis en place une sorte de service d'orientation postbac destiné à leurs jeunes sympathisants pour qu'ils rejoignent l'Académie militaire et ensuite, selon les cas, le corps de la police, de l'armée, de la gendarmerie ou de la douane. Il s'agissait de garantir la présence de fidèles agents à l'intérieur des corps et des rouages les plus sensibles de l'État. Parallèlement, ils approchaient les officiers qui manifestaient une quelconque religiosité, pour essayer de les retourner. Au bout de quelques années, ils ont pu ainsi disposer d'une véritable organisation militaro-sécuritaire, doublée d'un service de renseignement, agissant au cœur des institutions sécuritaires de l'État[38]. Si la création d'un organisme sécuritaire liée au *tandhim* peut être justifiée par la volonté des nahdhistes de se protéger de la violence répressive de Ben Ali, sa refondation après leur légalisation et leur arrivée au pouvoir semble par contre beaucoup moins compréhensible. Or le scandale dit « de l'organisme secret » d'Ennahdha de décembre 2013 semble attester la refondation d'un tel organisme[39]. Il s'agit de l'affaire dont il a déjà été question (voir p. 90).

En réalité, cette refondation d'un appareil sécuritaire propre à l'organisation est très significative de la méfiance profonde des Frères musulmans envers l'appareil administratif du ministère de l'Intérieur. Il s'agit pour eux de profiter de leur domination politique à la tête de l'appareil d'État pour pérenniser leur domination et leur contrôle, y compris et surtout de manière clandestine.

Ce n'est donc pas un hasard si le ministre de l'Intérieur nommé par Kaïs Saïed, après le coup d'État du 25 juillet 2021, a commencé par mettre en retraite anticipée vingt hauts cadres de la sécurité. Ces derniers étaient soupçonnés, selon le journal électronique *Kapitalis*[40], d'appartenance à ce fameux appareil sécuritaire parallèle du parti islamiste Ennahdha.

Le contrôle du ministère de l'Intérieur par Ennahdha a été grandement facilité par le piteux état du ministère au lendemain du soulèvement de 2011. Il faut rappeler qu'aussi bien en Tunisie qu'en

Égypte les services de répression des ministères de l'Intérieur constituaient un des principaux instruments des régimes de Ben Ali et de Moubarak. De même, en Égypte, le choix de sortir dans la rue le 25 janvier 2011, pour contester le pouvoir du raïs, correspondait à la fête de la police dans ce pays. Il s'agissait de rappeler à cette dernière – notamment la si honnie Sécurité d'État (Amn ed-Daoula) – qu'elle était censée être au service du peuple, et non du régime. L'armée tunisienne ainsi que l'armée égyptienne sont sorties grandies par les deux soulèvements de 2011. Les deux armées « ont refusé de tirer sur le peuple[41] ».

Ce fut loin d'être le cas des services de sécurité liés aux ministères de l'Intérieur, dont la violence a causé de nombreuses victimes parmi les manifestants. Dans les deux pays, des commissariats de police ont été pris pour cible par les manifestants. Au Caire, nombre d'entre eux ont été brûlés, notamment l'immeuble d'Amn ed-Daoula.

Dans son rapport de référence sur la police tunisienne[42], Michaël Ayari a noté que l'omnipotence de la police et son efficacité sous Ben Ali ont été largement surestimées à cause du régime de la peur et de la suspicion généralisée. Pour ce spécialiste, la réalité est bien différente, comme le prouve le développement des activités djihadistes en Tunisie, qui avait précédé le soulèvement de 2011*. Le nombre de policiers tunisiens dépassait à peine les cinquante mille. Leur capacité opérationnelle et le niveau d'analyse de leurs services de renseignement étaient faibles. L'équipement était défectueux et peu adapté. La corruption était endémique et les ingérences politiques de la famille du président déchu renforçaient les divisions au sein du corps.

Or, de manière paradoxale, les réformes et les mesures prises au lendemain du soulèvement ont accentué ces déficits au lieu de les corriger : dissolution, par l'éphémère ministre de l'Intérieur Farhat Rajhi (17 janvier-28 mars 2011), de la direction de la sûreté de

---

* En 2002, un attentat revendiqué par Al-Qaida contre la synagogue de la Ghriba à Djerba a fait vingt et un morts, dont quatorze touristes européens. En décembre-janvier 2006-2007, découverte d'une cellule djihadiste à Soliman.

l'État[43], mises à la retraite anticipée, recrutement massif de sous-officiers sans véritable formation *, réintégration d'agents et de cadres du ministère de l'Intérieur révoqués de leurs fonctions durant les années 2000 pour mauvaise conduite, ou pour leur proximité avec le mouvement islamiste.

Ces décisions ont contribué à affaiblir davantage les compétences professionnelles du policier de base, ses capacités d'encadrement, et ont fait exploser la petite corruption. C'est ainsi également que les activités du renseignement antiterroriste ont été considérablement affaiblies, à cause du renvoi de cadres expérimentés. Enfin, la suppression de la « police des polices » entraîna indiscipline et petite corruption. Sur le plan psychologique, outre le fait qu'une poignée de directeurs généraux ont été condamnés par la justice militaire dans le dossier des martyrs et des blessés de la révolution, la violence des affrontements de décembre 2010-janvier 2011 a provoqué un traumatisme chez nombre de policiers.

Le renforcement du sentiment d'insécurité face au politique a conduit à plusieurs phénomènes : la syndicalisation des agents et la recherche de protection à l'extérieur de l'institution sécuritaire, dans le monde des affaires notamment. Cette dérive a renforcé la corruption.

C'est principalement sous le gouvernement de la Troïka, dominée par Ennahdha, que cette politique a été menée. De même, c'est au cours du mandat d'Ali Larayedh qu'ont été recrutés entre neuf mille et douze mille personnes comme gardiens de la paix de la police et de sergents de la garde nationale, pour des raisons électoralistes, selon Michaël Ayari. Ainsi, les effectifs des forces de sécurité intérieure ont officiellement atteint les soixante-quinze mille fin 2014, contre cinquante mille en 2011. L'accroissement rapide du nombre d'agents mal formés a contribué à diminuer l'intégrité et les compétences professionnelles du policier de base, affaiblissant

* De niveau septième année secondaire (baccalauréat) après seulement un mois de formation commune de base et quinze jours de stage pratique sur le terrain.

les capacités d'encadrement et faisant exploser la petite corruption. De même, les relations d'autorité fondées sur le niveau d'études et la formation professionnelle ont été remises en cause.

Il n'est donc pas étonnant que le taux de la criminalité « ordinaire » ait augmenté de manière exponentielle dans le pays, parallèlement à la violence terroriste. Cet affaiblissement de l'appareil sécuritaire, lié également au développement de la situation en Libye, a été renforcé par les fameuses « ligues de protection de la révolution » qui se sont rendues coupables de nombreuses exactions et menaces sur l'ensemble du territoire.

L'attaque en septembre 2012 de l'ambassade des États-Unis, qui a marqué le début de la fin des relations privilégiées entre Ennahdha et le courant salafiste djihadiste, annonce également le début des interventions violentes des milices des ligues dites « de protection de la révolution[44] » (LPR). « C'est ainsi que les ligues remplacent de fait les groupements salafistes dans le domaine public », déclara Jean Fontaine[45]. Le 18 octobre 2012, Lotfi Nagdh, représentant de Nidaa Tounes à Tataouine, est assassiné durant l'attaque de la LPR dans un meeting ; le 4 décembre 2012, des membres des LPR violentent des syndicalistes de l'Union générale des travailleurs tunisiens à Tunis ; le 22 décembre 2012, plusieurs d'entre eux attaquent un meeting de Nidaa Tounes à Djerba.

Les ligues, longtemps soutenues par Ennahdha et le CPR, deviennent cependant moins fréquentables après l'assassinat de Chokri Belaïd, le 6 février 2013[46].

Outre les assassinats politiques, les attaques spectaculaires de 2015 du musée du Bardo et de l'hôtel de Sousse, revendiquées par l'État islamique, ont fait plus de soixante victimes, dans leur grande majorité étrangères. De même, il est significatif de noter que les attentats ont surtout visé les forces de l'ordre. L'assassinat du jeune lieutenant Socrate Cherni, âgé de 28 ans, le 23 octobre 2013, a bouleversé le pays. Les attentats ont causé près de quatre-vingts morts et plus de deux cents blessés parmi les différents corps de l'armée, de la police, de la gendarmerie et de la protection civile. Face à cette offensive terroriste, la réaction de la Troïka au pouvoir ne fut pas à la hauteur. La nouvelle loi antiterroriste devant remplacer celle de 2003 a pris beaucoup de retard[47]. Elle n'est adoptée qu'au lendemain de la défaite électorale d'Ennahdha en novembre 2014 et de la victoire de Nidaa Tounes.

Cette violence terroriste qui s'exprima particulièrement dans les zones frontalières (monts Chaambi) démontra la percée significative des groupes islamistes radicaux. Dans ces zones abandonnées par les pouvoirs publics depuis des décennies, la contrebande, le djihadisme et la criminalité se conjuguent. Ils se nourrissent de la misère, du chômage, de la porosité des frontières et de la corruption des fonctionnaires.

Les Tunisiens se souviennent avec effroi du pauvre berger, Mabrouk Soltani, décapité sous les yeux de son cousin de 14 ans dans la région de Kasserine. Ses assassins avaient ordonné à son cousin, témoin de la scène, de rapporter la tête enveloppée dans du plastique à la famille. Son frère Khalifa subit le même sort quelque temps après. La population de ces régions oubliées par l'État vit dans la terreur et la crainte des mercenaires du djihad.

Juges et magistrature « réformée »

Le deuxième ministère qui fit l'objet d'un *tamkin* de très haute intensité est le ministère de la Justice.

Noureddine Bhiri, avocat à la Cour de cassation, est un cadre d'Ennahdha. L'exercice de son pouvoir débute le 24 décembre 2011, sous le premier gouvernement dirigé par Hamadi Jebali, secrétaire général et numéro deux du mouvement Ennahdha. Puis il intègre le cabinet d'Ali Larayedh le 23 mars 2013. Son successeur à la Justice, sous le gouvernement Larayedh, Nadhir Ben Ammou, a été présenté à l'opinion publique comme « indépendant », mais il figurait tout de même sur la liste d'Ennahdha[48], dans la circonscription électorale Tunis 1, lors des législatives du 26 octobre 2014.

Une des principales revendications du soulèvement était l'indépendance de la justice vis-à-vis du pouvoir politique, principe mis à mal autant par Ben Ali que par son prédécesseur Bourguiba. Les islamistes d'Ennahdha n'ont pas fait mieux. Leurs élus à la Constituante de 2011 ont commencé par faire avorter le projet de mise en place de l'Instance de l'ordre judiciaire destinée à remplacer le Conseil supérieur de la magistrature (CSM), gelé après le départ du président Ben Ali.

L'ancien CSM de Ben Ali fut réactivé et placé sous l'autorité directe du ministère. Au grand dam des juges indépendants ont été réaffectées dans cette instance d'anciennes figures de la magistrature du régime de Ben Ali, honnies par leurs pairs. L'Association des magistrats tunisiens et l'Observatoire national de l'indépendance de la magistrature (ONIM) déclarèrent que les juges indépendants ont été tout simplement écartés[49].

Puis ont été révoqués quatre-vingt-deux juges sans respecter les procédures de rigueur… Habib Zammali, conseiller à la chambre criminelle de la cour de première instance de Gabès, raconte : « J'ai été avisé de ma révocation par un coup de téléphone du procureur adjoint de mon tribunal. L'inspecteur général [de la commission] m'a dit que j'étais accusé de consommer de l'alcool et qu'ils avaient reçu une lettre anonyme avec une photo de moi en train de boire[50]. » De même, il procéda à de nouvelles nominations. C'est ainsi que l'effectif de la magistrature est renforcé par le recrutement de près de cent cinquante nouveaux magistrats[51], dont on devine les sympathies. Selon la juge Kalthoum Kennou : « Ce mouvement des magistrats n'est pas différent de ceux qui existaient avant la chute de Ben Ali. Bien au contraire : avant, il y avait certains protocoles qui étaient respectés, ce qui n'est plus le cas maintenant[52]… »

La mainmise nahdhiste sur la gestion de la carrière des magistrats, placés à des postes clés, est à l'origine des scandales qui vont défrayer les chroniques locales et internationales.

Le cas le plus spectaculaire est celui du magistrat qui a occupé le poste de premier juge d'instruction au tribunal de première instance de Tunis. Dans le cadre de ses nouvelles fonctions, il était responsable de toutes les affaires terroristes survenant sur chaque coin du territoire tunisien, notamment celle du Bardo avec ses victimes françaises.

Selon le rapport d'enquête de juin 2021 de l'Inspection générale relevant du ministère de la Justice[53], ce juge aurait enterré 6 268 affaires et procès-verbaux au pénal concernant des crimes terroristes[54]. De même, 1 361 affaires de droit commun relatives à des dossiers terroristes ont indéfiniment été ajournées. Enfin, il aurait aussi ignoré des dizaines de dossiers concernant l'embrigadement des jeunes et leur transfert vers les zones de tensions ou de guerre à l'étranger.

Outre le dossier terroriste, la justice de cette période aurait été également impliquée dans les affaires de corruption. La Commission nationale sur la corruption et les malversations, née après la fuite de Ben Ali, publia un rapport fin novembre 2011. En décembre 2011, avait été créée au sein de l'Assemblée nationale constituante nouvellement élue l'Instance nationale indépendante de lutte contre la corruption, censée poursuivre les travaux de la première, et transmettre les dossiers litigieux à la justice. Elle n'a pas été activée. En dehors de toute procédure transparente, une nouvelle structure *ad hoc* a été créée – le Pôle judiciaire –, qui n'était encadrée par aucune législation définissant son organisation et son fonctionnement.

Depuis cette période, les rumeurs, qui demandent à être prouvées, n'ont cessé d'enfler au sujet de présumés chantages sur de riches hommes d'affaires et de hauts cadres de l'ancien pouvoir en délicatesse avec le Trésor public, les caisses sociales et les banques publiques : le paiement d'un tribut contre l'enterrement des poursuites judiciaires. Si les faits sont confirmés par la justice, il sera possible de dire que la justice de cette période a barré d'un trait de plume ce qui était l'un des grands espoirs populaires du début de la révolution : récupérer les biens mal acquis par la corruption et la prévarication sous l'ancien régime, estimés à des dizaines de milliards d'euros.

CHAPITRE 6

« Islamiser » les Tunisiens…

Les femmes et les enfants d'abord

La femme et l'enfant sont les biais principaux du *tamkin* sociétal du mouvement Ennahdha. Si le projet gradualiste des Frères musulmans vise la moralisation religieuse de l'individu, de la famille, de la société, avec pour conséquence un État islamique préparatoire au Califat mondial, l'islamisation « de la femme » et de son statut est un enjeu stratégique de la plus haute importance. La femme constitue le point nodal du projet des Frères musulmans qui est d'abord et avant tout un projet de contre-hégémonie culturelle islamique à rebours de la modernité et de l'occidentalisation, déclara avec brio Hazem Kandil[1].

En 1936, dans une Égypte cosmopolite et moderne, pionnière du féminisme arabe lié au nationalisme réformiste de Rifaat al-Tahtawi et de Mohamed Abduh, et haut lieu de la production artistique et cinématographique arabe, Hassan al-Banna posa la nécessité d'interdire la mixité, d'appliquer la charia, d'élaborer des programmes scolaires spécifiques aux femmes, de criminaliser la fréquentation entre jeunes gens en âge de se marier. Il mena campagne contre le port de vêtements « inconvenants » par les enseignantes, les femmes médecins, les étudiantes, etc.

La dernière phrase porte un témoignage et un hommage bien involontaires aux progrès du statut de la femme égyptienne de cette époque, qui avait commencé à accéder aux métiers valorisés de la gent masculine. Ce phénomène a été dénoncé par Sayyid Qotb. Pour ce dernier, le saut accompli par les femmes égyptiennes depuis la Grande Guerre est la cause des déséquilibres qui affectent l'ensemble de la vie sociale. La femme est d'abord la mère et la maîtresse de maison. La science, la recherche ou le travail dans l'espace public correspondent à la nature du garçon et pas à celle de la fille. Il justifia la discrimination coranique en matière d'héritage, accordant à l'homme le double de ce dont hérite la femme, par le fait que l'homme a la charge de sa (ses) femme(s), de la famille et des enfants[2]. Enfin, il prôna l'interdiction coranique du mariage de la musulmane avec le non-musulman même s'il est « de la religion du Livre », à savoir chrétien ou juif. Le contraire étant absolument licite : un musulman peut épouser une juive ou une chrétienne, car selon la loi islamique leur progéniture sera musulmane. Ce n'est pas le cas si l'époux n'est pas musulman.

Sayyid Qotb affirma également que c'est Dieu qui a accordé à l'homme le droit de corriger sa femme rebelle, y compris en la battant ! Plus tardivement, le leader international installé au Qatar, Youssef al-Qaradâwî, estima que « l'homme est le seigneur de la maison et le maître de la famille d'après sa constitution, ses prédispositions naturelles, sa position dans la vie, la dot qu'il a versée à son épouse et l'entretien de la famille qui est à sa charge[3] ». Il n'est donc pas étonnant qu'en 2003 il se soit déclaré hostile à la loi française contre le port de signes religieux ostentatoires. Au cours d'un meeting au Bourget, il préconisa aux citoyens français musulmans de ne pas voter pour le candidat d'un parti qui aurait soutenu la loi française contre le port du voile islamique à l'école. À ce sujet, il envoya une lettre, au nom du Conseil européen de la fatwa, au président Chirac. Enfin, à différentes reprises, al-Qaradâwî a accusé les femmes violées d'être coupables de leurs malheurs, sous prétexte qu'elles provoqueraient elles-mêmes ces attaques sexuelles par leurs comportements et leurs tenues vestimentaires.

En Tunisie, pour résoudre les problèmes sociaux, notamment la question des diplômés chômeurs, le vénérable cheikh et ses hommes appellent les prédicateurs des pays frères à la rescousse. Ainsi, le prédicateur Frère musulman égyptien Wagdi Ghoneim prôna, lors de ses conférences dans les principales villes de Tunisie, la polygamie, le voile et même l'excision, pratique inexistante dans la région maghrébine hormis en Mauritanie.

Le Code du statut personnel tunisien écrit à l'initiative de Bourguiba interdit la polygamie et pénalise les contrevenants ; il supprime la contrainte matrimoniale au profit du consentement express des deux époux ; il substitue le divorce judiciaire à la répudiation unilatérale, et il fixe l'âge minimal du mariage à 18 ans. Il passe sous silence les empêchements confessionnels à la succession et au mariage*, met fin d'autorité aux contraintes du régime du droit musulman et accorde à la femme tunisienne un statut inégalé dans les autres pays arabo-musulmans.

Sur le plan des droits politiques, les femmes ont obtenu le droit de vote et le droit de se porter candidates aux élections en 1957. Des mesures complémentaires furent prises à la fin des années 1950 qui leur donnèrent le droit de travailler, de se déplacer seules, d'ouvrir un compte bancaire ou de créer une entreprise sans l'autorisation de leur époux. Cette action modernisatrice fut complétée par la mise en place d'un planning familial durant les années 1960, et la légalisation de l'avortement en 1973[4].

Introduire la loi islamique dans la Constitution tunisienne avait donc pour but principal la remise en cause de tout l'édifice juridique du statut de la femme tunisienne postindépendance. Au modèle biopolitique de la Tunisie indépendante, le mouvement Ennahdha a pour objectif de substituer son modèle biopolitique islamiste, observe Mondher Kilani[5]. Un tel modèle touche à l'habillement,

* Notamment l'interdiction pour la Tunisienne musulmane d'épouser un non-musulman.

à la sexualité, au rituel, à la fête, au mariage, à la famille, à l'intime, à la sphère publique, à l'expression artistique, au sacré, aux formes de religiosité et de croyance, au rapport à la mort et à la vie, au licite et à l'illicite. Bref, poursuit Mondher Kilani, les islamistes ont mesuré l'importance stratégique de la prise de contrôle du corps de la société, notamment à travers le corps des femmes, pivot central d'un tel assujettissement.

Le statut de la femme a donc été l'objet de tractations politiques, et la femme a été, selon les cas, gagnante ou perdante. Le président Caïd Essebsi, qui s'est allié à Ennahdha au lendemain des présidentielles et des législatives de 2014, n'a pas hésité, au moment de ses conflits avec le mouvement islamique, à supprimer la circulaire administrative de 1973 interdisant le mariage de la Tunisienne avec un non-musulman. Cette circulaire réclamait un certificat d'islamisation au prétendant. De même, la création de la Commission des libertés individuelles et de l'égalité (Colibe) en 2017, toujours par le président Béji Caïd Essebsi, s'explique partiellement par le bras de fer entre ce dernier et Ennahdha autour du chef de gouvernement Youssef Chahed. La commission revendiqua notamment l'égalité en matière d'héritage, tout en laissant le choix à l'héritière d'y renoncer. Cette deuxième possibilité était entourée de précautions juridiques afin de s'assurer de sa réelle volonté. Ces propositions très avancées restèrent lettre morte et elles furent définitivement enterrées par le président Kaïs Saïed, qui déclara que la loi islamique est claire sur la question de l'héritage.

L'instrumentalisation de cette question par les élites politiques ne doit toutefois pas diminuer la charge symbolique de cette question pour de larges couches de la population tunisienne. La grande résistance des élites politiques non islamistes et civiles, très attachées aux acquis bourguibiens en faveur de la femme, témoigne de la façon dont de tels acquis peuvent être considérés comme constitutifs de l'identité nationale tunisienne, telle que construite par les élites dirigeantes des cinquante dernières années. Sana Ben Achour évoqua :

la charge symbolique du Code du statut personnel comme « acte historique » fondateur de l'ordre juridique et politique nouveau issu de la décolonisation. Parti d'un vaste ensemble de réformes de l'État, de son droit et des institutions de la société, le Code du statut personnel en constitue l'étendard et participe de son étatisme et de sa raison moderne. Sa promulgation est antérieure à la Constitution politique du pays, dont la difficile gestation s'achève au 1er juin 1959[6].

Le mouvement féministe tunisien autonome ainsi que les organisations féminines liées à l'ancien régime jouent également un rôle majeur pour défendre les acquis de la femme tunisienne menacés au lendemain même du soulèvement de 2011. Le 29 janvier 2011, la première sortie dans la rue des femmes pour manifester leur inquiétude a été encerclée par des personnes appartenant aux courants islamistes les appelant à rentrer chez elles, à regagner leurs cuisines, et en agressant même certaines d'entre elles[7]. Quelques années plus tard, la participation des femmes au sit-in du Bardo de l'été 2013, réclamant la sortie d'Ennahdha du pouvoir, a été fondamentale. Les associations féminines islamistes, notamment l'Union libre des femmes*, fondée en 2011 pour préserver l'identité arabo-musulmane, ne pourront pas contrebalancer les premières.

Face à l'impossibilité d'introduire la charia dans la Constitution comme source de la législation, la stratégie d'Ennahdha s'est déclinée sur deux registres : changer d'autres textes juridiques, même partiellement, et également influencer les pratiques afin de faciliter une interprétation traditionaliste des textes, voire leur détournement et leur contournement. Le fait que le parti Ennahdha ait toujours disposé d'une présence féminine forte parmi ses députés n'a aucunement gêné leur tentative de remettre en cause les acquis positifs de la femme tunisienne. Il est bon de rappeler comment l'ensemble des représentants d'Ennahdha au sein de l'Instance supérieure pour la réalisation des objectifs de la révolution, de la réforme politique et de

* Cette union est formée de Tounisiyyet, Femmes de Tunisie, Ève et Femmes tunisiennes.

la transition démocratique ont voté favorablement pour le principe de la parité homme-femme de la loi électorale. La présence majoritaire des élues du parti islamiste au sein de l'Assemblée constituante et législative a constitué leur principal alibi pour remettre en cause les acquis de la femme tunisienne. C'est ainsi que les femmes élues au rang de députées sont mises sur le devant de la scène. Elles sont jeunes, sympathiques et parlent un français impeccable. Elles ont été formées à la culture et aux codes occidentaux et savent comment promouvoir le discours officiel de leur parti, note Anne-Clémentine Larroque. Plutôt que leur statut de femme, elles privilégient leur appartenance idéologique sans compter le fait qu'elles sont étroitement surveillées par une organisation sectaire fondée sur l'obéissance aveugle et la soumission aux ordres de la hiérarchie.

La remise en cause des acquis de la femme tunisienne, de manière indirecte et détournée de la part d'Ennahdha, s'est exprimée de plusieurs façons. C'est ainsi que les représentants d'Ennahdha ont souhaité substituer au principe de l'égalité entre l'homme et la femme celui de la « complémentarité ». Leur tentative a échoué.

Comme autre changement préconisé, il faut citer leur promotion du « mariage coutumier », avec la volonté expresse de le soustraire au Code du statut personnel en vigueur[8]. Cette forme « coutumière » exige seulement la présence de deux témoins lors de l'échange de consentement entre « l'époux et l'épouse » ou son représentant. Il s'agit donc d'un contrat oral qui n'est pas enregistré par l'état civil. C'est un mariage non reconnu juridiquement, et les femmes qui le pratiquent perdent ainsi tout droit et toute protection, notamment face au divorce, à la pension alimentaire et à la reconnaissance de l'enfant. Ce mariage a enfin soulevé une inquiétude quant au risque de réintroduire par la bande la polygamie et la répudiation, deux pratiques supprimées dans la loi tunisienne. C'est ainsi, rappelle Kilani[9], qu'ont été relancés et amplifiés les arguments avancés par certains milieux fondamentalistes sur les bienfaits de la polygamie, qui permettrait notamment à certaines femmes de ne pas demeurer célibataires.

La tentative d'institution d'un notaire religieux par les députés islamistes a confirmé les soupçons relatifs à la volonté de contourner le Code du statut personnel tunisien. Un projet de loi a en effet été présenté en février 2012 par un député du CPR appartenant à la coalition au pouvoir de la Troïka ; il proposait de créer une nouvelle fonction, celle de *maadhoun*, à l'image des notaires religieux qui existent dans certains pays du Moyen-Orient, dont l'Égypte et les pays du Golfe. Le *maadhoun* vise à concurrencer, voire à remplacer l'officier d'état civil pour la célébration des mariages, loin du regard des autorités, dans l'espace privé, et au final permettre le mariage polygamique et consacrer le mariage coutumier. L'argument présenté à cet effet est la création d'emplois pour les diplômés de la faculté de théologie qui sont au chômage ! La mobilisation des militants des droits humains et du corps des huissiers notaires a contraint le député en question à retirer son projet de loi.

De même, le 18 janvier 2013, au cours des travaux de l'Assemblée constituante, une députée d'Ennahdha, intervint lors du débat sur le thème « droit et libertés », invoquant la criminalisation de l'avortement (*ijhadh*). Dans son discours, elle utilisa les arguments des groupes pro-life euro-américains en invoquant « le droit du fœtus à venir au monde », et demanda qu'il soit inscrit dans le nouveau texte constitutionnel, afin d'annuler l'article 214 du Code pénal qui autorise l'IVG. L'initiative de la députée nahdhiste autour du droit à la vie du fœtus échoua, mais « en échange » l'article 22 affirma que « le droit à la vie est sacré ». Ce dernier peut constituer une menace potentielle pour le droit à l'IVG. Il s'agit là d'une volonté de remettre en cause l'une des réformes les plus emblématiques du bourguibisme des années 1960 : le planning familial et la limitation des naissances visant à réduire la croissance démographique *via* la libre contraception et l'avortement.

En 1965, seules les femmes mariées ayant eu déjà au moins cinq enfants étaient autorisées à avoir recours à l'avortement avec le consentement de leur mari. En 1973, une modification de la loi introduit la possibilité pour toutes les femmes, quels que soient leur statut matrimonial et leur nombre d'enfants, d'interrompre la grossesse au cours des trois premiers mois, y compris pour les femmes mineures moyennant l'autorisation d'une personne adulte responsable. L'administration de l'IVG est autorisée dans les établissements médicaux reconnus, sous la responsabilité d'un médecin. De plus, le texte de 1973 ouvre à toutes les femmes la possibilité d'y accéder gratuitement, et pour les femmes mariées sans l'autorisation de leur conjoint. L'utilisation des contraceptifs et les consultations du planning familial ont été rendues gratuites.

Les associations féministes historiques telles l'Association tunisienne des femmes démocrates, l'UNFT, et de nouvelles associations nées après la révolution comme le Groupe Tawhida Ben Cheikh, avec les partis de gauche et d'autres forces de la société civile, ont été très vigilantes au cours de ces dernières années afin de défendre le droit des femmes, y compris dans la sphère de la santé sexuelle et reproductive.

Toutefois, si cette législation progressiste tunisienne en faveur de la femme n'a pas pu être remise en cause formellement, il est important de noter que les progrès du statut juridique de la femme tunisienne n'ont jamais été véritablement admis par la totalité des couches de la population, pour plusieurs raisons. Les mentalités conservatrices alimentées par l'islam *zitounien**, qui s'est opposé aux réformes de Bourguiba, la « salafisation » des esprits *via* les prêches diffusés par les télévisions satellitaires au cours des années 1980 et 1990, et enfin cette sorte de rapprochement que manifesta le régime de Ben Ali avec le salafisme en général, *via* la TV Zitouna de son gendre, etc., y sont pour beaucoup. C'est ainsi que des références à la loi islamique ont pu être introduites, notamment par l'intermédiaire de certaines décisions jurisprudentielles, des années avant l'arrivée d'Ennahdha au pouvoir[10].

Il n'est donc pas étonnant qu'une circulaire (n° 41 de juin 2000) exige un certificat de mariage pour l'accès des femmes aux soins

* L'islam tel qu'enseigné à la grande mosquée de la Zitouna de Tunis.

d'obstétrique et d'accouchement, et ce en contradiction nette avec la législation. Cette circulaire fait l'objet actuellement d'une dénonciation de la part de la société civile[11].

L'arrivée du courant islamiste au pouvoir conforta cette tendance, principalement auprès des professionnels et des administrateurs chargés d'appliquer les réformes concernant la santé reproductive et le droit des femmes à disposer de leur corps.

C'est ainsi que s'est développé un discours religieux des médecins et des infirmier(ère)s pour dissuader la femme d'avorter, certains allant même jusqu'à refuser l'échographie nécessaire pour pratiquer une IVG. Enfin, parmi les stratégies utilisées par ces professionnels, il y a celle de fixer un délai entre la demande d'IVG et l'intervention, ou bien d'inscrire les patientes sur une liste d'attente. Dans le privé, certains médecins, par conviction religieuse, refusent catégoriquement d'exécuter cet acte. Pour Malika Affès[12], les idées hostiles à l'avortement ne sont pas nouvelles chez les professionnels de la santé, mais elles ont été renforcées par l'émergence du mouvement salafiste en Tunisie. Avant la révolution, les professionnels de la santé n'osaient pas les exprimer. Ils ont profité de l'arrivée des islamistes au pouvoir pour rendre publique leur hostilité à l'IVG.

Ce phénomène a été également amplifié par le processus d'affaiblissement général de l'offre publique de santé en liaison avec le néolibéralisme de ces dernières décennies et le retrait de l'État de ses missions sanitaires et sociales. L'hypercentralisation dans la capitale de l'offre publique sanitaire est également à l'origine des plus graves problèmes des institutions de la santé publique. Aujourd'hui, plusieurs régions et différentes villes tunisiennes ne disposent plus d'un service de planning familial, en dépit des mesures prises à l'époque de Bourguiba qui avaient permis l'intégration des services du planning familial dans les hôpitaux régionaux. Il convient d'ajouter à tout cela l'attitude hostile des prestataires qui sont en première ligne, y compris ceux qui travaillent au service d'accueil, et la diminution des ressources matérielles (limitation du stock des pilules contraceptives et abortives). À côté de cela, plusieurs blocs opératoires des cliniques de planning ne sont plus fonctionnels pour l'avortement chirurgical[13].

Il n'est donc pas étonnant que, selon certaines études, 60 % des sondés ne connaissent pas la pilule du lendemain et que près de 50 % des jeunes ne sachent pas que l'avortement est légal en Tunisie. À la question de savoir si les soins sont gratuits dans les hôpitaux et les cliniques du planning familial, 80 % répondent que non ou l'ignorent. 23 % des jeunes âgés de 15-16 ans ne connaissent aucune méthode de contraception. Enfin, le préservatif n'est cité que par 70 % des garçons et 60 % des filles, note Hédia Belhaj, la responsable de l'enquête[14].

Un autre signal de la volonté de remettre en cause les acquis des femmes tunisiennes réside dans la volonté de stigmatiser les femmes célibataires tunisiennes. Là également, il importe de noter que la Tunisie est isolée sur cette question. Parler de « mères célibataires » est en soi une révolution langagière dans un pays arabo-musulman. À titre d'exemple, l'Égypte ne connaît pas cette expression, car elle remet en cause l'un des tabous les plus importants des sociétés musulmanes, à savoir la maternité hors du cadre du mariage. Telle est la cause de la rareté des travaux sur une telle thématique dans les autres pays musulmans, qui préfèrent parler de l'enfance « abandonnée », « maltraitée » ou bien des « orphelins » afin d'euphémiser les résultats des relations sexuelles hors mariage frappées d'interdit. Dans la langue populaire, ils sont dénommés les « enfants du péché ».

Or, en Tunisie, malgré l'opprobre social, il y a une politique d'assistance aux mères célibataires. Elles sont inscrites dans le registre des mères célibataires du ministère des Affaires sociales. Si elles sont rejetées par leur famille et se retrouvent à la rue, elles sont envoyées par l'assistante sociale dans des foyers créés à cette fin par l'État tunisien (des centres de protection). Il y a aussi des ONG, telle l'association Beity (« ma maison »), qui offrent un abri provisoire pendant la période avant et après l'accouchement ; enfin, la Tunisie a légalisé depuis 1998 les tests ADN comme moyen pour obtenir la preuve de la paternité de leurs enfants par les mères célibataires.

Au mois d'octobre 2011, juste avant les élections à la Constituante, une future députée du parti islamiste Ennahdha, avait fait une déclaration publique critiquant les mères célibataires, les considérant comme des citoyennes indignes qui ne méritaient aucune considération ni commisération de la part de la société, et encore moins une prise en charge par les services publics[15].

Parmi les réformes tunisiennes positives ayant trait à la femme et l'enfance, il est fondamental de mentionner la légalisation de l'adoption pleine et entière, pratique interdite formellement par la loi islamique au profit de la *kafala*, qui est une mesure d'accueil légal d'un enfant mineur par une famille qui s'engage à le prendre en charge et à le protéger. Toutefois, la *kafala* n'instaure aucune filiation légale. L'enfant adopté n'acquiert aucun droit successoral sur les biens de l'accueillant et la protection cesse avec la majorité. Cette interdiction est toujours d'actualité en Égypte[16]. Tel n'est pas le cas pour les coptes égyptiens : l'adoption pleine et entière est acceptée au plan religieux.

En Tunisie, cette novation a contribué à résoudre le problème des couples sans enfant, et également celui de l'enfance abandonnée. Sur les mille enfants abandonnés par an, la grande majorité est constituée d'enfants nés hors mariage. À l'instar des autres dispositions mettant en cause la loi islamique, l'administration aussi bien que le juge tunisien ont montré, dans le passé, leur capacité à réintroduire la législation religieuse* dans les domaines du statut personnel. À titre d'exemple, le demandeur d'adoption doit être de confession musulmane. Toutefois, note Sana Ben Achour, cette attitude a été contrebalancée par d'autres décisions, à partir des années 2000, affirmant la reconnaissance du principe de non-discrimination sur des bases religieuses comme principe fondateur de l'ordre tunisien[17].

Est-ce que cette dernière tendance n'a pas été contrecarrée par l'arrivée des islamistes au pouvoir, mais également et peut-être

---

* Cette attitude s'est notamment manifestée dans les domaines suivants : les successions, l'adoption, la filiation, le mariage de la musulmane avec un non-musulman.

surtout à cause de la « purge » au sein du corps de la magistrature ? La question est d'autant plus cruciale que l'un des principaux idéologues inspirateurs des Frères musulmans, le Pakistanais Abû al-A'lâ al-Maudûdî, estime que l'enfant né en dehors des rapports du mariage n'est pratiquement pas un être humain :

> La première [raison] est que la conception de cet enfant a lieu alors que ses géniteurs sont sous l'emprise de pulsions totalement animales. Il est exclu que les sentiments purs qui submergent les époux au moment de l'union charnelle côtoient jamais les libertins et les débauchés, que seule unit une rage animale totale. À cet instant, toutes les qualités humaines sont altérées chez eux ; c'est pour cela que le bâtard ne peut hériter d'eux que les qualités bestiales[18].

Si la réforme islamiste de la société commence par le statut de la femme, il est possible de dire également que l'enfance constitue un biais d'islamisation tout aussi important. Il s'agit de s'attaquer à la pièce maîtresse de la réforme bourguibienne : l'école et sa mission de réforme culturelle, afin d'introduire les lumières et les progrès dans tous les milieux. Un leitmotiv ponctuait et revenait plusieurs fois dans les discours de Bourguiba : « Libérer les esprits, mettre la matière grise aux commandes » – entendez par là combattre les préjugés et faire confiance à la raison –, pour rattraper les retards accumulés sur les pays développés. C'est l'école qui devait jouer ce rôle libérateur. 30 % du budget du jeune État allait être consacré à l'enseignement…

De retour au pays en 1963 après avoir terminé ses fonctions diplomatiques, le fils de Bourguiba se confie à Mohamed Kerrou :

> Le pays était devenu un immense chantier, parfois méconnaissable […]. Prenez l'exemple de l'école : la scolarisation intensive avait totalement bouleversé notre pays et nos paysages urbains et surtout ruraux. Au milieu de nulle part, ou de ce que l'on croyait être de nulle part, des cubes blanchis à la chaux balisaient désormais nos

bourgs et campagnes, accueillant des centaines de milliers d'enfants, filles et garçons, habillés de rose et de bleu[19].

Rappelons que la « prédication individuelle », pièce maîtresse de la socialisation militante des Frères musulmans, commence par les louveteaux…

S'attaquer frontalement à la réforme éducative bourguibienne était une entreprise trop risquée pour Ennahdha. Toutes les élites politiques et administratives étaient les fruits de la réforme bourguibienne de l'Éducation nationale. Le système éducatif et universitaire était en pleine crise au moment du soulèvement de 2011, et le mouvement social des diplômés chômeurs l'un des signes les plus parlants de cette détérioration. Comme pour le secteur sanitaire, la crise du secteur éducatif était le produit du retrait de l'État, du néolibéralisme adopté à la fin de la période Hédi Nouira, considérablement renforcé sous le régime de Ben Ali. Ennahdha ne nomma pas de ministres à l'Éducation nationale. L'organisation fit appel à des personnalités liées aux formations politiques alliées. La réforme nahdhiste de l'éducation se fait de manière détournée *via* le soutien scolaire du secteur associatif islamique, qui s'est énormément amplifié *via* la revivification de l'enseignement de la grande mosquée de la Zitouna, et enfin, et peut-être surtout, *via* les écoles et jardins d'enfants coraniques.

Depuis 2011, on note une prolifération très nette des écoles coraniques et des jardins d'enfants non autorisés*. Le contrôle des autorités de tutelle sur ces établissements s'est considérablement affaibli, que ce soit au niveau de la création ou au niveau des programmes enseignés. Ainsi, les courants salafistes ont pris la liberté d'ouvrir des jardins d'enfants « coraniques » dans lesquels les institutrices portent le *niqab* et où fillettes et petits garçons sont séparés. Une enquête menée par Arab Reporters for Investigative Journalism en

* Les *kuttabs* ou écoles coraniques sont soumis à l'autorité du ministère des Affaires religieuses, alors que les jardins d'enfants relèvent de la compétence du ministère des Affaires de la Femme, de la Famille, de l'Enfance et des Personnes âgées.

octobre 2013 a révélé le caractère wahhabite de l'enseignement dans ce genre d'écoles coraniques[20].

Et les écoles coraniques essaiment partout. Les plus récentes statistiques font état de 1 612 écoles coraniques (le nombre le plus élevé à Tunis [186] et le moins élevé à Jendouba [20] ; le nombre d'élèves est de 33 838 et celui des éducateurs de 1 531).

Le scandale de l'école de Regueb a contribué fortement à délégitimer la nouvelle couche islamiste aux commandes du pays et principalement Ennahdha, car l'opinion publique ne fait pas de différence entre les islamistes d'Ennahdha et les différents groupes salafistes. Dans l'émission *Les Quatre Vérités* du journaliste d'investigation Hamza Belloumi, diffusée le 31 janvier 2019, le téléspectateur découvrit un reportage sur une école dans laquelle vivaient une quarantaine d'enfants entre 10 et 18 ans en vase clos, et à qui était enseignée une seule et unique matière : le Coran ! Là, vingt-sept adultes de 18 à 35 ans d'âge partageaient le même internat en dehors de toute condition de sécurité et d'hygiène… Le 8 novembre 2021, le tribunal de première instance de Sidi Bouzid condamna le directeur de ladite école pour traite d'enfants, abus sexuels sur eux et leur exploitation forcée à cinq ans de prison et 50 000 dinars d'amende[21].

Saper les bases de l'école et de l'identité nationale

Le rapport à la culture et à l'éducation des Frères musulmans ne peut pas être compris par les Français, ni par les Occidentaux en général, parce que la conception salafiste de la culture, de la transmission et de l'école est radicalement différente de tout ce qu'ils connaissent et imaginent. Pour les Frères, qui se considèrent comme les meilleurs des musulmans, et à ce titre comme les gardiens et propagandistes de l'islam, le projet éducatif vise à offrir au jeune croyant – davantage au garçon qu'à la fille – une très bonne connaissance de la révélation coranique, des enseignements du Coran, de la vie du Prophète et de ses compagnons (*salaf*). Pour ce faire, une connaissance de l'arabe coranique est jugée indispensable, beaucoup moins en tant que langue d'aujourd'hui (qu'elle soit internationale ou nationale) qu'en tant que langue sacrée et cultuelle (l'équivalent du latin pour un Français) – dont l'apprentissage est particulièrement ardu.

Rappelons qu'avant l'époque contemporaine, l'éducation traditionnelle d'une minorité de jeunes garçons musulmans commençait, pendant des années, par l'apprentissage par cœur du Coran – sans intention ni possibilité de comprendre ce texte extrêmement complexe d'un autre temps. Seuls quelques étudiants pouvaient ensuite poursuivre des études en théologie et en droit musulman pour se préparer aux fonctions de docteur de la foi et de la loi (oulémas et juges), agents du culte et de la justice, ou scribes. Le réformisme musulman dans sa première version, tel que défini par Abdou et Afghani, a sincèrement questionné les raisons du progrès technique et scientifique européen, pour insister sur l'éducation, y compris dans les matières profanes et les langues étrangères – une nouveauté qui était tombée en désuétude depuis des siècles dans les universités islamiques. Abdou et Afghani étaient francophiles pour avoir séjourné à Paris. De fait, le système d'éducation et de formation de type européen s'est répandu au XXe siècle dans le monde musulman par le triple fait des écoles missionnaires et de la colonisation, du réformisme musulman et également du nationalisme. Il fallait retirer à la colonisation son prétexte, à savoir l'arriération des sociétés. De même, il fallait fonder une élite autochtone capable de gérer l'État et de réformer la société. L'entreprise de modernisation de l'éducation a été aussi précoce en Égypte qu'en Tunisie et elle s'est évidemment beaucoup popularisée dans les années 1950 et 1960.

Est-ce à dire que l'enseignement coranique traditionnel, autrefois exclusif, devait disparaître ?

Pour les États issus de la décolonisation, la chose était entendue : l'enseignement national de type européen formerait désormais les élites administratives et techniques nécessaires au pays, quitte à l'arabiser et à y introduire des disciplines spécifiques, généralement l'instruction islamique. Mais pour les néosalafistes, devenus à partir des années 1970 les adversaires déclarés des États, du Sahel à l'Afghanistan, il n'est pas question de faire des concessions à la modernité importée, puisque « tout est dans le Coran ». En vertu d'une exégèse douteuse, nombre de théoriciens ont démontré que la science moderne (jusqu'à la fission nucléaire) était annoncée – voire contenue – dans le Coran[22]… Récemment, un haut responsable d'Ennahdha a par ailleurs déclaré que le Coran est une véritable pharmacie, car on y trouve tous les remèdes ! Face à cette offensive, les États nationaux ont eu des scrupules, au point de laisser perdurer – Bourguiba mis à part – des secteurs d'enseignement dit traditionnel autour des grandes mosquées (Al-Quaraouiyine, Al-Azhar). Quant aux salafistes, dépourvus de responsabilités étatiques, ils réclament un enseignement coranique strict, généralement réservé aux garçons. Tel est le modèle des médersas de Jalalabad, financées par le Pakistan et l'Arabie saoudite pour des milliers de jeunes Afghans et autres dans les années 1980 (pendant la guerre d'Afghanistan contre les Soviétiques).

Dans ces conditions, l'éducation à la mode salafiste, que certains Frères musulmans appellent de leurs vœux, supporte très mal la concurrence de l'école publique aux mains de l'État « impie » (Qotb). En Égypte, sous la présidence d'Anouar el-Sadate, le réseau des instituts azhariens* s'est considérablement développé, notamment dans les provinces égyptiennes. En 1999-2000, ils scolarisaient 8,9 % des élèves du primaire, 6,8 % du préparatoire et 8,4 % du secondaire. Les instituts azhariens représentent 24 % des écoles pour 8 % environ des élèves[23]. Une partie importance de ces instituts étaient créés par des particuliers, en lien évidemment avec les Frères musulmans et le financement des pays du Golfe, et offerts à Al-Azhar.

* Fondés par Nasser, les instituts azhariens avaient pour objectif initial de « laïciser » l'enseignement azharien du niveau primaire et secondaire. Ces instituts respectent le programme officiel d'enseignement des écoles publiques équivalentes et y ajoutent des matières religieuses (dont le Coran) pour préparer les élèves aux facultés des sciences religieuses.

La revendication salafiste adresse d'abord ses requêtes à l'école publique : éducation islamique renforcée, arabe coranique, disparition de nombre de chapitres et de disciplines – de la natation aux cours d'histoire non coranique –, non-mixité des salles, etc. Sa principale concession à la modernité est l'enseignement des sciences et de la technologie, dont un peuple moderne peut difficilement se passer, surtout pour rivaliser avec les autres peuples ; mais s'ils ne peuvent pas imposer leurs desiderata, les militants salafistes tentent d'œuvrer à la destruction de l'école publique. C'est ce qu'ils ont entrepris pendant la guerre civile algérienne, ou bien encore au Sahel actuel, dans les zones détenues par Boko Haram (terme qui signifie : « Les livres autres que le Coran sont un péché, donc interdits/illicites* »).

Dans une telle ambiance, quelles sont les options disponibles dans les divers pays ? Au Maghreb et en Égypte, la contamination de l'école par l'idéologie salafiste est très avancée, car les États leur ont fait de nombreuses concessions au fil des décennies (notamment par la place considérable de l'instruction coranique aux dépens de la littérature, de l'histoire et de la philosophie). De plus, ces évolutions culturelles ont été accentuées par l'abaissement de la condition sociale, salariale et intellectuelle des instituteurs et professeurs, qui enseignent dans des conditions parfois indécentes ; mais aussi par la salafisation de la société, les enseignants laïcs ou habitués aux programmes dans lesquels ils ont été formés étant rappelés à l'ordre par leurs élèves ou étudiants. La salafisation de la société étant puissante, en 2015, selon un sondage, 81 % des Tunisiens n'ont lu aucun livre depuis un an[24]. Cette situation explique en partie la fuite des classes aisées et moyennes vers l'enseignement privé bilingue, observable au Maroc et en Tunisie, voire en Égypte.

---

* Mot à mot, l'expression signifie : « Les livres [*books*] sont un péché » ; pour les islamistes, le Coran contenant la parole de Dieu, tous les autres livres sont inutiles. En foi de quoi les livres en général et, par métonymie, l'école occidentale ou étatique – et non l'école coranique qui sert à apprendre le Coran par cœur – sont interdits au sens religieux du terme, c'est-à-dire *haram* ou illicites.

En Europe de l'Ouest, en France notamment, là où les concentrations de populations musulmanes et les ghettos communautaires sont une réalité, les témoignages de plusieurs professeurs issus des lycées sensibles, comme à Trappes dans les Yvelines, avec celui du philosophe Didier Lemaire[25], révèlent que les pressions salafistes sont incessantes en direction des établissements et de leurs professeurs. Selon plusieurs études, plus de la moitié d'entre eux se censurent pour ne pas évoquer ce qui pourrait « heurter » leurs élèves au regard des exigences idéologiques des salafistes. En Europe, cette contestation islamiste a trouvé dans l'idéologie « woke » un paravent qui permet de masquer les revendications idéologiques derrière des « préventions » à l'égard de minorités « souffrantes », quand bien même elles sont localement majoritaires.

Enfin, dans de nombreuses régions prises en main par une gouvernance de type salafiste (Algérie du djihad, Mali, Nord-Nigeria, État islamique, Afghanistan…), l'école et ses maîtres, et même des lycéennes au Nigeria, deviennent une cible. L'objectif est d'éradiquer l'école de type mondial (« *Boko haram* » en est le slogan devenu archétypal) pour revenir au système *ante* : absence d'éducation des filles destinées au mariage et au foyer (l'imam fNériste Iquioussen en France ne disait pas autre chose), afin que les femmes procréent loin de toute activité professionnelle extérieure. Au Maroc et en Algérie, le taux d'emploi des femmes est d'à peine 12-15 %, et il n'atteint que 20 % dans le monde musulman, même en Tunisie. Pour les garçons, on privilégie un enseignement coranique jugé « authentique », puisque le Livre sacré est livre de vie et parole de Dieu : il se suffit donc à lui-même. La langue arabe ne donne pas moins accès à une abondante littérature salafiste qui circule par le réseau des mosquées et des librairies islamiques, et par les canaux électroniques.

Cette vision de la transmission scolaire prend à revers tout ce que les Français considèrent comme le b.a.-ba de l'école : formation du citoyen par l'histoire, de l'esprit critique, découverte du monde dans sa complexité par la géographie, ouverture à l'imaginaire et à la pensée par la littérature et la philosophie, formation d'un esprit sain dans un corps sain par le sport ; la seule exception est la science, considérée comme un moyen neutre de rivaliser avec les puissances. Mais la chose n'est pas mécanique, car on ne fait pas de recherche de pointe sans liberté intellectuelle ni une vaste culture générale.

Ce retournement des valeurs éducatives constitue l'inverse de l'expérience coloniale, au cours de laquelle les élites juives, musulmanes et chrétiennes, du Maroc au Levant, ont bataillé sans relâche pour accéder à l'école et à la science moderne, dont les coloniaux voulaient priver le grand nombre[26]. C'est aussi une régression inouïe par rapport à l'époque des indépendances, quand les États-nations fraîchement indépendants avaient poussé au maximum à la scolarisation de leur peuple, alors vécue comme la réalisation sociale de l'indépendance nationale.

La déscolarisation à l'œuvre

L'expérience tunisienne des années 2010 est parfaitement révélatrice de ces tendances. Elle est d'autant plus étonnante pour qui suit de près l'histoire de la Tunisie : cette dernière a connu au cours de son histoire contemporaine un des plus hauts taux de scolarisation et de formation des pays arabes et musulmans. En Afrique du Nord, la Tunisie se classait largement en tête. Elle a bénéficié en plusieurs étapes d'une conjoncture très favorable : la création du collège Sadiki à Tunis par Kheireddine Pacha en 1875 ; la mise en place du protectorat par Jules Ferry, au moment où celui-ci rendait l'école obligatoire et gratuite en France (1881-1883) ; la politique des républicains français en Tunisie qui se sont fait un point d'honneur à développer et moderniser Sadiki, et à créer dans tout le pays des écoles franco-arabes. Le résultat est qu'en 1956 la Tunisie possède un taux de scolarisation de 30 %, le plus haut taux de tout l'empire colonial français. Enfin, la prise du pouvoir par Habib Bourguiba, pur produit de la méritocratie de la IIIe République, qu'il a voulu étendre à l'ensemble de son peuple. À la fin du XXe siècle, la Tunisie possède un système d'enseignement scolaire bilingue, sélectif mais performant ; elle scolarise la presque-totalité de ses enfants et ses élites sont formées au meilleur niveau international.

Dans ce pays assez pauvre en ressources, mais où l'État est puissant, cette situation scolaire privilégiée est regardée avec fierté par les Tunisiens. Elle permet à la Tunisie de se classer aux premiers rangs du développement humain en Afrique. Dans ce pays, la méritocratie n'est pas un vain mot. Elle bénéficie en particulier aux filles de la classe moyenne. La Tunisie est alors en tête, de très loin, pour la formation des filles et leur insertion professionnelle au sein du monde arabe. Cela produit une fierté qui participe du système bourguibien, véritable socle de l'idéologie du régime. Le général Ben Ali n'a pas cassé ce système, déjà quelque peu affaibli à la fin de l'ère bourguibienne ; il l'a perpétué, même si la Tunisie n'échappe pas au chômage des diplômés ni à la crise de l'école que traversent aussi les autres pays d'Afrique du Nord.

En Égypte, le régime issu de la révolution de 1952 fait de la généralisation de l'éducation une priorité. En 1960, 66 % des enfants sont inscrits à l'école primaire. La gratuité est étendue à tous les niveaux. La crise économique et les politiques de libéralisation (*infitâh*) des années 1970-1980 affectent profondément le système éducatif public. Les cours particuliers, dispensés majoritairement par les professeurs réguliers, deviennent systématiques, la course à la privatisation s'accélère, et l'offre des écoles privées se diversifie, avec – notamment – le développement des écoles privées islamiques. Toutefois, à l'échelle nationale, une progression scolaire a lieu à tous les niveaux dans les dernières décennies. Le taux de scolarisation dans le primaire atteint 98,3 % en 2003 (contre 63 % en 1970) et 87 % dans le secondaire (contre 28 % en 1970) malgré les fortes disparités régionales. La croissance de la scolarisation ne saurait faire oublier non plus la persistance de l'analphabétisme : il concerne en 2017 18,4 millions de personnes, dont 5,7 millions dans la tranche d'âge 10-34 ans[27], ce qui est un vrai fléau social contre lequel les Frères ne semblent guère lutter dans leur travail social comme ils l'ont fait en d'autres domaines.

Les islamistes d'Ennahdha ont-ils repris à leur compte l'héritage historique scolaire unique de Bourguiba afin de le perpétuer et de l'améliorer ? Manifestement, non. Il n'était pas aisé pour eux de dresser un réquisitoire contre l'école, principal héritage bourguibien, presque unanimement respecté dans le pays. Aussi, il ne paraît pas essentiel de faire une exégèse des discours gouvernementaux consacrés à l'école entre 2011 et 2021, non plus que de scruter le curriculum vitae des ministres de l'Enseignement qui se sont succédé à Tunis. On peut seulement constater qu'aucune réforme d'ampleur n'est intervenue en dix ans, et qu'aucune personnalité de premier plan n'a œuvré à l'Éducation nationale. Dans le gouvernement Hamadi Jebali, le ministre de l'Éducation nationale est placé au douzième rang protocolaire ; celui de la formation professionnelle au quinzième rang ; et celui de l'enseignement supérieur au vingt-troisième rang, ce qui témoigne d'un désintérêt manifeste. Ennahdha ne s'empare même pas des deux premiers postes, laissés aux alliés d'Ettakatol et du CPR. L'indifférence est consacrée.

Un chiffre pourrait suggérer l'idée inverse : en effet, entre 2012 et 2014, sur les cent cinquante mille fonctionnaires qu'Ennahdha a brutalement recrutés dans la fonction publique, afin de récompenser ses obligés et leurs familles, soixante-sept mille ont été affectés au ministère de l'Éducation nationale, ce qui représente une augmentation de 50 % de ses effectifs – pour un total dépassant deux cent mille fonctionnaires, soit un tiers des fonctionnaires nationaux. Il s'agit là d'une illustration parfaite de ce qui a été dénommé la stratégie du *tamkin* caractéristique d'Ennahdha. Par ailleurs, cette brutale croissance n'a été accompagnée d'aucune réforme d'ensemble de l'Éducation nationale. De surcroît, cela n'a pas empêché une spirale accrue de déscolarisation de se mettre en place durant la décennie. On chercherait en vain une théorisation de la crise scolaire traversée par l'école tunisienne durant la décennie d'Ennahdha. Seuls les chiffres et le bilan final disent non seulement le désintérêt dans lequel ce parti a tenu l'école, mais probablement davantage.

Qu'observe-t-on ? Certes, le système scolaire tunisien a toujours été très sélectif. Mais à la différence des décennies passées, la croissance démographique est maintenant maîtrisée en Tunisie, et la population d'âge scolaire est stabilisée, ce qui facilite sa gestion. Entre l'âge de 5 et 19 ans, le pays compte deux millions six cent mille jeunes, et la scolarisation est en principe obligatoire jusqu'à 16 ans. Or on constate à cette date que cinq cent mille jeunes sont déscolarisés, soit près de 20 %. Non seulement la forte croissance du personnel administratif du ministère n'a pas amélioré la situation (ni le taux d'encadrement par élève, sauf marginalement), mais plusieurs indicateurs soulignent l'accélération de la crise. En dix ans, le taux d'abandon annuel a été en moyenne de cent mille jeunes par an, essentiellement dans le secondaire ; en dix ans, le taux de réussite du baccalauréat a chuté de près de dix points (passant de près de 55 % à 45 %). Cette crise a favorisé la croissance des écoles et établissements scolaires privés, dont les effectifs ont triplé dans le primaire et crû de 50 % dans le secondaire.

Selon une étude tunisienne*, près des deux tiers des élèves tunisiens abandonnent l'école avant d'acquérir les compétences de base en sciences, lecture et mathématiques.

> Le degré d'acquisition des compétences, déjà relativement très faible en 2013, continue à diminuer dans le temps. Le score moyen en mathématiques de l'élève tunisien a connu une très légère amélioration depuis 2003, tandis que le score moyen en sciences reste stable, mais celui de la lecture est en diminution continue depuis 2006[28].

L'étude souligne que la situation est bonne en primaire (99 % de taux de scolarisation), mais qu'elle chute fortement dans le secondaire, pour tomber à 75 % (pour les 12-18 ans).

---

* Étude publiée par l'Institut tunisien de la compétitivité et des études quantitatives (Itceq), intitulée « État des lieux et disparités du système éducatif tunisien », Tunis, 2022.

> 50 000 adolescents âgés de 11 à 14 ans ne sont pas scolarisés et 55 000 sont scolarisés et se trouvent en risque de décrochage. Plus de 10 % des jeunes de la catégorie 15-19 ans se trouvent en dehors du système éducatif et sont sans formation et sans emploi. Ce chiffre représente près de 93 000 personnes.

La déscolarisation a beaucoup augmenté depuis les années 1980, et a dépassé le seuil significatif des cent mille cas après la révolution de 2011[29]. Cette réalité sociale traduit une perte de confiance des familles dans l'école publique, qui est quittée en amont vers la déscolarisation, et en aval vers le privé. Elle traduit l'appauvrissement de la population tunisienne sur lequel nous reviendrons ; en dix ans, la population a perdu un quart de son revenu par habitant (en dollars courants), ce qui est *désincitatif* pour l'école et conduit des familles pauvres à utiliser les jeunes garçons pour gagner de l'argent. Outre le phénomène récent des migrants mineurs isolés partis des côtes tunisiennes vers l'Europe, on observe aussi le retour des jeunes bergers chargés de garder les troupeaux dans la campagne. L'État nahdhiste n'a usé d'aucune contrainte pour inciter au retour au collège ou au lycée ; et sa politique de recrutement massif de fonctionnaires amis, qui a réduit d'autant les moyens matériels du ministère, n'a pas été utilisée pour intensifier la présence de maîtres et de professeurs, une grande partie des nouvelles recrues travaillant dans l'administration ou restant à leur domicile.

On ne saurait mieux démontrer à quel point la situation de l'école et de la formation indiffère Ennahdha. L'organisation n'affiche pas d'hostilité envers l'école, dans un pays qui demeure très attaché à l'institution scolaire. Mais sa politique – pourtant coûteuse du fait des recrutements d'opportunité – n'a eu pour effet que de faire régresser la formation et la scolarisation des jeunes Tunisiens, ce qui obère l'avenir d'un pays dont le principal capital se situe dans la formation de sa jeunesse. En poussant le raisonnement à l'extrême, on pourrait se dire que la masse sous-éduquée constituée par ces jeunes Tunisiens décrocheurs, maintenue à un niveau infrapolitique, constitue un vivier dont certains aventuriers et adeptes du coup de force peuvent être tentés de s'emparer en cas de besoin. Cela a déjà été observé lors de manifestations internes, ou lors d'opérations de guérilla ou en vue des migrations.

Couper le lien entre la nation, son histoire et son patrimoine

Lorsque François-René de Chateaubriand, de retour de Jérusalem, découvre en janvier 1807 le port de Carthage, proche de la ville de Tunis, l'antique cité romaine finit d'être la carrière de pierre et de marbre taillé qu'elle ne cessa d'être depuis le Moyen Âge. De toute la Méditerranée, on afflue pour acheter ses ruines à vil prix, du moins celles que les Tunisiens n'ont pas saisies pour bâtir Tunis, ses palais, ses murailles et ses mosquées. Pourtant, dans la conscience des habitants de la régence ottomane, dans leur histoire, nul souvenir de ce passé impérial antique et glorieux. La Tunisie est islamique. Passage obligé, elle a ouvert la porte de l'Ifriqiya aux Arabes, qui l'ont rebaptisée Maghreb. Pour Chateaubriand, à l'inverse, pétri d'humanités classiques, c'est Carthage dont il foule le sol. Il est certain d'avoir identifié le célèbre port militaire de la cité qui fit trembler Rome. Il fallut plus d'un siècle aux savants pour authentifier sa découverte.

Depuis le milieu du XIXe siècle, l'Europe exporte ses savants, ses archéologues et ses historiens, auxiliaires de son impérialisme politique et militaire. L'archéologie antique précède, accompagne et excède la période coloniale. Outre la passion de l'époque pour les Antiquités, la France exhume l'histoire doublement glorieuse de Carthage pour justifier son projet colonial : celle de la cité punique, jusqu'à sa destruction en 146 par les Romains victorieux, puis la cité romaine, devenue, au début de notre ère, la deuxième plus puissante ville de l'Empire romain. L'armée française, l'université, la République et l'Église catholique ont surinvesti ce lieu symbolique associé à leurs actions.

Bourguiba et les nationalistes tunisiens, humanistes formés à l'école de la République française – contre laquelle ils ont retourné ses armes politiques – ont compris tout l'intérêt politique de cette histoire. La petite Tunisie, sise au cœur de la Méditerranée, à quelques dizaines de kilomètres des côtes italiennes, est l'héritière d'une histoire grandiose, presque trimillénaire. Nul hasard si Bourguiba, après avoir contraint les Français à l'indépendance de son pays en 1956 et liquidé la monarchie beylicale en 1957, fait édifier par l'architecte tunisien Olivier-Clément Cacoub son palais présidentiel à Carthage, au bord de la Méditerranée ; la ville est devenue, depuis les années 1960, le centre de la vie politique nationale tunisienne. Être invité à Carthage produit toujours son effet chez les hommes d'État européens. Même le président Marzouki, devenu proche des islamistes, a apprécié la puissance symbolique de l'endroit. Est-ce à dire qu'Ennahdha et les Frères musulmans tunisiens ont intégré cette logique politique ?

La légitimation des États arabes par l'histoire antique est devenue la norme dans la plupart d'entre eux : la vallée du Nil et les pharaons, Ur et Babylone en Irak, Palmyre en Syrie, Byblos et les Phéniciens au Liban, Leptis Magna et Cyrène en Libye, presque aucun pays n'échappe à cette récupération historique qui ancre les États-nations arabes dans une culture multimillénaire. Même les Palestiniens ont pu exister grâce à leur antique dénomination. En Égypte, on préfère se dire égyptien qu'arabe, ce qui est loin d'être l'exception. Par contraste, cet héritage à la fois antique, colonial, culturel et politique heurte la représentation commune des Frères musulmans et des salafistes. Ceux-ci n'ont aucune considération pour la Jahiliyya, ces temps préislamiques qui leur font horreur. On se souvient du traitement des bouddhas de Bamiyan par les talibans en 2001, ou du saccage de Palmyre par l'État islamique en 2015, ce qui dit en quelle estime les salafistes tiennent la Jahiliyya. Pour eux, la figure coranique de Pharaon est répulsive, et les époques comme les sociétés ignorant l'islam sont synonymes de barbarie, de polythéisme, d'extrême violence et de néant.

Marc Bloch a pu écrire, dans *Apologie pour l'histoire*[30], que le christianisme était « une religion d'historiens », notamment parce que l'incarnation et la révélation chrétiennes s'opèrent dans le temps historique. Les chrétiens n'ont pas réinventé l'histoire à la suite des Grecs, mais l'histoire de la Révélation, du Salut, de l'Église ou des civilisations est une préoccupation permanente des clercs et des intellectuels chrétiens. Rien de tel dans le Coran ni dans la tradition islamique. Sans faire de la théologie, rappelons qu'à l'inverse de la Bible le Coran n'est pas ordonné chronologiquement, mais par taille d'importance des sourates (de la plus courte à la plus longue). La chronologie biblique s'y est évaporée. Le temps historique n'a pas de consistance en tant que tel, et pour les islamistes en particulier, la seule césure est celle de la Révélation, qui est surgissement du Verbe de Dieu sur terre : il y a l'avant-Hégire, et l'après ; il y a les convertis et les non-convertis. Il n'est donc pas étonnant que Jacqueline Chebbi, la grande universitaire spécialiste du Coran, dans la longue interview qu'elle accordera au numéro de *Charlie Hebdo* du 7 septembre 2022, s'exclame : « Il est temps que les musulmans fassent de l'histoire ! »

Bien sûr, sous le coup de la mondialisation et des progrès de l'enseignement, mais aussi des doctrines politiques comme le marxisme, qui fut une philosophie de l'histoire, le temps historique est réhabilité pour la plupart des musulmans ainsi que nous venons de l'évoquer pour Carthage ou Memphis. Mais dans l'univers mental et conceptuel des Frères musulmans, il n'en est rien. Seules comptent les catégories morales du licite et de l'illicite, de la vertu et du mal, de la soumission ou de l'apostasie… Pour Qotb, tout ce qui n'est pas islamique est *jahil*, c'est-à-dire préislamique. Et le *jahil* ne cesse d'être présent de nos jours !

Comment se sont dès lors comportés les islamistes tunisiens d'Ennahdha, lorsqu'ils ont dirigé dix ans durant un pays qui a bâti sa légitimité et son identité politiques sur la revivification de l'héritage carthaginois au cœur de la Méditerranée ? Un pays qui, depuis l'indépendance, s'est doté – non sans continuité avec l'époque coloniale – d'un groupe d'archéologues et de savants certes étroit, mais très performant, mais aussi d'institutions de soutien et de promotion de la recherche et de l'archéologie, et de sauvegarde du patrimoine. L'Institut national du patrimoine (INP) est le principal établissement sous tutelle du ministère de la Culture, même si les crédits affectés sont loin d'être à la hauteur des besoins, au regard du patrimoine considérable de ce pays – trente mille sites recensés, dont plusieurs d'intérêt mondial. Ajoutons qu'avant les crises en cours, le tourisme accaparait un tiers de l'emploi national, avec une composante culturelle fortement valorisée dans tout le pays.

Or le ministère de la Culture apparaît au vingt et unième rang protocolaire du gouvernement Jebali. Ce ministère a vu se succéder en dix ans dix ministres de la Culture, ce qui interdit toute action d'envergure, et aucun d'entre eux n'était membre d'Ennahdha. Ainsi que l'a affirmé Chokri Belaïd la veille de son assassinat :

> Comme Ben Ali, ces gens-là se caractérisent par le mépris qu'ils portent à l'intelligence tunisienne. Ils détestent l'intelligence. Ils lui préfèrent la diffusion de l'ignorance. [...] le 14 janvier 2011 était un appel à la liberté et à la dignité. On ne peut pas parler de liberté s'il n'y a pas une valeur centrale qui la soutient. Cette valeur de fond, c'est notre diversité basée sur la liberté de penser, d'expression, de croyance, de conscience, d'accès à l'information, de la recherche académique, de la création artistique. Aucun juge au monde n'est habilité à juger une œuvre, ce type de jugement est du ressort des critiques littéraires, cinématographiques... non des tribunaux. Pour exercer leur contrôle sur la société, ces gens-là veulent légitimer la *hesba*, à savoir la commanderie du bien et la prohibition du mal (sorte d'Inquisition). Ils veulent remettre en cause la justice séculière, vieille de plus d'un siècle, de l'État tunisien.

De ce point de vue, le désintérêt manifesté pour la culture est encore supérieur à celui réservé à l'éducation. Sur la décennie, le budget de la culture est en nette décroissance, et sa part réservée au patrimoine est congrue.

La composante patrimoniale du ministère a subi plusieurs chocs traumatiques. Depuis des décennies, l'Institut national du patrimoine (INP) qui recense, entretient, fouille et sécurise les sites avait accumulé une réserve budgétaire conséquente pour assurer ses missions sans dépendre de la conjoncture. Mais, sous le gouvernement de la Troïka, l'INP a dû embaucher à son tour des milliers de nouveaux titulaires au début de la décennie, ce qui a asséché cette réserve et a, par la suite, absorbé la quasi-totalité de ses crédits annuels, de sorte qu'il ne peut plus fouiller ni investir. Plusieurs milliers de fonctionnaires en titre restant en outre à leur domicile faute de sanction et d'autorité – voire de simple compétence –, de nombreux sites ont dû fermer par manque de personnel. Aucune compensation n'a pu être trouvée du côté de l'Agence de mise en valeur du patrimoine puisque l'effondrement du tourisme – pour cause de crise, d'attentats et de Covid – a asséché ses revenus, de sorte qu'elle a dû fermer les établissements les uns après les autres.

Sur quarante musées, cinq au moins sont fermés à la fin de la décennie, dont les trois de la médina de Tunis – depuis des années –, le musée de Carthage – un des plus riches et emblématiques –, qui est en attente de rénovation, ainsi que le Musée beylical (Ksar Saïd). Ils comptent parmi les principaux du pays. La proportion est inconnue quant aux mille deux cents sites ouverts, mais nombre d'entre eux, faute de personnel ou d'entretien, sont fermés – ainsi l'emblématique cathédrale désaffectée de Carthage fermée en 2021, qui n'avait peut-être pas l'heur de plaire à Ennahdha. Face à cette situation de détresse, il eût été possible de faire appel à des financements étrangers ou privés pour la rénovation et les fouilles, mais l'acceptation des dossiers tourne souvent à la foire d'empoigne : c'est le cas pour la rénovation du musée de Carthage, en dépit des crédits européens de 7 millions d'euros en attente, comme pour la mise en exploitation de Ksar Saïd, dont la gestion privée a été écartée.

Seuls les crédits saoudiens ont finalement trouvé à s'investir rapidement dans la rénovation de deux sites islamiques majeurs du pays : la grande mosquée Oqba de Kairouan, essentielle pour les Frères, et la mosquée de la Zitouna à Tunis (pour un montant cumulé de 20 millions de dollars).

Désintérêt manifeste, captation des richesses, sous-investissement, stagnation et baisse budgétaire, paralysie administrative, rotation des responsables, dégradation de l'environnement des sites les plus prestigieux (y compris le périmètre Unesco de Carthage, l'organisation internationale menaçant de retirer son label), la liste est longue des indices qui finissent par dévoiler une politique patrimoniale. Mélange de désintérêt et de petits gestes hostiles (comme l'absence d'intervention – voire la destruction – de sites sauvegardés), il se dessine que les héritages culturels qui ont fondé la politique patrimoniale du pays depuis l'indépendance ont subi une pression qui sera parfois irréversible. La dégradation, faute d'entretien et de sauvegarde, de sites aussi exceptionnels que les villas romaines enterrées de Bulla Regia, peut s'avérer très rapidement irréversible, fût-ce même pour un patrimoine mondial et unique. Mais ce n'est qu'un exemple parmi d'autres, la plupart du parc archéologique tunisien étant à l'arrêt, au point qu'aucune campagne de fouilles archéologiques internationale et nationale conséquente n'a eu lieu depuis plus de dix ans.

CHAPITRE 7

Des néolibéraux et des rentes

Les observateurs politiques ont questionné la vacuité des programmes socio-économiques des Frères musulmans présentés lors de leurs campagnes électorales, alors même que les classes populaires sont leur cible. Force est de constater que les questions économiques les indiffèrent. Dans ce domaine, seules deux préoccupations principales les animent, censées remédier aux inégalités et aux maux de la société : la lutte contre la corruption, dont nul ne nie la réalité invasive ; et la moralité des acteurs, dont la qualité revendiquée est l'honnêteté, au sens de la morale islamique. Les Frères parlent peu d'économie, au sens de l'économisme qui s'est répandu depuis 1945 dans le monde moderne : déséquilibres structurels et territoriaux, industrialisation, équilibres financiers, lutte contre l'inflation, etc., n'entrent pas dans leurs discours. Le respect de la religion serait la martingale de la bonne santé de l'économie.

Est-ce à dire, dans un monde très ouvert et financiarisé – notamment grâce aux flux de capitaux issus du Moyen-Orient –, que les Frères sont étrangers aux idéologies dominantes du marché et du libre-échange ? Si l'économie nationale désintéresse ces internationalistes, cela n'est pas sans graves conséquences, comme l'illustre la Tunisie. Mais quelle est leur position face à l'idéologie du marché, au libéralisme économique, à la financiarisation des économies et au capitalisme international ? Si les Frères sont des libéraux antiétatiques, ils savent utiliser à leur profit les ressorts de l'économie internationale et de la mondialisation des échanges.

La lutte rapidement oubliée contre la corruption

Dans l'ordre des politiques publiques, la lutte contre la corruption était la revendication la plus ancienne, la plus constante et la plus populaire des Frères musulmans. Dans des pays où celle-ci est souvent érigée en moyen de gouvernement des hommes et de l'économie, le slogan faisait mouche auprès des peuples arabes, qui ont longtemps reconnu aux Frères pour principales qualités présumées la probité et le désintéressement. Si en Égypte, par-delà les slogans, il a été malaisé en peu de temps de tenter une véritable politique économique et de lutte contre la corruption, en Tunisie, dix ans de domination parlementaire et gouvernementale ont-ils abouti à la réduction – voire à l'éradication – de la corruption ? La chose est à tout le moins douteuse.

Dans un document de travail politique inhabituellement transparent, *Ça reste dans la famille. Capture de l'État en Tunisie*, publié en 2014, la Banque mondiale a dû faire amende honorable. Après la révolution, l'idée que le chemin vers une croissance plus forte et la création d'emplois serait facile une fois la corruption du clan Ben Ali éradiquée avait été encouragée par les chefs de gouvernement successifs, qui savaient pourtant que c'était faux[1].

Tout avait pourtant bien commencé en 2011 : le clan Ben Ali et ses affairistes étaient unanimement condamnés par l'opinion dans ce pays autrefois socialiste et égalitariste. Mais après trois ans de chasse officielle aux affairistes de l'ancien régime et de tentatives de « récupération des biens indus », rien de probant n'était acquis. Sous la Troïka, la priorité était le *tamkin* constitutionnel. Mais après les élections de 2014 et l'alliance d'Ennahdha avec le parti présidentiel

Nidaa Tounes de Béji Caïd Essebsi, Ennahdha en profita pour approfondir son articulation avec les couches sociales, économiques et administratives liées au régime de Ben Ali. Celles-ci continuaient en effet de dominer le monde de l'économie et des affaires : anciens notables du RCD (l'ancien parti de Ben Ali), agents gradés des douanes, du ministère de l'Intérieur, hommes d'affaires, transitaires.

Si la rencontre de Paris du 14 août 2013 entre les « Vieux », Rached Ghannouchi et Béji Caïd Essebsi, dans un palace de la rue du Faubourg-Saint-Honoré, a permis de résoudre la crise politique née de l'assassinat de Mohamed Brahmi, elle a aussi amorcé la rencontre entre les hommes d'affaires de l'ancien régime et les dirigeants d'Ennahdha. C'est par sa fin que s'explique *a posteriori* la séquence 2011-2013.

Pierre Puchot[2] a observé la manière dont le mouvement Ennahdha a cherché à faire alliance avec les hommes d'affaires de la période de Ben Ali, puis comment il a peu à peu intégré les « habits » du défunt RCD. En Égypte, c'est par l'association des hommes d'affaires Ibda, créée par le Frère musulman Hassan Malek[3], que la jonction avec les hommes d'affaires de Moubarak a été tentée. Ils n'ont pas eu le temps de la conclure, contrairement à la Tunisie.

Après avoir milité pour exclure les cadres de l'ancien régime du processus électoral, *via* l'article 167 de la loi électorale d'avril 2014, la direction du parti islamiste a décidé, contre l'avis de ses propres députés, du contraire. L'article 167 du projet de loi électorale interdisant aux ex-RCDistes de se porter candidats aux prochaines élections a été recalé d'une voix (108 voix sur les 109 requises pour la majorité absolue). Une ancienne élue sur les listes d'Ennahdha, Fattoum Attia, remarque que la direction du parti évita de traiter le dossier de la corruption, alors que ce thème avait été son mantra oppositionnel et électoral depuis des années. Après le soulèvement de 2011, plus de cent quarante hommes d'affaires présumés corrompus ont été interdits de sortir de Tunisie pour éviter une évasion accrue de capitaux et entamer des procédures de recouvrement. Cette disposition était très populaire dans le pays. Or, en 2013, après deux ans de gouvernement d'Ennahdha, trente seulement demeuraient interdits. Personne ne sait comment cette liste a décru de la sorte, pas plus les citoyens que les parlementaires, déclara Fattoum Attia.

L'épouse de Mohamed Abou, ministre chargé de la Réforme administrative dans le gouvernement Hamadi Jebali, déclara à Pierre Puchot que son mari avait tenté de réformer quand il était au gouvernement. Mais en vain. Il n'obtint jamais les dossiers relatifs à la corruption des hommes d'affaires. L'alliance avec Nidaa Tounes en 2014 fut l'occasion d'une jonction manifestement attendue entre Ennahdha et ces milieux d'affaires[4]. Ainsi, en moins de trois ans, les relations entre les deux groupes sont passées de la dénonciation à la collusion, puis à l'alliance.

Ainsi que le note avec stupeur la Banque mondiale dans son rapport de 2014 :

> Ennahdha et ses pairs au sein de l'organisation plus large des Frères musulmans [...] ne se sont pas intéressés aux réformes devant répondre aux défis d'une économie moderne. Le parti s'est volontairement inséré dans les schémas existants de capture de l'État après son arrivée au pouvoir en 2012, et a préféré provoquer des guerres culturelles et remettre en question le statut des femmes [...] que d'aborder les questions économiques. Ses détracteurs diront que pour Ennahdha, une économie informelle en plein essor où les opérateurs ne paient pas d'impôts était une bénédiction, car elle permettait de couvrir les sources de financement obscures du parti[5].

Avant d'en venir à cette question capitale de l'économie informelle, il faut souligner le rapport décomplexé que les Frères entretiennent avec le libéralisme économique, mais aussi les conséquences dramatiques de leur non-politique économique sur la situation de la Tunisie.

Les conflits internes aux élites de Nidaa Tounes – vainqueur en 2014 des présidentielles et des législatives – ont également eu pour but de s'approprier des parts du « butin » politique, économique et financier déversé depuis la révolution de 2011 par les pays du Moyen-Orient et l'aide internationale. De l'avis des observateurs et de nombreux témoins, l'axe Arabie saoudite-Émirats arabes unis a soutenu financièrement Nidaa Tounes dès sa création en 2012 ; tandis que l'axe Qatar-Turquie a manœuvré en faveur du parti Ennahdha.

La direction d'Ennahdha a su utiliser les divisions à la tête du parti Nidaa Tounes et chez ses alliés par un jeu subtil d'achats et de chantages, dans lequel elle excelle. Les plus fidèles ont reçu des concessions sur des monopoles d'importation de produits turcs et sur des chaînes de distribution en Tunisie. Cette politique de prébendes a aussi permis de se faire des alliés. C'est ainsi que le fils de Caïd Essebsi rencontrera, en août 2015, en Turquie, le président Recep Tayyip Erdogan[6]. Cette stratégie est dénommée par les Frères musulmans le *tawlif al-Qouloub* ou la « conquête des cœurs », telle qu'explicitée par leur littérature – qui n'est pas sans évoquer ce que certains coloniaux qualifiaient de « politique du sourire » (ou « des égards » selon Lyautey).

Cette politique est rendue possible par la circulation d'argent frais dont il faut disposer pour le distribuer à ses obligés. Ennahdha, comme les Frères égyptiens, a toujours pu compter sur ses fidèles soutiens féristes du Golfe, en premier le Qatar, même si l'observateur est réduit à des conjectures, faute de comptabilité de cet argent invisibilisé. Toutefois, à force d'observations et de recoupements, il arrive que ces financements étrangers se dévoilent. Mustapha El Haddad écrit en 2021 :

> Le Qatar est actuellement l'un des plus importants bailleurs de fonds de la Tunisie. Des fonds spécifiques importants ont été de plus affectés à des associations « caritatives ». Dès 2012, certains médias alertent l'opinion publique et les autorités, alors que le parti islamiste au pouvoir se félicite et remercie le Qatar pour son aide à la « révolution tunisienne ». Les autorités ne réagissent qu'après les terribles attentats de 2015, mais de manière sporadique. Pourtant, la majorité de ces

associations sont en infraction avec la réglementation en vigueur en matière de déclaration des transferts importants et de leur utilisation. Selon Mustapha Kamel Nabli, ancien gouverneur de la Banque centrale de Tunisie (BCT), des mouvements de fonds suspects en provenance de certaines associations avaient été identifiés depuis 2013. En 2014, des actions en justice ont été engagées à l'encontre de 157 associations soupçonnées d'avoir des liens avec le terrorisme djihadiste[7].

Cette vision décomplexée nous dit plusieurs choses de la conception économique des Frères musulmans : non pas la vision qu'ils affichent (lutte contre la corruption, prohibition des taux d'intérêt, promotion de l'aumône pour les pauvres, circuits halal, finance islamique, etc.), mais leur utilitarisme. En tant que pourfendeurs de l'État-nation, les Frères, en toute logique, n'ont pas développé de conception d'une politique économique nationale : ni patriotisme économique ni État-nation protecteur. Leur vision de l'économie est à la fois néolibérale, internationaliste et utilitariste. Pour eux, le financement économique par l'extérieur n'est pas une opportunité pour nourrir la croissance (par attractivité des investissements étrangers, etc.), mais le moyen de détourner à leur profit, et au profit de leur projet politique, des capitaux amis (arabes, islamiques ou turcs) ou des financements internationaux sans contrepartie. C'est parce qu'ils se sont rendu compte qu'ils finançaient un tonneau des Danaïdes en aidant la Tunisie que les partenaires occidentaux, surtout le FMI, ont fini par tarir le flux des aides en attendant des promesses signées aux contreparties financières. Faute de signature et du fait de l'aggravation de la crise économique, et de la menace de banqueroute en 2021, les bailleurs internationaux n'ont pas beaucoup pleuré le départ d'Ennahdha.

Pour que l'on comprenne bien à quel point la pensée religieuse et utilitariste des Frères prend à rebours la pensée économique nationale telle qu'elle s'est imposée dans les pays décolonisés libéraux ou étatistes dès les années 1960, deux exemples proprement

« antinationaux » sont significatifs. Il faut au préalable rappeler que la Tunisie comme l'Égypte et le Maroc ont été placés sous protectorat colonial suite à leur étranglement financier. C'est parce que ces États étaient en situation de banqueroute vis-à-vis de leur créancier privé (français ou britannique) que Londres et Paris ont pu leur imposer un contrat léonin sans coup férir. Dès lors, la reconquête de l'indépendance politique, pour les nationalistes, était intrinsèquement liée à la reconquête de l'autonomie financière et à sa sauvegarde. L'étatisme et le socialisme d'État en ont été le moyen : en Égypte, le canal de Suez – qui avait précipité la faillite égyptienne – a été nationalisé en 1956 par Nasser dans une véritable fièvre nationaliste – d'ailleurs punie par une guerre franco-israélo-britannique de rétorsion. De même, en Tunisie, Bourguiba nationalise en 1961 les biens des coloniaux et les terres tribales dans le cadre d'un socialisme d'État.

Pour les Frères du début du XXIe siècle, tout cela est sans importance. À tel point que, en 2012, les Frères musulmans égyptiens ont discuté avec le Qatar pour leur concéder des positions sur le canal de Suez, moyennant des subsides énormes, ce qui a créé un tollé à la mesure de cette exceptionnelle maladresse[8]. De même, en Tunisie, des discussions entre la direction d'Ennahdha, le Qatar et la Turquie pour préparer une loi sur les investissements et l'installation du Qatar Fund for Development ont eu un effet similaire[9]. Plutôt que d'investir dans les industries pétrolières, gazières et du phosphate tombées progressivement en paralysie au cours de la décennie (faute d'entretien, pour cause de grèves, de résistances des populations locales réclamant leur dû, etc.), cessant d'alimenter le budget et les ressources nationales, les dirigeants du pays préférèrent, à l'instar des néolibéraux européens, négocier des contrats de financement avec des créanciers étrangers. Cela n'a pas peu contribué à la réputation exécrable des Frères, perçus comme les fourriers d'intérêts étrangers peu considérés en Afrique du Nord.

Mais pour les Frères musulmans, le néolibéralisme n'est pas une idéologie. C'est un outil auquel on n'accorde aucun autre crédit que son utilité. Ainsi, loin des professions de foi libérales, les Frères sont aussi adeptes de la rente, de l'économie de prédation, de l'économie informelle, des monopoles d'import-export, du népotisme ou des concessions, pour peu qu'elles servent leurs intérêts matériels et politiques. Ennahdha n'a pas touché aux rentes de situation, ainsi que le souligne Francis Ghilès, mais l'organisation a mis ses pieds dans le système en place et l'a étendu à ses clients et obligés :

> La capture de l'État est une caractéristique des régimes autocratiques partout dans le monde. Cette dynamique permet d'expliquer pourquoi tant de jeunes Tunisiens instruits, mais qui ne sont pas issus de groupes familiaux bien établis, décident de quitter le pays. La captation, la collusion, l'exclusion, le traitement discrétionnaire et les pratiques anticoncurrentielles sur le marché ont façonné la politique pendant des décennies. Comment se fait-il qu'une famille donnée détienne le droit exclusif d'importer des Volvo ou des Renault ? [...] La révolte de 2011 n'a pas donné lieu à une révolution politique. Le clan Ben Ali au pouvoir a été sacrifié mais l'État profond, la collusion entre les principaux acteurs économiques et la bureaucratie sont restés inchangés [...]. L'augmentation considérable du nombre de personnes employées dans la fonction publique et les organismes parapublics a renforcé le pouvoir d'une bureaucratie dominante qui accumule les échelons d'incompétence. La vie des fonctionnaires honnêtes est devenue de plus en plus difficile et la petite corruption s'est répandue comme une gangrène[10].

Ennahdha n'a pas nettoyé les écuries de la corruption et des prébendes, mais les a réorganisées en partie à son profit. Une technique courante a été la distribution massive de prêts à la consommation (81 milliards de dinars d'encours en 2017, dont 27 % aux particuliers et 72 % aux sociétés, avec pour effet 15 % de créances douteuses pointées par Moody's en 2018[11]). Des prêts non consolidés qui se transforment en créances douteuses, cela n'arrange pas l'édifice économique général.

L'indifférence à la situation de l'économie nationale

Les conséquences de cette non-politique économique nationale sont un lent mais véritable effondrement de l'économie tunisienne, dont les conséquences ont été d'abord rendues assez indolores par l'endettement, l'accroissement des déficits, la montée en puissance des financements étrangers et la progression de l'économie informelle. Mais une fois les ratios d'endettement et de crédibilité atteints – quand l'endettement du pays approcha 100 % du PIB, les créditeurs ont cessé leurs prêts –, la Tunisie a *tangenté* avec la banqueroute. La Banque centrale de Tunisie déclare dans un communiqué d'octobre 2021 : « Le risque de faillite du pays est bel et bien présent ! »

Quelle que soit l'impéritie économique du président Kaïs Saïed depuis son élection en 2019, il convient de remettre en perspective l'évolution économique du pays entre 2011 et 2021. Elle est dangereuse et inquiétante. Sans caricaturer, tous les indicateurs sont passés au rouge, au point de nuire gravement au niveau de vie des Tunisiens, des plus pauvres en particulier, soumis à un véritable régime de privations et de pénuries : une punition collective. La modeste chute du taux relatif de pauvreté et la légère amélioration de l'indice Gini, qui mesure les inégalités, ne sont dues qu'à un appauvrissement général de la population qui, relativement, rend les pauvres moins pauvres. Le PIB par habitant en dollars courants est passé de 4 257 dollars en 2011 à 3 323 dollars en 2020 : cette chute d'un quart est en partie due à la dépréciation de la monnaie nationale, qui s'est dévaluée de moitié en dix ans. La chute est plus vive encore pour les fonctionnaires et la classe moyenne. Certes, ce que les Tunisiens, notamment les plus pauvres, peuvent acheter en denrées ou matériels a davantage stagné que régressé : cela tient à la substitution par des produits importés frauduleusement et à la substitution de produits locaux aux produits importés en devises. Cela n'est pourtant guère vertueux, car l'avenir est entaché : les machines, les véhicules et les biens les plus technologiques sont davantage frappés ; or leur non-importation pénalise l'investissement, la modernisation et le remplacement des matériels indispensables à la croissance de demain.

On ne saurait en quelques lignes énumérer les agrégats économiques, car tous sont désastreux pour un pays en paix. Certes, la conjoncture n'a pas aidé : aux grèves de la liberté des débuts de la démocratie sont venus s'ajouter le terrorisme, la fermeture des frontières, le Covid, la chute du tourisme international et la hausse du prix de l'énergie. Mais si la Tunisie n'avait pas arrêté de produire du pétrole, du gaz et du phosphate par pure négligence de l'État, si elle avait davantage investi pour son capital productif, elle n'en serait pas là. Les autorités se sont montrées inefficaces et indifférentes à cette situation qui a fini par étrangler la démocratie. Si l'objectif – conscient ou inconscient ? – était de saper les bases du pays et de ses acquis, il est atteint. En témoigne la pression migratoire constante des jeunes Tunisiens en direction de l'Europe, que la police et les autorités doivent contenir autant que faire se peut. Même l'avenir est obéré dans ces conditions. Francis Ghilès souligne que « les salaires des fonctionnaires représentent désormais 17,8 % du PIB [et 60 % du budget de l'État]. Les investissements dans l'éducation, la santé et les infrastructures ont disparu[12] ».

Cette chute s'est accélérée après 2015 du fait de l'effondrement du tourisme faisant suite aux attentats, en attendant sa mise à l'arrêt complète au temps du Covid (2020-2021). Or le tourisme employait un actif tunisien sur trois, et cette chute n'a été compensée ni par une politique agricole – bien au contraire – ni par une politique industrielle, le pays ayant perdu des dizaines de milliers d'emplois dans ce secteur. Seul l'emploi public a explosé au début de la décennie, pour des raisons politiques déjà évoquées, à en asphyxier les finances publiques.

Faut-il ajouter que le déficit commercial tunisien a plongé, que l'inflation a fini par rattraper le pays (7,3 % en 2017 et 6,7 % en 2019), que l'investissement en capital fixe et en devises a été plus que divisé par deux, que le déficit budgétaire n'a cessé de croître (10 % en 2020), que la dette publique a triplé et que le chômage culmine, en particulier chez les jeunes et les diplômés (30 %) ? Dans ce sombre tableau, un seul agrégat est positif, la vive croissance de l'économie informelle… Pourquoi ?

Charité bien ordonnée… Légalisation de l'informel et compensations

« Après la révolution de 2011, la Tunisie a vu la part du secteur informel passer de 30 % à 53 % du PIB », relève un rapport[13]. Hors secteur agricole, il représenterait 455 600 entreprises employant 718 250 actifs, soit près du quart de l'emploi total non agricole*, en très grande majorité dans le commerce et les services. À ce niveau et à cette vitesse de transfert d'activités, la conversion de milliards d'euros du secteur formel et imposable vers l'informel – qui va des activités de misère au grand trafic international de type mafieux – n'est pas due à la seule initiative de Tunisiens appauvris. Il révèle une politique d'État qui, à défaut d'être formalisée dans des projets économiques, traduit une volonté d'arracher l'économie à son cadre légal et étatique. Détruire l'État-nation passe aussi par le découplage entre les activités économiques et le cadre national. Cela renvoie aux options néolibérales et concurrentielles des chefs d'Ennahdha, sans oublier une volonté d'enrichissement personnel.

L'étroite connivence qui lie les parlementaires d'Ennahdha et leurs alliés au milieu des affaires est devenue plus visible après les législatives de 2019. Ennahdha s'est alliée à Qalb Tounes et à

* Le ratio de 1,5 actif par unité économique qu'on observe pour le secteur informel enregistré correspond à un ratio habituel pour le secteur informel au plan international.

El Karama, l'aile salafiste issue de ses rangs. Pourtant, elle qualifiait Qalb Tounes, alors dirigé par un riche milliardaire, de parti corrompu, et elle ne cessa de le dénigrer durant la campagne en « jurant de ne jamais s'allier à lui ». Des rumeurs disent même qu'Ennahdha serait derrière l'arrestation en 2019 de son chef, Nabil Karoui, en pleines élections présidentielles dont il était un des favoris, pour des soupçons de corruption et de malversations financières*. En réalité, Nabil Karoui concurrençait Ennahdha sur son propre terrain du clientélisme électoral. Son parti, *via* l'association Khalil Tounes, faisait de la distribution de biens à grande échelle, médiatisée par sa chaîne de télévision très populaire : Nessma TV.

Le troisième constituant de cette coalition est le parti Al-Karama, connu pour ses accointances salafistes et ses relations avec les milieux mafieux et contrebandiers du Sud, dont son chef est originaire. Cette région fournit, pour des raisons historiques liées à sa relégation par Tunis, les gros bataillons électoraux de migrants, et surtout des voix islamistes. Son chef est Seifeddine (« Épée de l'islam ») Makhlouf, député originaire de Tataouine (ville symbole de la relégation), élu d'un quartier populaire de Tunis. À lire et à écouter ses slogans de défi face à l'État, à la capitale et à ses élites, on perçoit une cohérence : « Nous n'avons pas besoin de l'État » ; « Tataouine, pays du bonheur » ; « Les gens sont heureux parce qu'il n'y a pas d'État ».

Makhlouf a proposé une loi sur l'audiovisuel qui réclamait une libéralisation totale du secteur, mais elle n'est pas passée. Puis la connivence libérale entre Ennahdha et Al-Karama s'est exprimée lors du vote de la loi relative à « la relance économique et la régularisation des infractions de change », le mardi 13 juillet 2021, dans un local annexe au palais du Bardo. Votée, elle n'a pas été promulguée par suite du coup d'État du 25 juin 2021. Mais son contenu est intéressant : alors que les taxes sur l'industrie s'élèvent à 30 % en Tunisie, elle visait à permettre le rapatriement annuel moyennant

---

* Nabil Karoui a passé la campagne électorale des présidentielles en prison. Il a été largement battu par Kaïs Saïed, qui a reçu le soutien des islamistes.

une taxe légale et unique de 10 % de l'argent de la contrebande et des évadés fiscaux. Cette loi devait servir les contrebandiers qui ont instauré leur ordre économique dans le Sud, au carrefour des frontières libyennes et algériennes.

Le rapport Ben Zakour, précédemment cité[14], estime la fraude douanière annuelle dans la région frontalière de la Libye à 1 milliard de dinars depuis 2011. Trente barons y dirigeraient un système complexe de grossistes et de détaillants qui inondent le pays et corrompent les forces de l'ordre censées les arrêter. Ce facteur de désintégration de l'État et de la probité des fonctionnaires est aussi destructeur pour l'industrie nationale.

> Sur la zone frontalière de Ben Guerdane, entre 25 000 et 30 000 personnes vivent de ce commerce. En moyenne, chaque grossiste a un capital qui tourne autour de 300 000 dinars, donc les 60 grossistes disposent d'un capital d'environ 18 millions de dinars. Environ 300 000 litres de carburant sont introduits chaque jour de la Libye vers la Tunisie, soit 110 millions de litres par an. [...] Le chiffre d'affaires annuel des transactions commerciales dans la zone de Ras Jedir Ben Guerdane est estimé à 1 100 millions de dinars.
> Des estimations chiffrées faites par Joussour* évaluent le chiffre d'affaires total du commerce de la contrebande à 6,5 milliards de dinars, soit 15 à 20 % des flux de marchandises distribuées par le commerce intérieur. Les revenus annuels générés par la contrebande et les importations illégales sont de l'ordre de 2 milliards de dinars.

Selon le rapport de l'ITES, intitulé *Énergie 2025*, daté d'octobre 2016, la Banque mondiale a estimé le volume des importations illégales de carburants à partir de l'Algérie à 920 000 mètres cubes par an. L'association des économistes a estimé de son côté les importations frauduleuses de carburants à partir de la Libye à 300 000 litres par jour. Ces dernières années, la contrebande a

* Joussour est un cercle de réflexion économique ; il étudie notamment les aspects économiques de l'informel et de la contrebande.

fourni un quart de la consommation nationale de carburants, soit environ 900 000 tonnes, correspondant à 1,07 million de mètres cubes par an.

L'ONG I Watch* a demandé au président de la République de ne pas promulguer la loi sur la relance économique et la régularisation des infractions de change proposée par Ennahdha et Al-Karama le mardi 13 juillet 2021 en raison des avantages qu'elle risquait de donner aux contrebandiers, et de ses effets néfastes sur les finances du pays. La banque centrale a signalé qu'elle pourrait entraîner une baisse significative des recettes[15], aggravant une situation financière désastreuse, outre le risque d'inscription de la Tunisie sur la liste des paradis fiscaux. Enfin, pour la banque centrale, cette loi « comporte des mesures qui entravent la conduite de la politique monétaire, certains engagements internationaux de la Tunisie et la capacité du pays à continuer à mobiliser des financements extérieurs nécessaires ».

Sur ces fondements, on peut arguer d'une relation entre islam politique en action, contrebande et désagrégation de l'État et de son économie. Avec un quart des carburants consommés en Tunisie venant en contrebande de l'étranger, les trafiquants ruinent à la fois l'industrie nationale et l'État, tout en constituant des fortunes privées que la corruption de fonctionnaires permettra de blanchir : en dix ans, non seulement Ennahdha n'a rien fait pour lutter contre ces trafics – ni à l'Intérieur ni au Parlement –, mais ils ont explosé. Or l'État perd sur tous les tableaux. « Selon le gouverneur de la banque centrale, en 2018, les liquidités qui ne transitent pas par le circuit bancaire varient entre 3 et 4 milliards de dinars[16]. »

Mais les effets sont tout aussi ravageurs sur l'emploi et l'industrie : « En 2010, la zone industrielle de Sfax comptait quarante-deux mille ouvriers dans le secteur des chaussures, en 2016 il n'y a plus que deux mille ouvriers. C'est la concurrence des chaussures chinoises importées illégalement[17]. »

* I Watch est une ONG fondée en Tunisie après le soulèvement de 2011 et très active dans le domaine de la lutte contre la corruption administrative et financière ainsi que dans le combat pour la bonne gouvernance et la transparence.

De même sur le réseau associatif, dont l'esprit et l'usage sont largement détournés : « Sur 17 000 associations, 20 seulement respectent les exigences juridiques. Plusieurs associations servent comme couverture pour le blanchiment de l'argent de la contrebande, d'autres financent le terrorisme et le crime organisé[18]. »

Le commerce de contrebande inonde le marché tunisien en provenance de Libye et d'Algérie, mais il passe surtout par les ports et les aéroports (leur part serait de 80 %), ce qui donne une idée de l'ampleur de l'économie « informelle ». Au regard des indicateurs économiques, la situation aurait dû dégénérer en crise sociale ou politique comme en 2011. Mais le vaste secteur informel sert d'édredon à l'économie officielle. Il n'en est pas moins une des traductions les plus manifestes de la désagrégation du projet étatique bourguibien.

Depuis le règne de Ben Ali, une vingtaine de groupes familiaux tunisiens dirigent le capitalisme commercial et industriel formel, de manière à la fois rentière et oligarchique, par le contrôle des banques. À l'époque soumis à la férule de l'État et du dictateur, ils sont désormais affranchis du pouvoir étatique central[19]. À côté d'eux a émergé, durant le décennat nahdhiste, une nouvelle classe de très riches commerçants transfrontaliers au pouvoir financier étendu qui échappe au système bancaire des grandes familles établies. Ces riches contrebandiers, bien connectés et structurés, représentent un État dans l'État, doublement connecté aux islamistes et à une partie de la bureaucratie corrompue. Certains souhaitent légaliser leurs activités et faire entrer leurs enfants dans les universités, comme l'a prouvé la tentative de légalisation opérée par Makhlouf. D'autres en revanche campent dans le défi à l'État, avec ou sans connexions salafistes. Ainsi ce témoignage rapporté sur Internet d'un homme d'affaires tunisien reconverti dans la contrebande de l'électroménager :

> La marchandise me provient de Chine *via* l'Algérie, mes vis-à-vis sont un important trafiquant algérien et un cadre douanier tunisien. […] Mon douanier, haut gradé, fait des affaires avec plusieurs contrebandiers, il n'a aucun scrupule et sa décision de trahir l'État est irrévocable.

> Plusieurs hommes d'affaires comme moi paient des pots-de-vin à des cadres du ministère du Commerce ; il y a une association entre une mafia légale et une autre illégale. Nous sommes des hommes invisibles et certains d'entre nous peuvent commander tout un village. Nous appartenons à une confrérie secrète (une sorte de franc-maçonnerie), nous partageons pleinement les idées de Pablo Escobar[20].

Enfin, le dernier scandale du règne d'Ennahdha n'a pas abouti, mais il illustre une autre facette du système de redistribution de l'économie politique rentière. À quelques jours de son départ, dans un pays au bord de la banqueroute, alors que l'État étouffait du recrutement brutal de cent cinquante mille fonctionnaires au temps de la Troïka, Ennahdha tenta d'imposer au gouvernement Hichem Mechichi, depuis son fief du Parlement, la mise en place du Fonds Al-Karama, chargé de verser 1 milliard d'euros de « compensations » à 29 950 de ses militants ayant « souffert » de la répression de l'ancien régime[21]. La liste des indemnisables a été établie par l'Instance Vérité et Dignité (IVD), présidée et contrôlée par une sympathisante du parti Ennahdha, sur la base d'enquêtes et de certificats médicaux souvent complaisants. Ces 3 milliards de dinars ont fait l'effet d'une bombe dans le pays, précipitant le départ d'Ennahdha sous la vindicte populaire.

Entre 2014 et 2019, beaucoup de députés ont été accusés de corruption, et certains ont été traduits en justice. Le tourisme parlementaire, qui sévissait alors – plus de quatre-vingt-dix députés ont changé de groupe – a beaucoup dégradé l'image du Parlement. Pourtant, en juin 2019, les députés[22] ont refusé de valider un amendement sanctionnant ce tourisme parlementaire. Ajoutons des suspicions de corruption répétées, comme lors du vote pour la destitution du président du Parlement, Rached Ghannouchi. Le secrétaire général du mouvement Echaâb, dans une déclaration à la presse en juillet 2020[23], a accusé Rached Ghannouchi de faire pression sur des parlementaires nahdhistes ayant signé la motion de censure contre lui pour qu'ils retirent leur signature en échange de sommes d'argent.

Cette stratégie d'achat et de manipulation des élites politiques et économiques causa *in fine* la perte du parti. À l'élection présidentielle de 2019, Ennahdha était à la recherche d'un candidat présidentiel non islamiste qu'elle puisse manipuler à sa guise : l'« oiseau rare », selon l'expression de Rached Ghannouchi. Une fois écarté son propre candidat, le nahdhiste historique Abdelfattah Mourou, l'homme qui apparut comme le plus proche de l'« oiseau rare » fut l'enseignant de droit constitutionnel Kaïs Saïed. Outsider de la classe politique, quoiqu'il se soit préparé de longue date à sa candidature, ce dernier n'avait pas de parti politique pour le soutenir. Il gagna les élections présidentielles en partie grâce au soutien d'Ennahdha et d'Al-Karama. Mais il connut la même mésaventure que Caïd Essebsi, et expérimenta la douleur d'être un opposant politique aux deux forces dominantes. Il avait pourtant été élu par 2 777 931 voix, soit à peine moins que tous les députés réunis, qui le furent avec 2 870 521 voix. Il assista aux voyages internationaux de Rached Ghannouchi et à son intense activité diplomatique, alors que la Constitution réservait au président les Affaires étrangères. Rached Ghannouchi ne consulta ni ne rendit compte à personne.

Le président Saïed se vengea de cette situation le 25 juillet 2021 : l'image historique de Rached Ghannouchi, butant devant les grilles du Parlement qu'il dirigeait encore la veille, et qui lui était désormais interdit, restera gravée dans les mémoires.

CONCLUSION

« Détruire l'État » *versus* « demandes d'État »

L'objectif de l'ouvrage a été de comprendre les causes profondes de l'échec au pouvoir des Frères musulmans dans les deux pays qui ont inauguré le printemps arabe, l'Égypte et la Tunisie. Il réhabilite leur dimension idéologique pour analyser et comprendre leur action et restituer la logique de leur comportement. C'est ainsi qu'il se démarque pleinement de l'anticulturalisme caricatural des analyses sur l'islam et l'islamisme de ces dernières décennies. Une telle posture est d'autant plus légitime que les textes analysés par les spécialistes qui ont rédigé le présent ouvrage ne sont pas les textes sacrés des musulmans, à savoir le Coran, la Sunna, etc. Non, il s'agit de textes contemporains : textes constitutionnels et juridiques, programmes politiques, décisions administratives, discours écrits et oraux rapportés par les médias, textes doctrinaux des fondateurs des Frères musulmans, etc.

Parmi eux se trouve la lettre envoyée par le leader Frère musulman soudanais Hassan al-Tourabi à Rached Ghannouchi en 2011[1]. Il écrit :

> Je vous conseille de ne pas commencer à mettre en application le programme d'islamisation et de *tamkin* avant d'avoir démantelé les

institutions de l'État ancien car elles représentent un très grand danger pour vous. Nous avons expérimenté cela avant vous et nous en avons beaucoup souffert ! Il faut que vous détruisiez les institutions et l'administration de l'État laïc bourguibien car elle vous combattra. Ce n'est qu'après son anéantissement que vous pourrez construire l'État islamique désiré…

Hassan al-Tourabi n'a pas totalement tort. En Égypte, ce sont les élites des institutions de l'État égyptien qui ont fait chuter les Frères musulmans : présidence, magistrature, police, armée mais également journalistes, artistes et hommes de culture. Ce sont les « appareils idéologiques d'État », selon Louis Althusser. En défendant leurs propres statuts et leurs propres intérêts, voire leurs privilèges, ces élites ont défendu l'État, cette « poignée de terre infecte » dont parle Sayyid Qotb.

Le même phénomène s'est produit en Tunisie. « Qui vous a fourni les informations concernant l'assassinat de Belaïd et de Brahmi ? », demanda un journaliste au Comité de défense des deux leaders assassinés[2], au moment où il rendit compte à la presse des nouveaux résultats de sa longue investigation. Un « bienfaiteur inconnu », répondit avec beaucoup d'humour l'avocat Nacer Laouini. Ce dernier s'est rendu célèbre le soir même de la fuite de Ben Ali par ses cris le long de la fameuse avenue Bourguiba vide : « La Tunisie est libre… Ben Ali s'est échappé ! » Il suggéra par sa réponse au journaliste que les informations provenaient de l'administration sécuritaire du pays. Ainsi donc, cette dernière n'a pas été suffisamment contrôlée par Ennahdha…

Ainsi donc, le 25 juillet 2021 aura peut-être autant signalé l'échec de la gestion politique des Frères musulmans en Tunisie que l'échec de leur *tamkin* ! Mais après celui de l'Égypte, ces deux échecs auront coûté cher à l'Égypte et à la Tunisie. Jamais l'Égypte n'a connu un tel resserrement sécuritaire et une telle remise en cause des libertés publiques que depuis 2013.

En Tunisie, la délégitimation des nahdhistes a affecté l'ensemble de la classe politique post-2011, ainsi que tout le processus politique né après la révolution : élections, vote, Parlement, libertés publiques, etc.

Le soir même du 25 juillet 2021 devant les grilles fermées du parlement, la vice-présidente de l'Assemblée des représentants du peuple, aux côtés de Rached Ghannouchi a déclaré qu'ils voulaient entrer au Parlement car ils défendent la Constitution. Elle s'exposa au refus du soldat qui lui répondit : « Mais moi, je défends la nation ! »

« Le politique post-2011 est devenu l'obstacle à la résolution de la question sociale », souligne avec justesse Thierry Brésillon ; et c'est vers la classe politique et plus précisément le Parlement que les colères se dirigent[3].

Le soulèvement tunisien de 2010-2011 a été déclenché par l'immolation d'un jeune chômeur dans le gouvernorat de Sidi Bouzid. Son acte a été provoqué par son humiliation de la part d'une policière qui lui a confisqué sa charrette de légumes obtenue sans autorisation. Or ce que les Tunisiens dénomment aujourd'hui la « décennie noire » a aggravé la question sociale du chômage, la perte du pouvoir d'achat et les déséquilibres régionaux. Aucune réalisation tangible pour les citoyens ne peut être revendiquée par la nouvelle classe politique post-2011 : ni écoles ni hôpitaux, il règne au contraire un chaos environnemental et d'insalubrité publique, alors que toutes les infrastructures et tous les équipements collectifs se sont dégradés. Outre l'aggravation du retrait social de l'État néolibéral, entamée sous Ben Ali, le citoyen tunisien a perdu confiance dans la justice de son pays et il observe, angoissé, la montée de la violence et du terrorisme, symptômes de l'affaiblissement, voire de la dislocation de l'État.

Face à ces questions cruciales pour le citoyen, les Tunisiens constataient et s'affligeaient tous les jours de l'image déplorable des querelles byzantines des députés de l'Assemblée des représentants du peuple dirigée par Rached Ghannouchi. À l'occasion, elles se terminaient par des coups de poing, des gifles ou des insultes. Les disputes empreintes de vulgarité entre Abir Moussi, Rached Ghannouchi et Seifallah Makhlouf ont constitué le point d'orgue de ce lamentable spectacle. Ce même Seifallah Makhlouf se distingua le 7 mars 2021 par sa volonté d'outrepasser les règles de la police des frontières et de la douane de l'aéroport de Tunis-Carthage, en tentant de faire embarquer de force une Tunisienne interdite de sortie du territoire[4] ! C'est la police des frontières qui le fit sortir *manu militari* de l'aéroport, et qui porta plainte contre lui. Cette plainte ne donna lieu à aucune poursuite. Les Tunisiens apprirent alors qu'un député tunisien est au-dessus de la loi commune, car il bénéficie de l'immunité parlementaire sauf en cas de flagrant délit. Pour que l'immunité soit levée, il aurait fallu que le bureau de l'ARP, dirigé par Rached Ghannouchi, donne son aval. Or le parti Al-Karama de Seifallah Makhlouf est un allié d'Ennahdha.

Le discrédit de l'ensemble de la classe politique post-2011 a concerné toutes les formations et tous les partis politiques, principalement le parti dominant, Ennahdha. Ce discrédit fut renforcé par le scandaleux discours du 1er juillet 2021 du président du conseil de la Choura du mouvement Ennahdha, Abdelkrim Harouni à propos du Fonds el Karama dont il a déjà été question. Ce dernier a demandé 3 milliards de dinars environ (soit près de 1 milliard d'euros) comme supplément d'indemnité pour les militants d'Ennahdha, afin de les dédommager des sacrifices consentis durant les années de dictature, alors même que les caisses de l'État étaient vides[5] et que les Tunisiens en pleine crise du Covid n'avaient ni vaccin ni suffisamment de bombonnes d'oxygène pour sauver les malades qui faisaient la queue devant les hôpitaux, couchés sur des brancards…

Il s'agissait pour ce dirigeant d'Ennahdha de tenter de regagner la confiance de ses propres partisans, dont une partie s'estimait lésée par la direction du parti. Cette donnée a été confirmée le mercredi 8 décembre 2021 par l'immolation par le feu d'un de ses membres au sein même du siège d'Ennahdha, provoquant un incendie obligeant l'ex-ministre de l'Intérieur, Ali Larayedh, à sauter par la fenêtre. Cet acte de désespoir d'un militant d'Ennahdha exprime, à lui tout seul, l'intensité des luttes au sein de l'organisation, et les rapports de domination et d'inégalité entre une élite dirigeante qui s'est enrichie et une partie des militants de base qui s'estime flouée. Cet événement confirme les conflits existant entre ceux qui sont restés au pays sous le joug de Ben Ali, et qui ont ainsi sacrifié leur vie, leur famille et leur carrière, et ceux qui sont partis pour l'étranger, en Grande-Bretagne notamment, et qui se sont énormément enrichis avec les aides reçues, notamment des pays du Golfe.

Les Frères musulmans tunisiens, comparés aux Égyptiens, ont eu tout loisir de mener à bien leur projet ou, du moins, de commencer à le concrétiser. Pour ce faire, ils ont disposé non seulement de temps, une décennie, mais également des plus hauts postes politiques de l'État tunisien : vice-présidence de l'Assemblée constituante, présidence de l'Assemblée des représentants du peuple, chefs de gouvernement, ministères régaliens de l'Intérieur, des Affaires étrangères et de la Justice, nombreux départements ministériels – enseignement supérieur, santé, jeunesse et sport, culture, affaires religieuses, formation et emploi, télécommunications –, postes de gouverneurs et de délégués.

Et malgré cela ils ont échoué…, à moins que, de leur point de vue, ils aient réussi car selon le conseil de Hassan al-Tourabi, il fallait commencer par détruire l'État bourguibien. Si tel était vraiment leur projet d'étape, il n'est pas étonnant qu'ils subissent aujourd'hui le plus grand revers de leur existence.

Nationalismes égyptien et tunisien

En Égypte, les Frères musulmans se sont fracassés sur le *mur* du nationalisme. Leur gestion des questions de politique étrangère a été l'une des causes majeures de leur chute brutale dans l'opinion publique. Par leur comportement et leurs erreurs, ils ont heurté des éléments sensibles de la construction identitaire égyptienne, principalement le nationalisme et la particularité de l'Égypte au sein du monde arabe, comme le fait d'être sa « mère patrie ». Les travaux de Philippe Droz-Vincent[6] sur le nationalisme égyptien ont montré comment le nationalisme arabe, tel que construit par Nasser et reformulé par ses successeurs, loin de nier l'existence d'une particularité égyptienne, l'a au contraire mise en avant, et l'a valorisée autour de la rhétorique de la « place de l'Égypte » et de sa centralité.

C'est peut-être l'incapacité des Frères musulmans égyptiens à intégrer et à récupérer à leur profit le nationalisme égyptien qui a conduit à un échec programmé. Il n'est pas étonnant que les médias égyptiens aient beaucoup joué sur le panislamisme des Frères musulmans, et sur le fait qu'ils avaient un vague projet de Califat ou d'Oumma islamiques qui allait fondre la nation égyptienne dans une sorte de « magma islamique » dont le chef pourrait être un Turc ou un Malaisien. Les médias ressortirent l'exclamation de Mahdi Akef, ex-*morched* (« guide ») des Frères musulmans avant la révolution, quand il a déclaré : « *Toz fi Masr* » (« Au diable l'Égypte »). Cette option fut d'autant plus fatale qu'elle fut confirmée par les erreurs de communication du président Morsi au pouvoir. Comment expliquer que la victoire d'octobre 1973 de l'armée égyptienne ait été fêtée par Mohamed Morsi en compagnie d'un des assassins de Sadate, qu'il avait gracié auparavant, ainsi que des deux mille cinq cents prisonniers coupables de violences et de meurtres[7] ?

Le nationalisme tunisien est différent du nationalisme égyptien. La *tunisianité*, a écrit Michel Camau, est d'abord et avant tout un « compromis » entre « l'appartenance arabe mâtinée d'islam » et « un projet moderniste dans le sillage des Lumières[8] ». Il n'est donc pas étonnant que les organisations de la société civile tunisienne et les élites éduquées et universitaires aient joué leur rôle de surveillance lors de la rédaction de la nouvelle Constitution du pays. Il s'agissait de défendre les principales valeurs des Lumières contre la déferlante tout à la fois salafiste et fririste : liberté, égalité hommes-femmes, promotion des femmes, etc. Nul hasard dans le fait que les élites universitaires tunisiennes aient décidé d'interdire le *niqab* dans les universités lors des examens ; le ministre nahdhiste de l'Enseignement supérieur, Moncef Ben Salem, leur demanda de suspendre leur décision[9].

Mais l'identité nationale, en Égypte et en Tunisie, est également une construction « prosaïque » de l'État. À l'instar des constructions nationales des pays européens, les deux États, *via* leur état civil, leur Code de la nationalité, leurs frontières, leur appareil administratif, leurs tribunaux, leurs écoles, leurs services sociaux et distributifs, leur emploi public, leurs forces militaires et de sécurité, leurs conflits, ont construit deux « communautés imaginaires » nationales[10]. Le langage de type identitaire et communautaire utilisé par certains mouvements sociaux en Tunisie et en Égypte ne doit pas être compris au pied de la lettre. En Tunisie, l'exemple le plus significatif est le sit-in du Kamour dans le Sud tunisien. Ses acteurs revendiquent que les richesses locales bénéficient d'abord à leur région[11].

Ces collectifs expriment en réalité leur insertion bien réelle dans l'espace public national et étatique : ils réclament *une reconnaissance de la part des pouvoirs publics.* Il s'agit certes de renégocier les modalités de l'unité nationale pour ces régions oubliées, mais par le développement et non contre l'État : c'est aussi bien le cas pour le Sinaï en Égypte que pour les régions de l'intérieur ou du Sud en Tunisie.

Le spectre islamiste tunisien a été surpris par deux événements d'une très grande signification. Le 7 mars 2012, le drapeau national tunisien a été retiré du mât de la faculté des lettres de la Manouba pour être remplacé par la bannière noire des salafistes. Reflétant le particularisme de l'identité nationale tunisienne, le drapeau tunisien fut remis en place par une étudiante, la courageuse Khaoula Rachidi, après qu'elle eut affronté le salafiste. Cet événement a été filmé et diffusé en boucle par toutes les chaînes de télévision nationales. Il provoqua une très grande émotion en Tunisie.

Par ailleurs, du 2 au 10 mars 2016, la région de Ben Guerdane, dans le sud-est de la Tunisie, a été le théâtre de plusieurs attaques, attribuées à des éléments du groupe djihadiste État islamique (EI), venus de la Libye voisine. Ils voulaient établir sur la ville un émirat de Daech. L'attaque principale a visé une caserne de l'armée, un poste de police et un poste de la garde nationale (gendarmerie) tunisienne. Treize membres des forces de sécurité et sept civils ont péri ; mais cette offensive inédite s'est soldée par un échec, avec au moins cinquante-cinq djihadistes abattus et plusieurs dizaines arrêtés. Les djihadistes, tunisiens pour la plupart, comptaient sur le soutien de la population. Ils ont certes bénéficié de complicités locales. Mais ils ont été surpris par la réaction de la quasi-totalité de la population qui défendit les forces de l'ordre, jouant même les « boucliers humains ». Selon les propos d'un agent de la garde nationale diffusés sur la Radio Mosaïque FM : « Les habitants de Ben Guerdane ont fait une chose inimaginable ailleurs, ils se tenaient devant nous, nous disaient qu'ils allaient passer devant nous pour nous couvrir, alors qu'ils étaient désarmés et que nous, nous étions armés[12]. »

Le nationalisme tunisien partageait avec le nationalisme égyptien le paternalisme d'État, *via* les programmes d'infrastructures en matière de santé, de logement et d'éducation. L'État tunisien du temps de Bourguiba, remarque Michel Camau, dispensait ses « bienfaits », mais ne reconnaissait pas de droits. Ben Ali a continué suivant cette formule, mais dans le contexte de la mondialisation libérale. Celle-ci a consisté, pour l'essentiel, en la mise en place de filets sociaux.

Comme dans plusieurs pays arabes avant 2011, les droits sociaux ont été mis au centre des pactes État-société, et la citoyenneté sociale y a, en quelque sorte, précédé – voire remplacé – la citoyenneté civile et la citoyenneté civique[13].

Au cœur des soulèvements tunisiens de 2011, la question sociale prédominait, accompagnée d'une intense *demande* d'État en faveur de l'éducation et de la santé, pour remédier au chômage des diplômés, tout en corrigeant les inégalités territoriales. Bouazizi s'est immolé *devant* le siège du gouvernorat de Sidi Bouzid, la représentation de l'État dans la région. L'ensemble des mouvements sociaux qui ont embrasé la Tunisie et l'Égypte avant 2011 étaient porteurs d'une demande d'État. L'historien René Gallissot a montré comment la demande d'État et l'intense aspiration à l'État peuvent se transformer en violence contre l'État et ses symboles. Cette intensité, écrit-il, se retrouve dans le retournement contre l'État qui rend la manifestation meurtrière, avant même sa répression.

Or les Frères musulmans, tant en Égypte qu'en Tunisie, se caractérisent par l'absence de vision positive d'un État capable de réformer. *Seule la religion réforme.* Cette analyse de la conception de la réforme selon les Frères musulmans n'est pas comprise par une bonne partie du milieu académique occidental, sur lequel plane un puissant « islamo-gauchisme d'atmosphère » !

Les succès électoraux des Frères musulmans, dans la foulée du printemps 2011, ont fait croire aux chercheurs, et par voie de conséquence aux politiques qui les suivent, que ces derniers étaient porteurs de politiques « sociales » alternatives au néolibéralisme. Il s'agit là d'une très grande « supercherie », comme l'a démontré Haoues Seniguer[14]. Les Frères musulmans sont des néolibéraux sourds au secteur public. C'est en devenant de « vrais » musulmans », en craignant Dieu, que les hommes d'affaires et les grands commerçants pratiqueront la *zakat* et la *sadaqa* (l'aumône coranique), et que l'ouvrier ou l'employé travailleront de manière consciencieuse.

En Égypte, une des principales revendications des milieux ouvriers avant le soulèvement de 2011 était la liberté de pouvoir créer des syndicats indépendants, afin de se libérer de la fédération bureaucratique des syndicats ouvriers fondés par Nasser, alors aux mains du régime de Moubarak. Le ministre de la Main-d'Œuvre, Ahmed al-Borei, nommé juste après le soulèvement de 2011, proposa une loi sur la liberté syndicale qui a été saluée par l'Organisation internationale du travail. Elle a été suspendue par la direction de l'armée au nom de la sauvegarde du régime ; puis les Frères musulmans, qui dominèrent le Parlement quelques mois plus tard, la refusèrent aussi, car ils souhaitaient récupérer à leur avantage cette fédération d'État en y plaçant leurs fidèles.

Le projet des Frères musulmans est, d'abord et avant tout, un projet de contre-hégémonie culturelle né au moment de l'irruption de la modernité dans le monde musulman[15]. Contrer le processus de

« sécularisation », produire une société pieuse, réformer moralement et religieusement l'individu et la société, le reste découlera naturellement : Califat et domination universelle de l'islam.

Cette analyse n'a rien de particulier aux Frères musulmans égyptiens, comme se plaisent à le répéter les membres du mouvement Ennahdha. En 2011, Rached Ghannouchi déclarait que les mouvements islamistes doivent affirmer que « la nature de l'islam, en tant que système global, est en opposition absolue avec n'importe quel mode de pensée, laïque ou ecclésiastique, légitimant la séparation de l'âme et de la matière, du politique et de la religion ou de l'économie et de la morale. Toutes ces séparations contredisent le texte [coranique] et peuvent être qualifiées d'apostasie[16] ».

Le mouvement Ennahdha n'a été à l'initiative d'aucune réforme d'envergure relative à la santé publique, à l'éducation, aux politiques sociales, à l'économie ou à la modernisation de l'administration. Cette particularité de la gestion召 fririste du politique est en porte-à-faux avec les attentes des sociétés qui les ont élus au lendemain même des « printemps » égyptien et tunisien. Les deux soulèvements se sont opposés aux régimes politiques de Ben Ali et de Moubarak, mais ils ne se sont pas opposés aux deux États, bien au contraire. De ce point de vue, l'analyse du vote post-2011 est d'une très grande utilité. Dans les deux cas, il exprime la demande sociale de plus d'État.

Vote et demandes d'État

La demande d'État est visible dès les premiers résultats électoraux tant en Égypte qu'en Tunisie. Mais elle fut insuffisamment prise en compte par les analystes en sociologie électorale. Ces derniers étaient préoccupés par le clivage « séculier/islamiste » ou bien « moderniste/islamiste ». Il s'agissait de savoir où se situaient les espaces de prédilection des uns et des autres, et leur lien avec la pauvreté, l'urbain, le rural, le niveau scolaire, etc. En réalité, ces analystes ont négligé un clivage tout aussi important, si ce n'est plus, entre « État » et « non-État », qui se superpose au clivage ordre/désordre. La police dans les deux pays se vengea en effet de l'humiliation subie de 2011 en « traînant des pieds » pour assumer ses missions. C'est ainsi que la délinquance, le crime, la justice populaire et les vendettas augmentèrent de manière considérable dans les villages égyptiens[17], tandis que la rue tunisienne devint un dépotoir avec une circulation hors de contrôle.

Dès les secondes élections post-2011 dans les deux pays, ce clivage de l'opinion électorale apparaît. En Égypte, les élections présidentielles de 2012 accordent la deuxième place au représentant de l'ancien système et de l'armée : Ahmed Chafik. Certains avancent même qu'il a gagné, mais que l'ancienne direction de l'armée, par prudence et peur de la guerre civile, préféra laisser gagner Morsi. En Tunisie également cette demande d'État et d'ordre s'exprime avec éclat avec la victoire du parti Nidaa Tounes sur Ennahdha aux législatives de 2014, puis aux présidentielles qui portent à Carthage Béji Caïd Essebsi, admirateur de Bourguiba et amoureux du prestige de l'État. C'est enfin cette demande d'un retour à l'État fort, voire autoritaire, qui fait en 2019 le succès de Kaïs Saïed, et le succès de son coup d'État du 25 juillet 2021. La même analyse vaut pour comprendre l'énorme succès électoral d'Abdel Fattah al-Sissi aux premières élections présidentielles qui ont succédé au coup d'État du 3 juillet 2013. Il « pulvérisa » le score de Hamdine Sabahi, le nationaliste nassérien de gauche, qui avait pourtant obtenu la troisième place en 2012 après Mohamed Morsi et Ahmed Chafik.

L'échec des Frères musulmans au pouvoir a été relié également à leur absence flagrante de compétences. Un tel constat est commun aux deux pays. Le sectarisme de leur organisation et sa fermeture sur elle-même expliquent en grande partie cette donnée.

Les Frères musulmans forment principalement des prédicateurs religieux, de faible niveau au plan doctrinal, teintés de populisme politique autour d'un Califat idéal qui n'a jamais existé. Ils ne forment pas des hommes politiques ni des gestionnaires, de l'avis même de leurs dissidents. De plus, leur organisation sectaire, fondée sur l'obéissance aveugle à la direction, rejette par définition les plus compétents. Il n'est donc pas étonnant qu'en Égypte comme en Tunisie, ils aient été incapables de renouveler les écrits de leurs doctrinaires, Al-Banna et Sayyid Qotb, afin de les adapter au réel ! Davantage même qu'un échec de leur gestion du pouvoir, il s'agit d'une mise en échec de leur imaginaire politique, économique et social. Certains de leurs compagnons de route ont tenté de faire preuve d'imagination et de créativité, mais ils ont été automatiquement écartés.

Pourquoi, en Égypte, les Frères musulmans n'ont-ils pas tiré profit de leurs expériences dans les syndicats de médecins, pharmaciens, avocats, ingénieurs, pour élaborer des projets de développement de ces secteurs et des politiques publiques ? s'interroge amèrement l'ex-Frère musulman Ahmed el-Ban[18]. Telle est la loi d'airain des sectes religieuses bâties sur la force de l'obéissance et qui construisent patiemment des œillères pour stopper l'imaginaire de leurs fidèles – fussent-ils polytechniciens. Mohamed Morsi a autant été victime de l'autoritarisme répressif du régime égyptien actuel que de sa propre organisation. Sa destinée a été terrible. Il est mort en prison, et son jeune fils mourra également des suites d'une crise cardiaque quelque temps après.

Mohamed Morsi est loin d'avoir été l'unique victime d'une telle organisation. Que sont devenus aujourd'hui les milliers de cadres et de militants « ordinaires » des Frères musulmans égyptiens, et à combien de destins brisés ont-ils donné lieu ? Une partie de leur jeunesse est passée à la violence, d'autres sont morts dans les locaux de la police, croupissent dans les prisons ou bien se cachent, ou dissimulent leur appartenance fériste. Comment vivent aujourd'hui ces milliers de militants des Frères musulmans pour qui l'organisation a été est le cadre principal, voire exclusif, pour vivre, travailler, se soigner, éduquer leurs enfants et partir en vacances ? Si l'Organisation est connue pour ses activités de bienfaisance, déterminantes pour ses conquêtes électorales, elle est avant tout une immense organisation d'entraide et de solidarité entre ses propres membres. Il serait faux de croire toutefois que l'appartenance à la Gamaa est uniquement de type opportuniste, tant s'en faut. Elle repose également et peut-être surtout sur la croyance aux objectifs sacrés de cette organisation. Selon l'expression fériste consacrée, il s'agit d'une organisation sélectionnée par Dieu pour continuer la geste du Prophète, fondée par l'imam martyr, Hassan al-Banna, ce réformateur du siècle choisi par Dieu pour régénérer l'islam après la chute du Califat !

La croyance aux objectifs sacrés de la Gamaa « informe » les modes d'être et d'agir d'une partie des leaders locaux des Frères musulmans égyptiens. Tel a été le cas du respectable El Mohamedi Abdelmaksoud, l'ex-président du Conseil populaire de Hélouan et ex-député à l'Assemblée du Peuple. Lors de son mandat local, il a pris au sérieux et tenté d'appliquer à la lettre l'injonction fériste de la moralisation du politique, du social et de l'économique[19]. Nassérien à l'origine, il a rallié la confrérie après la défaite de 1967 comme des milliers d'autres. Dans un entretien accordé à Sarah Ben Néfissa[20], il lui a déclaré : « Nasser avait quelque chose d'important car il croyait dans le Peuple, et ça c'est fondamental ! » Or c'est loin d'être le cas de la direction qotbiste de l'organisation des Frères musulmans. Cette dernière voue une véritable haine à Nasser, alors même que son image demeure structurante de l'identité politique des Égyptiens et des spécificités de leur nationalisme, jusqu'à aujourd'hui !

Mohamed Morsi a été choisi comme candidat aux élections présidentielles par « défaut ». L'homme fort de l'organisation était Khairat al-Chater, aujourd'hui en prison. Ce dernier n'a pas pu se présenter aux présidentielles par décision de justice. Mohamed Morsi était connu au sein de l'organisation pour sa discipline et son obéissance aveugles. C'est Khairat al-Chater qui nomma les vrais conseillers de Mohamed Morsi à la présidence de la République. Il choisit des personnes lui devant allégeance, notamment Issam Haddad, chargé de faire le lien entre Morsi, Al-Chater et l'organisation internationale des Frères musulmans[21].

Les Tunisiens ont voté le 25 juillet 2022 pour le référendum proposé par Kaïs Saïed sur sa proposition de nouvelle Constitution pour le pays. Encore une fois, le débat politique enflammé autour de cette Constitution a porté sur la question de l'islam et du degré d'islamité du nouveau texte.

Kaïs Saïed est-il un chiite caché ? un fondamentaliste salafiste ? ou bien même une taupe des Frères musulmans ? Après tout, son frère, si actif à la présidence, est connu pour ses liens avec certains dirigeants d'Ennahdha. Enfin, n'a-t-il pas mis en cause les mœurs d'une magistrate pour la renvoyer ? En Égypte également, la *zebiba** du président Sissi a beaucoup fait parler d'elle, et la réforme du discours religieux promise à son arrivée au pouvoir s'est transformée en belle arlésienne ! Comment mener une telle réforme en l'absence de cadres religieux et éducatifs non « salafisés » ? s'interroge l'intellectuel Nabil Abdel Fattah. Cette salafisation-*frérisation* généralisée aboutit à cette image très parlante du journaliste Ibrahim Issa : le policier chargé d'interroger le terroriste djihadiste ou le Frère musulman passé à la violence partagent en réalité strictement le même imaginaire !

Le débat sur l'islam est loin de se cantonner au monde arabo-musulman. Il est devenu un enjeu stratégique au plan international et un enjeu interne aux pays occidentaux, notamment en France, comme l'attestent les débats électoraux de cette dernière décennie. À la suite des attentats à répétition des années 2010 et de la décapitation de Samuel Paty en octobre 2020, la virulence du débat sur l'islam et l'islamisme est montée d'un cran. Les écrits sur cette thématique sont pléthore de la part des chercheurs, des journalistes, d'experts en tous genres et, de plus en plus, de la part des agents des services de sécurité et de renseignement. *Comment vaincre l'islamisme*[22] *?* est le titre d'un récent ouvrage. La question fait écho à la surprenante et provocante déclaration de Brahim Issa, le célèbre chroniqueur égyptien, dans son émission à grande écoute sur une

* Marque (ou cal) sur le front provoquée par la pratique assidue de la prière. Elle est un signe de piété prisé des Frères.

chaîne de télévision satellitaire égyptienne : « Nous [les musulmans] sommes devenus les bouchers du monde[23]. »

Il y a une cinquantaine d'années, l'islam était plus associé au fatalisme et au mysticisme qu'à la violence révolutionnaire. Est-ce à dire pour autant que « ce n'est pas cela l'islam » ? Il s'agit de la réaction fréquente d'une partie des musulmans, car ils ne disposent pas des outils intellectuels pour comprendre que l'islam qu'ils ont connu et pratiqué dans leur jeunesse n'existe pratiquement plus.

Tel n'a pas été le propos de ce livre. Comme l'affirme le même Ibrahim Issa dans son émission du 3 février 2015 sur ON TV[24], les crimes barbares de Daech reposent sur des sources coraniques incontestables, mais aucun cheikh d'Al-Azhar* n'a eu le courage de l'admettre. Toutefois, ces sources sont restées pendant longtemps « lettre morte ». Certes, la question est l'objet d'un débat, mais leur réactivation actuelle n'a rien de « naturel ». Comme il a été dit dans l'introduction, les acteurs d'une telle réactivation se sont multipliés, et parmi eux des méga-acteurs politiques et stratégiques : l'Arabie saoudite et les pays du Golfe, les États-Unis par leurs guerres, et enfin les régimes politiques de la région. L'organisation des Frères musulmans, à travers ses principaux doctrinaires, a constitué également l'un des principaux acteurs de la réactivation-transformation de cette *épistémê* commune à tous les musulmans, telle qu'analysée par Mohammed Arkoun. Il n'est donc pas étonnant que ce dernier ait été traité d'apostat par l'un des leaders des Frères musulmans égyptiens, Cheikh al-Ghazali, lors d'un séminaire sur la pensée islamique qui s'est déroulé en 1985 à Béjaïa en Algérie. Sylvie Arkoun, sa fille, raconta comment son père fut extrêmement affecté par la violence de cette altercation publique[25].

---

* C'est l'institution officielle de l'islam sunnite dit modéré.

Débats sur l'islam et l'islamisme au sein des musulmans

Peut-on considérer que l'échec des Frères musulmans au pouvoir en Tunisie et en Égypte marque la fin de cette *épistémê* commune ou plutôt de sa réactivation-transformation ? Ce n'est pas certain, car leur échec au pouvoir consacre également l'échec du « printemps arabe » et de sa demande de liberté et de démocratie. La crise du politique et du langage politique, qui est mondiale, a des spécificités dans cette région du monde, car les adversaires de la liberté et de la démocratie y sont plus puissants qu'ailleurs. Ils sont à la fois internes et externes aux différents pays, nationaux, régionaux et internationaux.

Mais ce qui est certain, c'est que sa remise en cause demande une véritable révolution *culturelle* dans la région arabe, et certains signaux montrent qu'elle pourrait avoir commencé. Aux « laïcités autoritaires » des régimes politiques arabes succède aujourd'hui un mouvement de sécularisation par le « bas », qui se nourrit des réactions inquiètes et indignées à l'égard des pratiques des différents acteurs religieux, qu'il s'agisse des islamistes dits « modérés » ou des djihadistes salafistes.

Le « printemps arabe » a exprimé une crise de l'autorité dans ses multiples aspects, y compris celle pratiquée par les hommes de religion. La fondation de Daech et la cruauté qui a accompagné le Califat islamique réel n'a-t-elle pas en réalité assassiné le rêve califal des Frères musulmans ? Un des ouvrages de référence de l'état-major de Daech s'intitule *La Gestion de la barbarie* –, ce qui aurait pu être aussi bien l'« administration de la sauvagerie[26] ». Daech a renforcé un processus de remise en cause des perceptions les plus traditionalistes et littéralistes de la religion : recul de la pratique religieuse, déclin du port du voile dans certains quartiers ; libération du langage, avec une tendance à briser les tabous les plus puissants de la religion musulmane – comme l'apostasie –, émergence d'un nombre impressionnant de personnes se déclarant ouvertement athées, conversions au christianisme en Tunisie notamment, etc.[27].

L'analyse de ce phénomène reste à faire. Elle montrera comment le débat actuel sur la question de l'islam est également un débat interne aux pays de la région, qui s'exprime dans la langue de ces pays, l'arabe, dans toute sa diversité. Ce n'est pas rien. De même, ce débat longtemps réservé à un public de spécialistes tend à s'élargir à un public plus large, *via* principalement les nouveaux médias, mais également les médias les plus populaires comme les émissions de télévision. Il s'exprime différemment d'un pays à un autre. Avec *La Conspiration du Caire* (2022), Tarik Saleh, le réalisateur égypto-suédois, ouvre une porte au débat en Europe, là où il est peut-être le plus verrouillé pour l'heure, tant les Frères sont parvenus à y conserver leur effet paralysant. Dans Al-Azhar reconstituée dans des studios turcs, le film dévoile la violence du combat qui oppose les hommes de la police politique, omnipotente et cruelle, aux Frères musulmans tartuffes, qui transforment les autres acteurs de la société en acteurs ignorés et écrasés. Aucune femme n'a droit de cité dans ce paysage.

Les travaux relevant de l'« école tunisienne » d'islamologie sont significatifs de ce renouveau culturel. Les écrits de Mohamed Talbi, Hichem Djaït, Abdel Majid Charfi, Yadh Ben Achour, Youssef Siddiq, Hamadi Redissi, Ali Mezghani, Nader Hammami, Faouzia Charfi, Neila Sellini, Amel Grami, Raja Ben Slama, Hela Ouardi et de bien d'autres constituent les témoignages éclatants de cette mutation du débat. Certains sont connus en France, voire y ont publié. D'autres publient en langue arabe principalement, d'où leur méconnaissance à l'international. Pour autant, leur impact sur le plan interne est plus important. Citons pour la Tunisie les travaux de Chokri al-Mabkhout et d'Afif al-Buni. Ce dernier a publié en 2019 un ouvrage, en langue arabe, qui s'intitule *Encyclopédie du Coran*. Il y développe une analyse du texte sacré en dehors des lectures des jurisconsultes, avec le point de vue des sciences sociales modernes et de l'histoire des idées.

En Égypte, le développement des travaux académiques et critiques de l'histoire islamique a eu tendance à faiblir au fur et à mesure de la salafisation des esprits et des institutions au cours des années 1980 et 1990. Farag Fouda a été assassiné pour ses écrits, Naguib Mahfouz a failli mourir des suites de l'attaque d'un extrémiste qui n'a jamais lu ses écrits, et enfin Nasser Aboud Zeid a été divorcé de sa femme pour apostasie, car celui-ci, universitaire, développait des analyses critiques de l'histoire de l'islam. Leur vision a été finalement poursuivie et réactivée après le soulèvement de 2011, non pas par des universitaires et des chercheurs, mais par des journalistes, des écrivains et des polémistes.

Les écrits et les vidéos de Brahim Aïssa, Islam Béhiri et Sameh Eid, Sayyed al-Qimni, Ahmed Assid et également d'Abdou Maher ou Khaled Mountaser sont significatifs de ce point de vue. Ils s'adressent à un large public dans un arabe populaire accessible à tous, non pas l'arabe littéraire qui demeure réservé à un cénacle de spécialistes. Leur entreprise est risquée, mais elle commence à produire ses effets. Le titre même de l'ouvrage de Maher Abdou est très parlant : *La Soumission (abrutissement) de la pensée des musulmans par la jurisprudence des hommes de religion.* Des plaintes ont été déposées contre ce type d'écrits, et parfois des appels au meurtre… mais il continue à s'en publier.

Le conflit entre l'axe Turquie-Qatar opposé à l'axe Arabie saoudite-Émirats-Égypte-Bahreïn[28] a d'une certaine manière ouvert une brèche qui a permis l'expression de ce type de débat. La création et le financement par les Émirats de la Fondation Mu'minun bila Hudud (« croyants sans frontières ») est très significative. Participent à ses activités des intellectuels critiques de grande importance. La fondation a ouvert des antennes dans les pays où les Frères musulmans ont été au pouvoir, notamment en Égypte, en Tunisie et au Maroc. Un *Rapport annuel sur l'état de la religion* est publié dans ces pays, sans oublier une masse de publications promouvant une pensée critique sur la tradition islamique[29].

À titre d'exemple, la fondation a publié les œuvres complètes de l'intellectuel égyptien Nasr Hamid Abu Zeid, celui-là même qui a été accusé d'apostasie en Égypte. C'est ainsi que les « nouveaux penseurs » de l'islam sont réhabilités. Leur plus grande visibilité, non seulement leur accorde un plus grand impact sociétal et intellectuel, mais les protège également. La multiplication des youtubeurs qui consacrent leurs vidéos à la question de la réforme de l'islam et à la remise en question des dogmes islamiques prouve l'existence d'un public préoccupé par la question de la réforme de la religion musulmane. Les mythes les plus tenaces de la religion musulmane sont désormais mis en débat et discutés, qu'il s'agisse des « miracles scientifiques » du Coran, de l'âge d'or des califes dits « bien guidés », ou bien des modalités historiques et politiques réelles de la formation des textes sacrés de l'islam, aussi bien le Coran que les hadiths.

Nidaa Tounes. Parti se réclamant de l'héritage bourguibien, fondé par l'ancien président de la République Béji Caïd Essebsi en 2012.
Parti des travailleurs. Parti marxiste dirigé par Hamma Hammami.
Parti destourien libre. Parti dirigé par Abir Moussi, qui se réclame du bourguibisme et du Rassemblement constitutionnel démocratique (RCD) de Zine el-Abidine Ben Ali.
Ettakatol. Parti social-démocrate dirigé par Khalil Zaouia, qui succède à son fondateur Mustapha Ben Jaafar.
Afek Tounes. Parti se réclamant du libéralisme social, dirigé par Fadhel Abdelkefi qui succède à Yassin Brahim.
Mouvement du peuple (Echaâb). Parti nationaliste arabe nassérien, dirigé par Zouhair Maghzaoui.
Congrès pour la République. Parti de centre gauche fondé par Moncef Marzouki.
Parti unifié des patriotes démocrates (Watad). Fondé par Chokri Belaïd.
Qalb Tounes. Parti libéral dirigé par Nabil Karoui.
RCD. Rassemblement constitutionnel démocratique lié au régime de Ben Ali, dissous le 9 mars 2011 par le tribunal de première instance de Tunis.
Coalition de la dignité (Al-Karama). Regroupement de tendances islamistes et salafistes, dirigé par l'avocat Seifeddine Makhlouf.
Ansar al-Charia. Groupe salafiste djihadiste fondé par Seifallah Ben Hassine, *alias* Abou Yadh.
Ligues de protection de la révolution (LPR). Milices proches des formations politiques au pouvoir entre 2011 et 2014.

Annexe 4.
Personnalités politiques tunisiennes

Abbou, Mohamed — Avocat, dirigeant au sein du Congrès pour la République, parti de Moncef Marzouki. En octobre 2011, il est

	élu député de l'Assemblée nationale constituante. Ministre auprès du chef du gouvernement Hamadi Jebali de décembre 2011 à juin 2012, il démissionne du gouvernement, quitte le CPR et fonde le Courant démocratique. Du 27 février au 2 septembre 2020, ministre d'État, ministre auprès du chef du gouvernement Elyes Fakhfakh, chargé de la Fonction publique, de la gouvernance et de la lutte contre la corruption.
Belaïd, Chokri	Avocat, homme politique opposant aux Frères musulmans, assassiné le 6 février 2013.
Ben Ali, Zine el-Abidine	Général de l'armée, ancien président de la République du 7 novembre 1987 au 14 janvier 2011.
Ben Jaafar, Mustapha	Médecin, militant des droits de l'homme, fondateur d'Ettakatol (Forum démocratique pour le travail et les libertés) et président de l'Assemblée nationale constituante du 22 novembre 2011 au 4 décembre 2014.
Bhiri, Noureddine	Avocat, dirigeant Frère musulman au sein d'Ennahdha. En octobre 2011, il est élu député de l'Assemblée nationale constituante ; ministre de la Justice du gouvernement Hamadi Jebali du 24 décembre 2011 au 13 mars 2013 ; puis ministre délégué auprès d'Ali Larayedh du 13 mars 2013 au 29 janvier 2014.
Bourguiba, Habib	Avocat, homme d'État, fondateur du parti le Néo-Destour, chef du mouvement

de libération nationale, président de la République tunisienne de 1957 à 1987.

Brahmi, Mohamed Homme politique. En octobre 2011, il est élu député de l'Assemblée nationale constituante. Il participe à la fondation du Mouvement du peuple, un parti qui rassemble les nationalistes arabes de tendance nassériste. Le 25 juillet 2013, il est assassiné.

Caïd Essebsi, Béji Avocat, homme d'État, ministre de l'Intérieur, puis ministre des Affaires étrangères. En 2012, il fonde le parti Nidaa Tounes, et il est élu président de la République au suffrage universel direct du 31 décembre 2014 au 25 juillet 2019.

Chahed, Youssef Docteur en agronomie, chef du gouvernement du 27 août 2016 au 27 février 2020.

Essid, Habib Ingénieur agronome, ministre de l'Intérieur du 28 mars au 24 décembre 2011, puis chef du gouvernement du 6 février 2015 au 27 août 2016.

Fakhfakh, Elyes Ingénieur et titulaire d'un master de management, ministre du Tourisme du 24 décembre 2011 au 13 mars 2013, ministre des Finances du 13 mars 2013 au 29 janvier 2014, puis chef du gouvernement du 27 février au 2 septembre 2020.

Ghannouchi, Rached Titulaire du *tahsil*, brevet de l'enseignement secondaire de la Zitouna, il fonde à la fin des années 1960-début 1970 l'Organisation des Frères musulmans pour la Tunisie qui prendra l'appellation Ennahdha en 1989. Le 6 octobre

	2019, il est élu député de l'Assemblée des représentants du peuple, qui l'intronise président de l'institution parlementaire.
Ghannouchi, Mohamed	Chef de gouvernement de Ben Ali à partir du 17 novembre 1999 jusqu'à sa fuite. Il forme un gouvernement d'Union Nationale entre le 17 janvier 2011 et le 27 février 2011.
Jebali, Hamadi	Ingénieur, dirigeant Frère musulman au sein d'Ennahdha. En octobre 2011, il est élu député de l'Assemblée nationale constituante, qui le désigne chef du gouvernement, poste qu'il occupe du 24 décembre 2011 au 13 mars 2013.
Jomaa, Mehdi	Ingénieur, ministre de l'Industrie du gouvernement Ali Larayedh du 13 mars 2013 au 29 janvier 2014, puis chef du gouvernement de transition du 29 janvier 2014 au 6 février 2015.
Karoui, Nabil	Homme d'affaires et homme politique, il est l'un des fondateurs de Nidaa Tounes. Il est le patron de la chaîne de télévision Nessma TV. En juin 2019, il crée Qalb Tounes.
Larayedh, Ali	Diplômé de l'École de la marine marchande de Sousse, cadre dirigeant d'Ennahdha, ministre de l'Intérieur du 24 décembre 2011 au 13 mars 2013 puis chef du gouvernement du 13 mars 2013 au 29 janvier 2014.
Makhlouf, Seifeddine	Avocat, homme politique proche des Frères musulmans et du salafisme radical. En 2019, il est élu député de l'Assemblée des représentants du peuple.

Marzouki, Moncef Médecin, militant des droits de l'homme. En octobre 2011, il est élu député de l'Assemblée nationale constituante qui le désigne président de la République, poste qu'il occupe jusqu'au 31 décembre 2014.

Mechichi, Hichem Titulaire d'un master en droit, sciences politiques et administration publique de l'École nationale d'administration de Tunisie. Haut fonctionnaire, il occupe le poste de chef du gouvernement du 2 septembre 2020 au 25 juillet 2021.

Moussi, Abir Avocate, présidente du PDL (Parti destourien libre), opposante radicale d'Ennahdha. En 2019, elle est élue députée de l'Assemblée des représentants du peuple.

Rachidi, Khaoula Étudiante de la faculté de la Manouba. Le 7 mars 2012, elle affronta le salafiste qui voulait remplacer, sur le toit de la faculté, le drapeau tunisien par la bannière noire des salafistes.

Saïed, Kaïs Maître-assistant à la faculté de droit de Tunis, élu président de la République au suffrage universel direct le 23 octobre 2019.

Annexe 5.
Sigles et acronymes en Tunisie

AMT : Association des magistrats tunisiens.
ANC : Assemblée nationale constituante.
ARP : Assemblée des représentants du peuple.
ATFD : Association tunisienne des femmes démocrates.
Colibe : Commission des libertés individuelles et de l'égalité.

CSM : Conseil supérieur de la magistrature.
CSP : Code du statut personnel.
IVD : Instance Vérité et Dignité.
LPR : Ligue de protection de la révolution.
ONIM : Observatoire national de l'indépendance de la magistrature.
UGTT : Union générale tunisienne du travail.
UNFT : Union nationale de la femme tunisienne.
UTAP : Union tunisienne de l'agriculture et de la pêche.
UTICA : Union tunisienne de l'industrie, du commerce et de l'artisanat.

Annexe 6. Chronologie Tunisie

2010

17 décembre. Mohamed Bouazizi, jeune vendeur ambulant, s'immole par le feu devant le siège du gouvernorat de Sidi Bouzid, en protestation contre la confiscation de sa brouette garnie de fruits et légumes.

2011

14 janvier. Le président Ben Ali quitte le pays pour ne plus y revenir.
15 janvier-13 décembre 2011. Le président de l'Assemblée nationale, Fouad Mebazaa, assure l'intérim à la tête de l'État.
17 janvier-27 février 2011. Mohamed Ghannouchi constitue un gouvernement d'union nationale.
23 janvier. Kasbah 1 : rassemblement sur la place du Gouvernement exigeant le départ du gouvernement de Mohamed Ghannouchi.
30 janvier. Retour de Rached Ghannouchi après vingt-deux ans d'exil.
19 février. Entrée en vigueur du décret d'amnistie générale, qui concernera, outre les prisonniers politiques, des condamnés pour actes terroristes.
27 février-3 mars. Kasbah 2 : nouveau rassemblement sur la place du Gouvernement. Béji Caïd Essebsi succède à Mohamed Ghannouchi au poste de Premier ministre et chef de gouvernement pour gérer les

affaires courantes et préparer l'élection de l'Assemblée constituante (27 février-13 décembre).
3 mars. La commission pour la réalisation des objectifs de la révolution, de la réforme politique et de la transition démocratique » présidée par Yadh Ben Achour est chargée de préparer l'élection de l'ANC.
23 octobre. Élection de l'Assemblée nationale constituante (ANC).
22 novembre. Mustapha Ben Jaafar, secrétaire général d'Ettakatol, est élu par ses membres président de l'Assemblée nationale constituante.
12 décembre. Moncef Marzouki est élu par l'ANC président de la République tunisienne.
14 décembre. Installation du gouvernement de Hamadi Jebali (14 décembre-13 mars 2012).
16 décembre. La loi constituante n° 211-6 attribue à l'ANC le droit de légiférer et supprime la limitation de sa durée de vie, à l'origine fixée à une seule année, en disposant qu'elle « assure la gestion des affaires de l'État jusqu'au terme de la promulgation de la nouvelle Constitution et l'instauration des institutions pérennes de l'État ».

2012
14 septembre. Des centaines de manifestants islamistes saccagent l'ambassade et l'école américaines.
18 octobre. Lors d'un meeting organisé par Nidaa Tounes, son représentant Lotfi Nagdh est lynché par des militants appartenant à la Ligue de protection de la révolution.
27-28 novembre. La manifestation organisée par l'UGTT devant le gouvernorat de Siliana est dispersée par des tirs à la chevrotine, munition utilisée pour la première fois par les forces de l'ordre (blessures et aveuglement d'un grand nombre de contestataires).

2013
6 février. Assassinat par balles, devant son domicile, du militant Chokri Belaïd.
13 mars. Nomination du gouvernement d'Ali Larayedh (jusqu'au 29 janvier 2014).

25 juillet. Assassinat du député Mohamed Brahmi, abattu devant son domicile.
27 juillet. Quelque soixante députés entament un sit-in devant le Parlement au Bardo. Ils réclament la dissolution du Parlement, du gouvernement et de toutes les instances mises en place depuis les élections de 2011. Ils sont rejoints par les partis politiques de l'opposition et des organisations de la société civile.
5 août. En sa qualité de président de l'ANC, Mustapha Ben Jaafar suspend les travaux de l'Assemblée constituante.

2014

26 janvier. L'ANC adopte la Constitution de la IIe République avec 200 voix pour, 12 contre et 4 abstentions.
29 janvier 2014. Installation du gouvernement de technocrates de Mehdi Jemaa (jusqu'au 6 février 2015).
26 octobre. Élections législatives et victoire relative de Nidaa Tounes sur Ennahdha.
21 décembre. Victoire de Béji Caïd Essebsi aux élections présidentielles contre Moncef Marzouki.

2015

6 février. Installation du gouvernement de Habib Essid (6 février 2015-27 août 2016).
18 mars. Des djihadistes attaquent un bus de touristes en visite au musée du Bardo. Bilan : 24 morts et 45 blessés.
26 juin. L'attentat revendiqué par l'État islamique cause la mort de 38 personnes à majorité britanniques sur la plage de Sousse.
9 octobre. Le prix Nobel de la paix est attribué au quartet composé de la centrale syndicale, du patronat, de la Ligue des droits de l'homme et de l'Ordre des avocats.
24 novembre. En plein centre-ville, à moins de cinq cents mètres du ministère de l'Intérieur, un attentat-suicide vise un bus de la garde présidentielle. Bilan : 12 morts.

2016

7 mars. Des djihadistes se réclamant de Daech attaquent la ville de Ben Guerdane située dans le sud-est du pays. Avec le soutien actif des habitants, l'armée, la police et la garde nationale font face. Les djihadistes battent en retraite. Bilan : 50 morts, dont 36 terroristes.
27 août. Installation du gouvernement Youssef Chahed (27 août 2016-27 février 2020).

2018

6 mai. Tenue des élections municipales et victoire relative des listes indépendantes.
29 octobre. Sur l'avenue Bourguiba, au cœur de la capitale, une jeune femme kamikaze fait exploser une bombe artisanale blessant 20 personnes, dont 15 policiers.

2019

25 juillet. Mort du chef de l'État, Béji Caïd Essebsi.
15 septembre. Premier tour des élections présidentielles et arrivée en tête de Kaïs Saïed et Nabil Karoui.
6 octobre. Élections législatives et arrivée en tête d'Ennahdha et de Qalb Tounes, le parti de Nabil Karoui.
13 octobre. Kaïs Saïed est élu président de la République avec 72,7 % des voix.
13 novembre. Rached Ghannouchi, chef d'Ennahdha, est élu président de l'ARP.
15 novembre. Kaïs Saïed, président de la République, charge Habib Jemli, le candidat d'Ennahdha arrivé en tête aux élections législatives, de former un nouveau gouvernement.

2020

10 janvier. Habib Jemli présente son gouvernement à l'Assemblée des représentants du peuple ; il n'obtient pas sa confiance. Après cet échec et en vertu de l'article 89 de la Constitution de 2014,

l'initiative de proposer un candidat à la présidence du gouvernement revient à Kaïs Saïed, chef de l'État.
21 janvier. Kaïs Saïed charge Elyes Fakhfakh de former un gouvernement.
27 février. Le gouvernement d'Elyes Fakhfakh, candidat du président de la République, obtient, à contrecœur, la confiance du Parlement. En effet, la défiance du Parlement aurait ouvert la porte à sa dissolution par le chef de l'État et l'organisation d'élections législatives anticipées.
15 juillet. Ayant eu vent de la motion de censure qu'Ennahdha entendait déposer contre lui (article 98 de la Constitution), Elyes Fakhfakh présente sa démission pour déjouer la manœuvre. Ennahdha cherchait à reprendre la main et désigner à son tour le chef du gouvernement.
25 août. Kaïs Saïed charge Hichem Mechichi de former un gouvernement.
2 septembre 2020. Installation du gouvernement de Hichem Mechichi (jusqu'au 25 juillet 2021).

2021
25 juillet. Kaïs Saïed active l'article 80 de la Constitution qui, en cas de péril imminent, autorise le chef de l'État à prendre les mesures qu'impose l'état d'exception. Il limoge le gouvernement Mechichi, suspend les prérogatives de l'ARP, lève l'immunité de tous les députés avant de la dissoudre par décret le 22 mars 2022.

Annexe 7.
Principaux résultats électoraux en Égypte

19 mars 2011. Référendum approuvé par plus de 77 % des votants sur la feuille de route de la transition et le processus de rédaction de la nouvelle Constitution.
1er janvier 2012. Résultats des élections législatives pour l'Assemblée du peuple : parti Liberté et Justice (FM) 42,77 % ; parti Al-Nour

(salafiste) 21,89 % ; parti Wafd 8,23 % ; Parti égyptien social-démocrate 3,21 % ; Les Égyptiens libres 3,01 %.
22 février 2012. Résultats des élections pour l'Assemblée de la Choura (Chambre haute) : parti Justice et Liberté 59 % ; parti Al-Nour 25 % ; parti Wafd 7,7 %.
24 mai 2012. Résultats du premier tour de l'élection présidentielle : Mohamed Morsi 24,7 % ; Ahmed Chafik 23,6 % ; Hamdine Sabahi 20,7 % ; Abdel Moneïm Aboul Fotouh 17,4 % ; Amr Moussa 11,1 %.
16-17 juin 2012. Résultat du deuxième tour de l'élection présidentielle : Mohamed Morsi 51,73 % ; Ahmed Chafik 48,27 %.
26 décembre 2012. Adoption de la Constitution proposée par les islamistes par référendum avec 63,8 % des suffrages exprimés.

Annexe 8.
Principaux partis politiques en Égypte

Liberté et Justice : parti des Frères musulmans.
Al-Nour : salafiste.
Wafd : libéral et séculier.
Les Égyptiens libres : libéral et séculier.
Parti égyptien social-démocrate : social-démocrate et séculier.
Parti national démocratique : parti/État du régime Moubarak.
Tamarrod : mouvement de mobilisation (la rébellion) né le 27 avril 2012 dans le but de recueillir le plus grand nombre de signatures pour la pétition demandant des élections présidentielles anticipées.

Annexe 9.
Principales instances dirigeantes en Égypte

Assemblée de la Choura (Chambre haute).
Assemblée du peuple (Chambre basse).
CSFA : Conseil suprême des forces armées.

Annexes 10.
Personnalités politiques égyptiennes

Aboul Fotouh, Abdel Moneïm	Membre du bureau de Guidance des Frères musulmans, il a été renvoyé de la confrérie à cause de sa décision, non autorisée, de se présenter aux élections présidentielles de 2012.
Badie, Mohammed	Guide suprême de la confrérie des Frères musulmans au moment du soulèvement.
Chafik, Ahmed	Chef d'état-major de l'armée de l'air puis ministre de l'Aviation civile sous Hosni Moubarak. Ce dernier le nomme Premier ministre en plein soulèvement populaire le 31 janvier 2011. Il occupe ce poste jusqu'au 3 mars 2011. À l'élection présidentielle de 2012, il arrive en deuxième position.
Chater, Khairat al-	Riche homme d'affaires et homme fort de la confrérie des Frères musulmans. A effectué plusieurs séjours en prison. En 2012, sa candidature à la présidence de la République a été déboutée par la justice.
Haddad, Essam al-	Membre du bureau de Guidance de la confrérie des Frères, directeur de cabinet du président Mohamed Morsi.
Morsi, Mohamed	Professeur en ingénierie à l'Université du Caire. Il a obtenu un doctorat aux États-Unis. Durant son séjour aux États-Unis, il entre dans la confrérie des Frères musulmans. En 2000, il est élu député

	à l'Assemblée du peuple. Il est choisi pour présider le bloc parlementaire des Frères musulmans pour la législature 2000-2005. Il remporte le deuxième tour des présidentielles en juin 2012 avec 51,73 % des voix. Il sera destitué le 3 juillet 2013.
Moubarak, Hosni	Commandant de l'armée de l'air pendant la guerre du Kippour (octobre 1973). En 1975, Anouar el-Sadate le nomme vice-président. Il lui succède une semaine après son assassinat en 1981. Il est renversé par l'armée après dix-huit jours de soulèvement populaire le 11 février 2011.
Sabahi, Hamdine	Nassérien de gauche. Il se présente à la présidentielle en 2012 et arrive en troisième position avec 20,7 %.
Sissi, Abdel Fattah al-	Membre du CSFA en février 2011, il succède au maréchal Tantaoui, en août 2012, au poste de ministre de la Défense.
Tantaoui, Mohamed Hussein	De février 2011 à août 2012, ministre de la Défense, il préside le Conseil suprême des forces armées.
Tayeb, Ahmed al-	Né en 1946, il effectue des études de philosophie et de théologie à Al-Azhar et à la Sorbonne. Grand mufti puis recteur d'Al-Azhar, il est nommé grand imam d'Al-Azhar en 2010.

Annexe 11. Chronologie Égypte

2011

25 janvier. Fête de la police, première journée de manifestations dans toute l'Égypte.

11 février. Le Conseil suprême des forces armées, présidé par le maréchal Tantaoui, est désigné dépositaire des pouvoirs du président de la République et a la charge de mener la transition.

15 février. Nomination d'une commission de juristes chargée d'amender la Constitution composée de Tarek el-Bichri, ex-président du Conseil d'État et de 7 membres dont Sobhi Saleh, avocat et ancien député des Frères musulmans.

3 mars. Issam Charaf est nommé Premier ministre (jusqu'au 22 novembre 2011).

19 mars. Référendum approuvé par plus de 77 % des votants sur la feuille de la transition. Déclaration constitutionnelle de mars 2011 décrétée par le CSFA. Ce dernier dispose de tous les pouvoirs, qui doivent être remis progressivement au Parlement et au président, tandis que la rédaction de la Constitution doit débuter après les élections législatives de l'Assemblée du peuple qui formera la commission chargée de rédiger la nouvelle Constitution du pays.

24 novembre. Kamel Ganzouri nommé Premier ministre (jusqu'au 2 août 2012).

28 novembre. Élections législatives pour l'Assemblée du peuple (Chambre basse).

2012

29 janvier-22 février. Tenue des scrutins des élections pour l'Assemblée de la Choura (Chambre haute).

25 mars. Première commission constituante nommée par le Parlement. Composée de 100 personnes, elle est chargée de rédiger un projet de Constitution sous six mois.

10 avril. Les travaux de la commission constituante sont suspendus par décision de justice.
23-24 mai. Premier tour de l'élection présidentielle.
12 juin. Le Parlement forme une deuxième commission constituante.
14 juin. Une décision de justice invalide la loi qui a organisé les élections législatives 2011-2012.
15 juin. L'Assemblée du peuple est dissoute.
16-17 juin. Deuxième tour de l'élection présidentielle qui se joue entre Mohamed Morsi et Ahmed Chafik.
17 juin. Le CSFA publie une déclaration constitutionnelle. Il s'attribue alors le pouvoir législatif, le contrôle du budget ainsi que celui de nommer une nouvelle commission constituante si la deuxième rencontrait des « obstacles entravant sa mission ».
24 juin. Annonce officielle de la victoire de Mohamed Morsi à l'élection présidentielle.
2 août. Nomination de Hicham Qandil au poste de Premier ministre par Mohamed Morsi (jusqu'au 8 juillet 2013).
12 août. Publication d'une déclaration constitutionnelle par Mohamed Morsi. Elle annule le décret du 17 juin du CSFA, attribue les pouvoirs législatifs au président et supprime toute prérogative constitutionnelle du CSFA. Mise à la retraite du maréchal Tantaoui et nomination d'Abdel Fattah al-Sissi comme ministre de la Défense.
22 novembre. Déclaration constitutionnelle du président Morsi qui immunise ses décisions présidentielles de tout recours devant les tribunaux et interdit la dissolution du Sénat et de la deuxième commission constituante.
30 novembre. Adoption du texte final de la Constitution par la deuxième commission constituante.
15-26 décembre. Référendum sur la Constitution et son adoption par 63,8 % des suffrages exprimés.

2013

27 avril. Création de Tamarrod : campagne de signatures demandant des élections présidentielles anticipées.

30 juin. Journée de manifestations anti-Morsi à l'appel de Tamarrod.
3 juillet. Destitution de Mohamed Morsi.
14 août. Massacres de la place Rabia al-Adawiya et Al-Nahdha.

Annexe 12. Vidéo de Chokri Belaïd, la veille de son exécution

https://www.youtube.com/watch?v=vvUudMlQUQs.
Dans une émission culturelle de télévision, diffusée par Nessma TV le 5 février 2013, la veille de son exécution par un commando islamiste, Chokri Belaïd fait le procès des dirigeants d'Ennahdha. Voici la transcription en langue française de son discours prononcé en langue arabe :

> Comme Ben Ali, ces gens-là se caractérisent par le mépris qu'ils portent à l'intelligence tunisienne. Ils détestent l'intelligence. Ils lui préfèrent la diffusion de l'ignorance. Ce qui s'est passé aujourd'hui devant le Palais de justice de Tunis et l'agression dont a été victime Nessma TV sont en rapport avec des luttes essentielles. Cela constitue le prolongement d'un combat historique qui rappelle la violente campagne diffamatoire menée contre Abou el-Kacem Chebbi [1909-1934] qui avait participé au renouvellement de la poésie arabe à travers l'essai-conférence *L'Imaginaire poétique chez les Arabes* [1929]. Taha Hussein [1889-1973] n'a pas échappé à la vindicte de ces mêmes gens, qui l'avaient apostasié après la publication de son œuvre centrale *Sur la poésie antéislamique et l'avenir de la Culture en Égypte* [1926]. Tahar Haddad [1899-1935], homme politique moderniste, réformateur social et syndicaliste rendu célèbre notamment par sa défense des droits des femmes auxquelles il consacra un livre phare (*Notre femme dans la législation islamique et la société* [1930]), n'a pas été épargné par ces gens-là. Mansur al-Hallaj [858-922], le soufi auquel Louis Massignon avait consacré sa thèse de doctorat, avait été condamné et crucifié par ces mêmes gens-là pour avoir affirmé : « Je suis la Vérité et la Vérité est moi ! Nous sommes deux esprits dans un seul corps !

Si tu Le regardes tu me vois et si tu Le vois, tu me vois ! » Abdallah Ibn al-Muqaffa [720-756], lui aussi, connut une fin tragique ; ses membres tranchés à vif furent jetés dans l'huile bouillante avant qu'il ne soit lui-même précipité dedans. Les Mu'tazila [VIIIe siècle] qui avaient introduit une forme de rationalité dans la compréhension du texte coranique furent combattus par les tenants du littéralisme hanbalites qui ne tolèrent aucune approche rationaliste. Cette vieille bataille n'a toujours pas été tranchée en terre d'Islam. Après la révolution, la Tunisie se trouve à la croisée des chemins. Les Frères musulmans d'Ennahdha étaient absents du processus révolutionnaire. J'avais par le passé défendu bon nombre d'entre eux quand les avocats islamistes ne les défendaient pas. J'étais dans le collimateur de Ben Ali parce que je les avais défendus et avais évoqué avec mes collègues la question de la torture. Nous étions un petit nombre d'avocats à nous être engagés dans le combat contre la torture et dans leur défense.

Je suis triste en tant qu'avocat car ceux qui m'ont agressé, moi et mes collègues du barreau, sous le regard indifférent de la police d'Ali Larayedh, ministre de l'Intérieur, sont ceux-là mêmes que nous avions défendus. Aujourd'hui, ils nous désignent à la vindicte parce qu'ils sont les ennemis de l'intelligence. Ce qui est arrivé aujourd'hui est grave parce que le 14 janvier 2011 était un appel à la liberté et à la dignité. On ne peut pas parler de liberté s'il n'y a pas une valeur centrale qui la soutient. Cette valeur de fond, c'est notre diversité basée sur la liberté de penser, d'expression, de croyance, de conscience, d'accès à l'information, de la recherche académique, de la création artistique. Aucun juge au monde n'est habilité à juger une œuvre, ce type de jugement est du ressort des critiques littéraires, cinématographiques, non des tribunaux.

Pour exercer leur contrôle sur la société, ces gens-là veulent légitimer la *hesba* [l'Inquisition]. Ils veulent remettre en cause la justice séculière de l'État tunisien, vieille de plus d'un siècle. Qu'ils le sachent, ce pays a enfanté Mohamed Ibn Arafa al-Werghemmi [1316-1401], qui avait condamné il y a plus de six siècles l'esclavage, bien avant les Anglais, les Américains et les autres. Ce pays a donné, en 1861, la première Constitution séculière du monde arabe. Ce pays a donné le plus grand mouvement des Lumières, dont Mohamed Tahar Ben

Achour avait rendu compte dans ses articles. Ce pays nous a offert le cheikh Mohamed Abdelaziz Djaït [1886-1970], celui-là qui a élaboré le Code du statut personnel dont s'enorgueillissent les femmes et les hommes sécularistes de ce pays.

Cet élan culturel et humaniste, ces défenseurs des Lumières et de la modernité continuent, encore aujourd'hui, à être confrontés à ces forces qui diffusent la culture de la violence, de la mort, du meurtre, de la liquidation physique de l'autre, qui tirent vers un modèle de vie d'un passé devenu inopérant. Ils se disent démocrates mais refusent et combattent la diversité.

La Tunisie est le pays des cent roses aux couleurs de l'arc-en-ciel, un lieu qui rassemble une diversité d'opinions et de points de vue, où le vivre-ensemble doit s'accommoder de la civilité et de la confrontation pacifique des idées dans un espace démocratique.

Je n'aurais pas contesté leur droit d'avoir un point de vue différent du mien s'ils avaient publié une déclaration officielle condamnant la diffusion, par Nessma TV, du film franco-iranien *Persépolis*, s'ils avaient manifesté pacifiquement pour exprimer leur opinion sur ce sujet, ou s'ils avaient mené une campagne de presse à cet effet. Nous ne pouvons pas leur ressembler ; mais c'est leur droit d'être différents, d'exprimer pacifiquement leur différence. Mais il est inadmissible qu'ils agressent les gens, qu'ils amènent devant le Palais de justice de Tunis un adolescent de 15 ans, auquel ils ont fait rater l'école, pour agresser l'élite du pays. Il est inadmissible qu'ils se donnent le droit d'apostasier et de donner l'absolution. La violence de ces prêtres du Moyen Âge n'est ni conjoncturelle ni passagère. Elle est dirigée contre un journaliste pour faire taire la profession journalistique, elle n'a pas épargné les défenseurs des droits humains et les avocats, ceux qui s'opposaient ouvertement à Ben Ali et à la tyrannie. Ils s'en prennent aux universitaires parce qu'ils veulent atteindre, démolir le cerveau de la Tunisie qu'est l'Université de la Manouba, cette forteresse qui a formé une constellation des meilleurs cadres du pays. Ils sapent l'Éducation nationale qui représente le système nerveux de la société. Ils agressent les créateurs comme le réalisateur Nourri Bouzid ou l'écrivain et philosophe Kamel Zaghbani pour faire taire les artistes et les penseurs.

Excusez-moi de le répéter encore une fois : ils sont les ennemis de l'intelligence ; ils veulent une Tunisie abrutie ! Ce pays pas n'a pas de pétrole générateur d'économies rentières et d'ignorance, comme celles des pays du Golfe… Ce pays n'a que l'intelligence de ses enfants ! Nous avons vécu ensemble, nous avons grandi ensemble sans pour autant partager les mêmes points de vue. Dans toutes nos institutions, la violence est fille de ces gens-là, du despotisme et de la tyrannie. C'est dans ce sens que je fais porter la responsabilité de la violence qui s'est abattue sur nous, ce jour-ci, à M. Hamadi Jebali, le chef du gouvernement, et à son ministre de l'Intérieur M. Ali Larayedh. Les lapsus se multiplient, les excuses aussi. Nous n'attendons pas de vous des excuses. Nous sommes en présence des institutions de l'État et non d'un pouvoir personnifié. La police a mis trois heures pour arriver sur les lieux des violences, devant le palais de la Justice ! Votre rôle consiste avant tout à assurer la sécurité des citoyens, ce que vous ne faites pas. Je vous considère comme complice des agresseurs, je vous poursuivrai en justice.

Notes bibliographiques

INTRODUCTION

Un « printemps arabe » surprise

1. https://lapresse.tn/104180/larmee-interdit-a-ghannouchi-et-des-deputes-dennahdha-dacceder-au-parlement/.
2. Olivier Roy, *L'Échec de l'islam politique*, Seuil, coll. « Esprit », 1999.
3. Mohammed Arkoun, *La Pensée arabe*, PUF, 1979, p. 97-98.
4. Hela Ouardi, *Les Califes maudits. La déchirure*, Albin Michel, coll. « Spiritualités vivantes », 2019.
5. Sarah Ben Néfissa, « Citoyenneté morale en Égypte : une association entre l'État et les Frères musulmans », *in* Sarah Ben Néfissa *et al.* (dir.), *ONG et gouvernance dans le monde arabe*, Karthala CEDEJ, 2004, p. 213-270.
6. Catherine Mayeur-Jaouen, « Les débuts d'une revue néo-salafiste : Muhib Al-Dîn Al-Khatîb et Al-Fath de 1926 à 1928 », *Revue des mondes musulmans et de la Méditerranée*, 2002, 95-98, p. 227-255.
7. Hamadi Redissi, *Une histoire du Wahhabisme. Comment l'islam sectaire est devenu l'islam*, Seuil, 2007, p. 279.
8. Petitpont Gabriel, « Ibn Taymiyya, figure centrale du fondamentalisme sunnite : origine et influence d'une pensée radicale », *Les Cahiers de l'Orient*, vol. 115 (3), 2014, p. 103-115.
9. Youssef al-Qaradâwî, *Le combat de l'extrémisme laïc contre l'islam : les exemples turc et tunisien,* Dar el-Chourouk, 2008 (en arabe).
10. Pierre Vermeren, « Nommer la guerre d'Algérie et ses combattants : essai d'interprétation des registres linguistiques et sémantiques algériens », *in* Catherine Brun (dir.), *La Guerre d'Algérie, des mots pour la dire*, CNRS Éditions, 2014, p. 113-130.
11. Hamadi Redissi, « Quand Bourguiba exaltait l'islam des Lumières », *Historia*, 2017, 841, https://www.historia.fr/quand-bourguiba-exaltait-lislam-des-lumières.
12. Pierre Conesa, *Dr Saoud et Mr Jihadi. La diplomatie religieuse de l'Arabie saoudite*, Robert Laffont, coll. « Le monde comme il va », 2016, p. 306.

13. Nabil Mouline, « Surenchères traditionalistes en terre d'islam », *Le Monde diplomatique*, mars 2015.
14. Hamadi Redissi, *Le Pacte de Nadjd. Comment l'islam sectaire est devenu l'islam*, Seuil, 2007.
15. Nabil Mouline, « Genèse du djihadisme », *Le Monde diplomatique*, décembre 2015.
16. Atmane Tazaghart (dir.), *La Menace mondiale des Frères musulmans*, Global Watch Analysis Editions, 2022.
17. Alain Chouet, *Sept pas vers l'enfer*, Flammarion, 2022, p. 147-162.
18. Nabil Mouline, « Le retour à la théocratie ? », *L'Histoire*, mai 2016, 243, https://www.lhistoire.fr/le-retour-%C3%A0-la-th%C3%A9ocratie/.
19. Sarah Ben Néfissa, « Monde arabe : nationalismes, islamismes, djihadismes et crise du politique », *in* Laurent Delcourt (dir.), *Droites militantes et mobilisations réactionnaires*, Syllepses, coll. « Alternatives Sud », 2018, p. 25-142.
20. Fethi Benslama, *La Guerre des subjectivités en Islam*, Éditions Lignes, 2014.

CHAPITRE 1

La dialectique de la rue et des urnes

1. Sarah Ben Néfissa, « Verrouillage autoritaire et mutation générale des rapports entre l'État et la société en Égypte », *Confluence Méditerranée*, 2010, 75, p. 137-150.
2. Tourya Guaaybess, *Les Médias arabes. Confluences médiatiques et dynamique sociale*, CNRS Éditions, 2012.
3. Claire Talon, « Égypte : génération ultras », *Le Monde*, 17 octobre 2011, https://www.lemonde.fr/afrique/article/2011/10/17/egypte-generation-ultras_1589030_3212.html.
4. Dominique Avon, « Les Frères musulmans et l'“État civil démocratique à référence islamique” », *Les Cahiers de l'Orient*, 2012, 108 (4), p. 81-95.
5. Fathi Yakan, *Que signifie mon appartenance à l'Islam ?*, Tawid, 2004.
6. Patrick Haenni, Husam Tammam, *Les Frères musulmans égyptiens face à la question sociale. Autopsie d'un malaise socio-théologique*, Institut Religioscope, coll. « Études et analyses », 2009.
7. Sarah Ben Néfissa, « Métier de chercheur à l'IRD et bouleversements politiques en Égypte », *in* Naïma Bouras (dir.), « Regards croisés sur les printemps arabes », L'Harmattan, 2019, p. 22-30.
8. Hassan al-Banna, *Rassaïl Hassan al-Bannâ* [Les Épîtres d'Hassan al-Banna], *Dar al Tawzii al-Islamiya*, Le Caire, 1992, p. 136.
9. Caroline Barbary, *Chabab al Thawra – Les Jeunes de la Révolution. Microcosme militant et société politique en Égypte révolutionnaire*, École doctorale de géographie de Paris, Paris-I, Paris-IV, Paris-VII, ED 434, mars 2019.
10. Bernard Rougier, Stéphane Lacroix, *L'Égypte en révolutions*, Presses universitaires de France, 2015.
11. Mohamed Abdelhamid, *La Médiation socionumérique du street artivisme (2010-2013) en Égypte et sa contribution à l'émergence d'un public politique. Approche sémiotique d'une expérience esthétique révolutionnaire*, thèse de doctorat, université Sorbonne Nouvelle-Paris-III, ED 267, École doctorale arts et médias, janvier 2017.

12. Hafedh Chekir, « The legislative elections in Tunisia: The start of a new phase or continuation of trench warfare ? », *Policy Alternatives*, Arab Reforme Initiative, décembre 2014.
13. Sarah Ben Néfissa, « Les partis politiques égyptiens entre les contraintes du système politique et le renouvellement des élites », *Revue des mondes musulmans et de la Méditerranée*, 1998, 81-82, p. 55-87.
14. Marie Vannetzel, « Égypte : l'impasse de la clandestinité », *in* Pierre Puchot (dir.), *Les Frères musulmans et le Pouvoir*, Galaade Éditions, 2014, p. 16-47.
15. Voir Hamadi Redissi, Hafedh Chekir, Mahdi Elleuch, Sahbi Khafaoui, *La Tentation populiste*, Cérès, 2022.
16. Alaa al-Assouani, *J'ai couru vers le Nil*, Actes Sud, 2018.
17. Anne-Clémentine Larroque, *Géopolitique des islamismes*, Presses universitaires de France, 2021.
18. Dominique Avon, « Les Frères musulmans et Al-Azhar. Une confrontation ouverte », *Oasis*, octobre 2019.
19. Richard Jacquemond, *Entre scribes et écrivains. Le champ littéraire dans l'Égypte contemporaine*, Sindbad, 2003.
20. https://www.letemps.ch/monde/abdel-fattah-alsissi-lenigme-egyptienne ; https://www.challenges.fr/monde/aux-usa-le-general-egyptien-sissi-se-montrait-discret-et-pieux_195245.
21. Ahmed Khaled, *Comment la pensée takfiriste a été enracinée dans la décennie 80 en Tunisie. Témoignage pour l'histoire*, La Maghrébine pour l'impression et la publication du livre, 2014 (en arabe).
22. Gilles Kepel, *Les Banlieues de l'islam. Naissance d'une religion en France*, Seuil, coll. « Points », 2015.
23. Pierre Vermeren, *Déni français. Notre histoire secrète des liaisons franco-arabes*, Albin Michel, 2019.
24. Stefano Torelli, Fabio Merone, Francesco Cavatorta, « Salafism in Tunisia : Challenges and opportunities for democratization », *Middle East Policy*, 2012, 19 (4), p. 140-154 ; Monica Marks, « Youth politics and Tunisian salafism : Understanding the Jihadi current », *Mediterranean Politics*, 2013, 18 (1), p. 104-111.

CHAPITRE 2

Ignorance académique et complaisance

1. Alaya Allani, « The islamists in Tunisia between confrontation and participation : 1980-2008 », *The Journal of North African Studies*, 2009, 14 (2), p. 257-272 ; Kmar Bendana, « Le parti Ennahdha à l'épreuve du pouvoir en Tunisie », *Confluences Méditerranée*, 2012, 82 (3), p. 189-204.
2. Alain Roussillon, « Sociologie et identité en Égypte et au Maroc : le travail de deuil de la colonisation », *Revue d'histoire des sciences humaines*, 2002, 2 (7), p. 193-221.
3. Anne-Clémentine Larroque, « Les Frères musulmans en Tunisie, en Égypte et au Maroc », in *L'Islamisme au pouvoir. Tunisie, Égypte, Maroc (2011-2017)*, Presses universitaires de France, 2018, p. 73-116.

4. https://www.gov.uk/government/publications/muslim-brotherhood-review-main-findings).
5. Abdellah Ammami, *Les Organisations terroristes dans le monde islamique. L'exemple d'Ennahdha*, Maison tunisienne de publication, 1994, p. 29 (en arabe).
6. Richard P. Mitchell, *The Society of the Muslim Brothers*, Oxford University Press, 1969.
7. Olivier Carré, *Mystique et politique. Lecture révolutionnaire du Coran par Sayyid Qutb, Frère musulman radical*, Presses de la FNSP/Cerf, 1984.
8. Sara Shariati, « Fanon, Shariati et la question de la religion : cinquante ans après », *Politique africaine*, 2016, 143 (3), p. 59-72.
9. Yann Richard, « Ali Shari'Ati entre mystique et politique : "la courbe d'une vie" », https://www.lamaisonislamochretienne.com/alishariati.html.
10. Christopher Herman, « Le prophète et le prolétariat », 1994, https://www.marxists.org/francais/harman/1994/00/prophet.htm.
11. Guillaume Cuchet, « Des cathos de gauche à la Manif pour tous », *in* Guillaume Cuchet, *Le catholicisme a-t-il encore un avenir en France ?*, Seuil, 2021.
12. Brynjar Lia, *The Society of the Muslim Brothers in Egypt. The Rise of an Islamic Mass Movement. 1928-1942*, Ithaca Press, 1998.
13. Tariq Ramadan, *Aux sources du renouveau musulman. D'al-Afghani à Hassan al-Banna, un siècle de réformisme islamique*, Bayard, 1998.
14. Daniel Sibony, *Islam, phobie, culpabilité*, Odile Jacob, 2014.
15. Rifaat al-Saïd, « Hassan al-Banna quand, comment et pourquoi », *Al Ahali* (Le Caire), octobre 1990, 28.
16. Abdellah Amami, *Les Organisations terroristes dans le monde islamique. L'exemple d'Ennahdha*, *op. cit.*
17. Jean Birnbaum, *Un silence religieux. La gauche face au djihadisme,* Seuil, 2016.
18. Mohamed-Ali Adraoui, « Les États-Unis et l'islam politique. Composer avec les Frères musulmans égyptiens dans les révolutions arabes », Sciences Po, https://www.sciencespo.fr/ceri/fr/content/dossiersduceri/les-etats-unis-et-l-islam-politique-composer-avec-les-freres-musulmans-egyptiens.
19. Mounir B., « Relations algéro-américaines : Alger et l'autre visage de Bush », *Le Quotidien d'Oran*, 6 novembre 2004.
20. Rapport du 10 juillet 2018 de la commission statuant sur l'implication de la confrérie des Frères musulmans dans des actions terroristes.
21. Dominique Thomas, *Le Londonistan. La Voix du djihad*, Michalon, 2003 ; *Le Londonistan. Le djihad au cœur de l'Europe*, Michalon, 2005.
22. https://www.opensocietyfoundations.org/newsroom/the-open-society-foundations-in-the-middle-east-and-north-africa.
23. Anne Wolf, *Political Islam in Tunisia : The History of Ennahdha*, Hurst and Company, 2017 ; « The counterrevolution gains momentum in Tunisia : The rise of Abir Moussi », POMED, 18 novembre 2020 ; « Is Rached Ghannouchi Ennahdha's president for life ? Leadership struggles pose challenge to Tunisia's largest party », POMED, 7 juillet 2021.
24. https://www.arabbarometer.org/media-news/les-tunisiens-sont-de-moins-en-moins-religieux-en-particulier-les-plus-jeunes/.
25. Jean-Marie Mayeur, *Des partis catholiques à la démocratie chrétienne. XIXe-XXe siècle*, Armand Colin, « Collection U », 1980.

26. Pierre Vermeren, *Déni français. Notre histoire secrète des liaisons franco-arabes*, Albin Michel, 2019.
27. Nabil Abdel Fattah, « Al Azhar dans un monde troublé : la crise et les politiques d'adaptation », *Les Cahiers de l'Orient*, 2012, 108 (4), p. 67-80.
28. Olivier Carré, Michel Seurat, *Les Frères musulmans 1928-1982*, L'Harmattan, 2020 (rééd.) ; Olivier Carré, *Le Coran des islamistes. Lecture critique de Sayyid Qotb, 1906-1966*, Éditions du Cerf, 2021.
29. Ali Abderrazak, *L'Islam et les Fondements du pouvoir*, La Découverte, 1994.
30. Gilles Kepel, *Jihad. Expansion et déclin de l'islamisme*, Gallimard, coll. « Folio actuel », 2012, p. 54-55.
31. https://www.almasryalyoum.com/news/details/802082/.
32. *Ibid.*
33. Sayyid Qotb, *Repères sur le chemin*, Dar el-Chourouk, 1991, 14e édition (en arabe).
34. Pierre Legendre, *L'Amour du censeur. Essai sur l'ordre dogmatique*, Seuil, 1974.
35. https://hebdo.ahram.org.eg/NewsContent/10/124/2363/Dossier/Dossier/AlAzhar-Le-jeu-de-la-politique-et-de-la-religion.aspx.
36. http://oumma.com/interview-inedite-de-rached-ghanouchi-leader-historique-du-mouvement-tunisien-renaissance/.
37. Hazem Kandil, *Inside the Brotherhood*, Polity, 2014.
38. Interview menée en arabe avec Hazem Kandil et intitulée « Les Frères musulmans de l'intérieur », https://www.aljazeera.net/midan/reality/interviews/2017/3/14.
39. Husam Tammam, *Les Transformations des Frères musulmans. Démantèlement idéologique et fin de l'organisation*, Madhbuli, 2010, 2e éd., p. 5-20 (en arabe).
40. Sarah Ben Néfissa, « Les difficultés d'une anthropologie juridique des sociétés musulmanes et la question du dogmatisme », *in* Gilles Boëtsch, Baudouin Dupret, Jean-Noël Ferrié (dir.), *Droits et sociétés dans le monde arabe. Perspectives socio-anthropologiques*, Presses universitaires d'Aix-en-Provence, 1997, p. 107-122.
41. Ali Mezghani, *L'État inachevé. La question du droit dans les pays arabes*, Gallimard, coll. « Bibliothèque des sciences humaines », 2011.
42. Ahmed el-Ban, « Les Frères musulmans : l'assassinat du rêve califal », *Al-Mesbar Studies and Research Center*, juin 2014, 90, p. 37-60 (en arabe).
43. Husam Tammam, *Les Transformations des Frères musulmans. Démantèlement idéologique et fin de l'organisation*, *op. cit.*, p. 5-20.
44. Tewfik Aclimandos, « Les Frères musulmans égyptiens : pour une critique des vœux pieux », *Politique africaine*, 2007, 4 (108), p. 25-46.
45. Amr Elshobaki, *Les Frères musulmans*, Karthala, 2009.
46. Sarah Ben Néfissa, Mahmoud Hamdy Abo El-Kassem, « L'organisation des Frères musulmans égyptiens à l'aune de l'hypothèse qutbiste », *Revue Tiers Monde*, 2015, 222, p. 103-122.
47. Haithem Abou Khalil, *Les Frères réformistes. Témoignages documentés des tentatives de réformer l'organisation des Frères musulmans*, Dar Diwan, 2012 (en arabe).
48. Sayyid Qotb, *Repères sur le chemin* (*Ma'âlim fî al-tarîq*), Centre arabe des études et des recherches (Doha), 2009, p. 20.
49. *Ibid.*, p. 49.

50. Sarah Ben Néfissa, « La production du "vrai musulman" par l'organisation des Frères musulmans égyptiens : fidélité et dissidences », *Revue internationale des études du développement*, 2017, 229, p. 185-207.
51. Marie Vannetzel, « Égypte : l'impasse de la clandestinité », *in* Pierre Puchot (dir.), *Les Frères musulmans et le Pouvoir*, Galaade Éditions, 2014.
52. https://youtu.be/pzYtY9wGQGM/.
53. *Ibid.*
54. Haithem Abou Khalil, *Les Frères réformistes. Témoignages documentés des tentatives de réformer l'organisation des Frères musulmans*, Dar Diwan, 2012 (en arabe).

CHAPITRE 3
Ennahdha : une exception islamiste tunisienne ?

1. Fethi Benslama, *La Guerre des subjectivités en Islam*, Éditions Lignes, 2014.
2. Michaël Béchir Ayari, « Le "dire" et le "faire" du mouvement islamiste tunisien : chronique d'un aggiornamento perpétuel par-delà les régimes (1972-2011) », *in* Samir Amghar (dir.), *Les Islamistes au défi du pouvoir*, Michalon, 2012, p. 36-59.
3. https://carnegieendowment.org/files/WP_Meddeb_Ennahda.pdf.
4. Rached Ghannouchi, *Min Tajribat Al-Haraka al-Islamiyya fi Tounes*, Tunis, Dar al-Mojtahid li al-Nachr wa al-tawzi'e, 2011.
5. Jallel Saada, « Réformer Harakatou al-Nahdha, peut-on parier sur cette hypothèse ? », *Leaders*, 2 mars 2015, http://www.leaders.com.tn/article/16438-reformer-harakatou-al-nahdha-peut-on-parier-sur-cette-hypothese/.
6. http://oumma.com/interview-inedite-de-rached-ghanouchi-leader-historique-du-mouvement-tunisien-renaissance/.
7. Rached Ghannouchi, *Min Tajribat Al-Haraka al-Islamiyya fi Tounes, Dar al-Mojtahid li al-Nachr wa al-tawzi'e*, première parution en Tunisie, 2011, p. 26.
8. http://oumma.com/interview-inedite-de-rached-ghanouchi-leader-historique-du-mouvement-tunisien-renaissance/.
9. Rached Ghannouchi, *Min Tajribat Al-Haraka al-Islamiyya fi Tounes*, Dar al-Mojtahid li al-Nachr wa al-tawzi'e, première parution en Tunisie, 2011, p. 28.
10. Rached al-Ghannouchi, *Al-Haraka al-Islamiyya wa Mas'alatou al-Ta'ghyir, éd. Dar al-Mojtahid li al-Nachr wa al-tawzi'e*, première parution en Tunisie : 2011, p. 70.
11. Abdellah Amami, *Les Organisations terroristes dans le monde islamique. L'exemple d'Ennahdha*, Maison tunisienne d'édition, 1994.
12. Alaya Allani, « The islamists in Tunisia between confrontation and participation : 1980-2008 », *The Journal of North African Studies*, 2009, 14 (2), p. 257-272.
13. Ahmed Khaled, *Comment la pensée takfiriste a été enracinée dans la décennie 80 en Tunisie. Témoignage pour l'histoire*, La Maghrébine pour l'impression et la publication du livre, 2014 (en arabe).
14. http://oumma.com/interview-inedite-de-rached-ghanouchi-leader-historique-du-mouvement-tunisien-renaissance/.
15. Maryam Ben Salem, *Le Militantisme en contexte répressif. Cas du mouvement islamiste tunisien Ennahdha*, thèse de doctorat soutenue en 2013, département de sciences politiques, université Paris-I-Panthéon-Sorbonne.

16. *Ibid.*, p. 225.
17. Jalaleddine Rouis, *Les particularités organisationnelles et structurelles du mouvement islamique en Tunisie (l'action collective)*, Tunis, Éditions Karam, 2014.
18. Jallel Saada, « Secrets de la cohésion de Harakat Ennahdha (12.11.2015) », http://www.leaders.com.tn/article/18402-secrets-de-la-cohesion-de-harakat-al-nahdha
19. *Ibid.*
20. Rached Ghannouchi, *Al-Haraka al-Islamiyya wa Mas'alatou al-Ta'ghyir, éd. Dar al-Mojtahid li al-Nachr wa al-tawzi'e*, première parution en Tunisie : 2011, p. 94-95.
21. Michaël Béchir Ayari, « Le "dire" et le "faire" du mouvement islamiste tunisien : chronique d'un aggiornamento perpétuel par-delà les régimes (1972-2011) », *in* Samir Amghar (dir.), *Les Islamistes au défi du pouvoir*, Michalon, 2012, p. 36-59.
22. *Sawaab*, 4 juillet 2019.
23. https://www.facebook.com/association.daawa/.
24. https://nawaat.org/2018/10/04/enquete-lunion-mondiale-des-savants-musulmans-du-proselytisme-au-service-dennahdha/.
25. Ahmed Nadhif, *Groupe sécuritaire, l'appareil spécial du mouvement islamiste en Tunisie et le coup d'État de 1987*, Tunis, Diyar Edition et distribution, 2017 (en arabe).
26. Interview de Karim Abdelsalem par Chaker Besbess, Shams FM, 14 mars 2021.
27. https://lapresse.tn/120976/accuse-dans-laffaire-des-assassinats-des-deux-martyrs-belaid-et-brahmi-mustapha-khedher-libere-le-mystere-persiste/.
28. Mustapha El Haddad, *Chronique de la violence politique sous la « Troïka »*, Éditions Arabesques, 2018.
29. Rached Ghannouchi, « Les salafistes sont porteurs d'une nouvelle culture », YouTube, février 2012, séquence entre 0,40 et 0,55 minute.
30. https://www.leaders.com.tn/article/9536-une-video-de-rached-ghannouchi-fait-l-effet-d-une-bombe/.
31. Cité dans Jean Fontaine, *Du côté des salafistes en Tunisie*, Tunis, Arabesque, 2016, p. 31.
32. Hamit Bozarslan, « De la Nahda à aujourd'hui. Le nationalisme, la gauche et l'islamisme arabes face à l'Occident », *in* Bertrand Badie (dir.), *Le Moyen-Orient et le Monde. L'État du monde 2021*, La Découverte, 2020, p. 31-38.
33. Gilbert Delanoue, « Le nationalisme égyptien », *in* Groupe de recherches et d'études sur le Proche-Orient, *L'Égypte d'aujourd'hui. Permanence et changements, 1805-1976*, Institut de recherches et d'études sur les mondes arabes et musulmans, 1977.
34. https://www.youtube.com/watch?v=vvUudMlQUQs.
35. Jalaleddine Rouis, *Les Particularités organisationnelles et structurelles du mouvement islamique en Tunisie (l'action collective)*, Éditions Karam, p. 25-26.
36. https://www.webdo.tn/2013/09/14/assassinat-de-mohamed-brahmi-lalerte-envoyee-au-ministere-de-linterieur-provenait-de-la-cia/.
37. https://www.youtube.com/watch?v=3-5IF7mH3fU/.

CHAPITRE 4

La chute historique des Frères musulmans en Égypte

1. Alexandre Del Valle, Emmanuel Razavi, *Le Projet. La stratégie de conquête et d'infiltration des Frères musulmans en France et dans le monde*, L'Artilleur, 2019.
2. Sameh Eid, « Les Frères musulmans : le *tamkin* entre la théorie et la pratique », in *Évaluation de la gestion du pouvoir par les Frères musulmans en Égypte* (Centre Al Mesbar des études et de recherche), juin 2014, 90, p. 25 (en arabe).
3. Hamdy Rizk, *Fath Misr. Documents du tamkin des Frères musulmans*, Dar Nahdhat Misr, 2013, p. 64-68 (en arabe).
4. Sarah Ben Néfissa, « Citoyenneté et participation en Égypte : l'action vertueuse selon la Gamia Charia », *Mashreq-Maghreb*, 2000, 167, p. 14-24.
5. Sarah Ben Néfissa, Alâ' Al-dîn Arafat, *Vote et démocratie dans l'Égypte contemporaine*, Khartala/IRD, 2005 (version arabe publiée au Caire en 2005).
6. Ahmed el-Ban, « Les Frères musulmans : l'assassinat du rêve califal », *Al-Mesbar Studies and Research Center*, juin 2014, 90, p. 37-60 (en arabe).
7. Tewfik Aclimandos, « Un règne d'un an. De l'ascension à la chute des Frères musulmans », https://www.academia.edu/8372902/Un_r%C3%A8gne_dun_an/.
8. Haithem Abou Khalil, *Les Frères réformistes. Témoignages documentés des tentatives de réformer l'organisation des Frères musulmans*, Dar Diwan, 2012 (en arabe).
9. Amr Elshobaki, « Comment les FM sont tombés » *Carnegie*, août 2013 (en arabe).
10. Tewfik Aclimandos, « De l'armée égyptienne. Éléments d'interprétation du "grand récit" d'un acteur clé du paysage national », *Revue Tiers Monde*, 2015, 2 (222), p. 85-102.
11. Caroline Barbary, Maria Adib Doss, « Tamarrod : une autre lecture de l'action politique dans le processus révolutionnaire égyptien », *Confluences Méditerranée*, 2014, 1 (88), p. 155-169.
12. Sayyid Qotb, *Signes de piste* (*Ma'âlim fî* al-*tarîq*), p. 18-20.
13. Sayyid Qotb, *Signes de piste* (*Ma'âlim fî* al-*tarîq*), p. 155-165.
14. Marie Vannetzel, « Égypte : l'impasse de la clandestinité », *in* Pierre Puchot (dir.), *Les Frères musulmans et le Pouvoir*, Galaade Éditions, 2014.
15. Mohamed al-Mahdi, « Les vingt erreurs commises par les Frères musulmans », *Tahrir*, 6 juillet 2013, p. 6 (en arabe).
16. *Al-Ahram Hebdo*, 1er-7 mai 2013, 972.
17. Bachir Benaziz, « "Journaliste-conseiller du prince" et "journaliste-justicier". Figures du journalisme et transformation de la presse écrite en Égypte », *in* Abdelfettah Benchenna, Dominique Marchetti (dir.), *La Culture et ses dépendances. Les productions culturelles et leurs circulations au Maghreb et au Moyen-Orient*, Presses de l'IFOP/Centre Jacques-Berque, 2022.
18. https://www.saphirnews.com/Egypte-une-prof-coupe-les-cheveux-d-eleves-sans-voile-tolle-general_a15548.html.
19. https://www.elwatannews.com/news/details/369047/.
20. https://news.gnet.tn/archives/revue-de-presse-internationale/israel-dit-avoir-recu-une-lettre-pour-la-paix-de-morsi-le-caire-dement/id-menu-957.html.
21. https://hebdo.ahram.org.eg/NewsContent/10/124/2363/Dossier/Dossier/AlAzhar-Le-jeu-de-la-politique-et-de-la-religion.aspx.

22. https://hebdo.ahram.org.eg/News/2351.aspx.
23. Dominique Avon, « Les Frères musulmans, une confrontation ouverte », 30 octobre 2019, https://www.oasiscenter.eu/fr/freres-musulmans-al-azhar-se-confrontent/.
24. https://www.youtube.com/watch?v=DU5qTmt2tp4
25. Ahmed el-Ban, « Les Frères musulmans : l'assassinat du rêve califal », *Al-Mesbar Studies and Research Center*, juin 2014, 90, p. 37-60 (en arabe).
26. https://egyptindependent.com/al-fan-midan-brings-arts-streets/.

CHAPITRE 5
Ennahdha, des erreurs stratégiques ?

1. https://www.fichier-pdf.fr/2013/12/03/livre-noir/.
2. Enrique Klaus, « La polémique du "Livre noir des journalistes". La justice transitionnelle tunisienne à l'épreuve de la polysémie démocratique », *in* Éric Gobe (dir.), *Justice et réconciliation dans le Maghreb post-révoltes arabes*, Karthala, 2020, p. 49-73.
3. https://legislation-securite.tn/fr/law/43454, voir article 19.
4. https://www.businessnews.com.tn/dedommagement-des-nahdhistes--nous-avons-beaucoup-souffert-disent-ils, 519,67668,3/.
5. « Caractéristiques des agents de la fonction publique et leurs salaires 2011-2015 », http://www.ins.tn/publication/caracteristiques-des-agents-de-la-fonction-publique-et-leurs-salaires-2013-2017/.
6. Voir Hamadi Redissi, « La Constitution tunisienne de 2014. Raison publique et laïcité islamique », *Esprit*, juillet 2014 et https://www.leaders.com.tn/article/14489-hamadi-redissi-raison-publique-et-laicite-islamique-la-constitution-tunisienne-de-2014/.
7. https://www.facebook.com/Nadhourvisions/videos/1258313654996981/.
8. https://www.lecourrierdelatlas.com/point-de-vue-tunisie-un-president-de-la-republique-dans-l-opposition-21056/.
9. https://www.leaders.com.tn/article/19290-rafaa-ben-achour-la-constitution-tunisienne-deux-ans-apres-2014-2016 ; Rafaa Ben Achour (dir.), *Les Institutions constitutionnelles en Tunisie, quatre ans après la Constitution de 2014*, Cérès, 2019.
10. https://www.businessnews.com.tn/beji-caid-essebsi-recoit-un-groupe-dintellectuels-tunisiens, 520,58989,3/.
11. https://blogs.mediapart.fr/salah-horchani/blog/130815/manifeste-adopte-au-congres-des-intellectuels-tunisiens-contre-le-terrorisme-et-pour-la-defense/.
12. https://www.aa.com.tr/fr/culture-et-arts/des-tunisiens-bravent-le-terrorisme-en-f%C3%AAtant-le-nouvel-an-au-mont-chaambi/499393/.
13. https://www.lecourrierdelatlas.com/point-de-vue-tunisie-un-president-de-la-republique-dans-l-opposition-21056/.
14. Mohamed Abbou, *À contre-courant. Une expérience au centre du pouvoir*, La Maison du livre, 2021, p. 96 (en arabe).
15. Dr Habib Khedher, *Brève Explication de la Constitution*, Latrach Éditions, 2017 (en arabe).
16. Mustapha El Haddad, *Chronique de la violence politique sous la « Troïka »*, Éditions Arabesques, 2018.
17. *Ibid.*

18. https://www.tekiano.com/2012/06/12/le-ministre-de-la-culture-decide-la-fermeture-du-palais-abdellia-et-porte-plainte-contre-les-organisateurs-du-printemps-des-arts/.
19. Arnold Green, *The Tunisian Ulama, 1873-1915*, Brill, 1978, p. 60-61.
20. Mustapha El Haddad, *Chronique de la violence politique sous la « Troïka »*, Éditions Arabesques, 2018.
21. https://kapitalis.com/tunisie/2022/09/14/fatma-mseddi-sexprime-sur-les-arrestations-liees-aux-reseaux-denvoi-de-tunisiens-vers-les-zones-de-conflits/.
22. Mustapha El Haddad, *Chronique de la violence politique sous la « Troïka »*, Éditions Arabesques, 2018.
23. https://www.jeuneafrique.com/695346/politique/tunisie-pourquoi-le-pays-est-il-lun-des-principaux-pourvoyeurs-mondiaux-de-jihadistes/.
24. Mustapha El Haddad, *Chronique de la violence politique sous la « Troïka »*, Éditions Arabesques, 2018.
25. *Ibid.*
26. *Ibid.*
27. Abdelatif al-Hermassi, *La Politique religieuse en Tunisie entre la liberté de conscience et l'étatisation de la religion. Rapport sur l'état de la religion et la liberté de conscience*, Forum des sciences sociales appliquées, Tunis, 2015, p. 37 (en arabe).
28. Hédi Yahmed, *J'étais à Raqqa. En fuite de l'État islamique*, Éditions Arabesques, 2017 (en arabe) ; Ahmed Nadhif, *Les Tunisiens dans les réseaux internationaux du djihad*, Éditions ITRI, 2015 (en arabe).
29. https://www.tunisie-secret.com/Abdelfattah-Mourou-stigmatise-Bourguiba-et-glorifie-Hassan-II-video_a1746.html.
30. https://kapitalis.com/tunisie/2018/12/05/tunisie-ennahdha-maintient-le-cap-sur-lembrigadement-des-jeunes/.
31. الخبر الإسلامي، عدد 4، 25 جانفي 2013 ص 3.
32. https://www.observatoire-securite.tn/ar/2013/03/06/العدل-وزارة-سماح-خلفية-على-العك-السعيدة-ل/.
33. Ahmed Nadhif, « Les islamistes en Tunisie et le projet du *tamkin* sécuritaire : du groupement sécuritaire à l'appareil secret », https://trendsresearch.org/ar/insight. https://trendsresearch.org/ar/insight/%d8%a7%d9%84%d8%a5%d8%b3%d9%84%d8%a7%d9%85%d9%8a%d9%88%d9%86-%d9%81%d9%8a-%d8%aa%d9%88%d9%86%d8%b3-%d9%88%d9%85%d8%b4%d8%b1%d9%88%d8%b9-%d8%a7%d9%84%d8%aa%d9%85%d9%83%d9%8a%d9%86-%d8%a7%d9%84%d8%a3/.
34. Amr Elshobaki, *Les Frères musulmans*, *op. cit.*, p. 30.
35. Tewfik Aclimandos, « Les Frères, réformateurs gnostiques de l'islam », https://www.oasiscenter.eu/fr/freres-musulmans-reforme-islam/.
36. Moncef Ben Salem, *Les Années de braises*, Beyrouth, 2013, p. 52, 42-44 et suivantes (en arabe). Le livre a été récupéré en document PDF sur le site suivant : https://www.noor-book.com/%D9%83%D8%AA%D8%A8-%D8%A7%D9%84%D9%85%D9%86%D8%B5%D9%81-%D8%A8%D9%86-%D8%B3%D8%A7%D9%84%D9%85-Moncef-Ben-Salem-pdf. Actuellement il n'est plus possible de le télécharger ou de l'acheter en format papier car selon le site : « Le manuscrit est en train d'être revu et réévalué. »

37. Ahmed Nadhif, *L'Unité spéciale armée du mouvement islamiste en Tunisie et le putsch de 1987*, Diyar Editions et distribution, Tunis, 2017.
38. Ammami Abdellah, *Les Organisations terroristes dans le monde islamique. L'exemple d'Ennahdha*, Maison tunisienne de publication, 1994, Tunis, (en arabe).
39. https://www.youtube.com/watch?v=e2sMYKfx3tU/.
40. http://kapitalis.com/tunisie/2021/11/19/tunisie-mise-a-la-retraite-obligatoire-de-20-hauts-cadres-securitaires/.
41. Choukri Hmed, « Au-delà de l'exception tunisienne : les failles et les risques du processus révolutionnaire », *Pouvoirs*, 156 (1), 2016, p. 137-147.
42. Michaël Béchir Ayari, *Réforme et stratégie sécuritaire en Tunisie*, International Crisis Group, 23 juillet 2015, rapport Moyen-Orient/Afrique du Nord n° 161.
43. Pierre Puchot, « Tunisie : Ennahdha, de la clandestinité à l'alternance », *in* Pierre Puchot (dir), *Les Frères musulmans et le Pouvoir*, Galaade Éditions, 2015, p. 119-160.
44. Mustapha El Haddad, *Chronique de la violence politique sous la « Troïka »*, Éditions Arabesques, 2018.
45. Jean Fontaine, *Du côté des salafistes en Tunisie*, Éditions Arabesques, 2016, p. 24.
46. Mustapha El Haddad, *Chronique de la violence politique sous la « Troïka »*, Éditions Arabesques, 2018.
47. Jean-Philippe Bras, « Tunisie : l'élaboration de la loi antiterroriste de 2015 ou les paradoxes de la démocratie sécuritaire », *L'Année du Maghreb*, 2016, 15, p. 309-323.
48. https://www.businessnews.com.tn/Lancien-ministre-ind%c3%83%c2%a9pendant-de-la-Justice, 20 %–20 % Nadhir-Ben-Ammou-int % c3 % 83 % c2 % a8gre-les-listes-dEnnahdha,520,48993,3/.
49. https://nawaat.org/2012/09/18/noureddine-bhiri-prend-la-place-de-ben-ali-a-la-tete-du-conseil-superieur-des-magistrats/.
50. https://www.hrw.org/fr/news/2012/10/29/tunisie-le-renvoi-massif-de-magistrats-porte-un-coup-lindependance-de-la-justice/.
51. https://www.leaders.com.tn/article/7955-noureddine-bhiri-ministre-de-la-justice-la-fin-des-intouchables/.
52. https://www.businessnews.com.tn/tunisie-kalthoum-kennou-exhorte-noureddine-bhiri-a-liberer-les-magistrats-de-son-emprise, 520,33151,3/.
53. https://www.businessnews.com.tn/comite-de-defense-de-belaid-et-brahmi--le-rapport-dinspection-est-edifiant-akremi-est-un-terroriste-infiltre-dans-le-pole-antiterroriste,519,109671,3/.
54. https://www.businessnews.com.tn/affaire-beir-akremi-6268-dossiers-de-crimes-terroristes-enterres, 520,109678,3/.

CHAPITRE 6

« Islamiser » les Tunisiens…

1. https://www.lesclesdumoyenorient.com/spip.php?page=recherche&recherche=kandil
2. Olivier Carré, « Le combat-pour-Dieu et l'État islamique chez Sayyid Qotb, l'inspirateur du radicalisme islamique actuel », *Revue de science politique*, 1983, 4, p. 680-705 ;

https://www.lescahiersdelislam.fr/Le-combat-pour-Dieu-et-l-État-islamique-chez-Sayyid-Qotb-l-inspirateur-du-radicalisme-islamique-actuel_a864.html.

3. Youssef al-Qaradâwî, *Le Licite et l'Illicite en Islam*, al-Qalam, 2004 ; *La Place de la femme en Islam*, Éditions Errissala, https://www.iqrashop.com/La-place-de-la-femme-en-islam-Dr-Youssouf-al-Qaradawi-Livre-livres-Femme-p1195-24.html.
4. Augustin Jomier, « Laïcité et féminisme d'État : le trompe-l'œil tunisien », https://laviedesidees.fr, 12 avril 2011.
5. Mondher Kilani, « Femmes, révolution et nouveau gouvernement des corps en Tunisie », *Anthropologie et sociétés*, 2018, 42 (1), p. 57-80.
6. Sana Ben Achour, « Le Code tunisien du statut personnel, 50 ans après : les dimensions de l'ambivalence », *L'Année du Maghreb*, 2005-2006, 2, p. 55-70.
7. Hafidha Chekir, « Les droits des femmes en Tunisie : acquis ou enjeux politiques ? », *Hérodote*, 2016, 1-2 (160-161), p. 365-380.
8. *Ibid.*
9. *Ibid.*
10. Sana Ben Achour, « Le Code tunisien du statut personnel, 50 ans après : les dimensions de l'ambivalence », art. cit.
11. *Leaders*, 21 mai 2022.
12. Irène Maffi, Malika Affès, « La santé sexuelle et reproductive en Tunisie. Institutions médicales, lois et itinéraires thérapeutiques des femmes après la révolution », *L'Année du Maghreb*, 2017, 17, p. 151-168.
13. *Ibid.*
14. Enquête menée en 2018 par le groupe Tawhida Ben Cheikh sur la sexualité des jeunes Tunisiens, *HuffPost Maghreb*, 18 décembre 2018. Cette étude a été réalisée en avril 2018 sur un échantillon de 1 062 jeunes âgés de 15 à 24 ans. Dans la volonté d'englober différentes catégories socio-économiques, l'enquête a couvert les quartiers d'Etttadhamen, de Daour Hicher, de Radès, d'Ennasr et d'El Menzah.
15. Mondher Kilani, « Femmes, révolution et nouveau gouvernement des corps en Tunisie », *Anthropologie et sociétés*, 2018, 42 (1), p. 57-80.
16. Sarah Ben Néfissa, « Le "sans famille" entre l'islam, la société et l'État : éléments d'une problématique du *lakit* aujourd'hui en Égypte », *in* Blandine Destremeau, Agnès Deboulet, François Ireton (dir.), *Dynamiques de la pauvreté au Moyen-Orient*, Khartala/Urbama, 2005, p. 361-379.
17. Sana Ben Achour, « Le Code tunisien du statut personnel, 50 ans après : les dimensions de l'ambivalence », art. cit.
18. La citation a été tirée de la thèse de doctorat de Hocine Benkheira, *Pour une approche anthropologique de l'islam normatif*, thèse de doctorat d'État ès lettres, université Paris-III, 1994, p. 404.
19. Habib Bourguiba Jr, Mohamed Kerrou, *Notre histoire. Entretiens*, Cérès Éditions, 2013.
20. https://arij.net/investigation/رياض-الأطفال-القرآنية-في-تونس-مختبر-لت/.
21. Tunisienumerique.com/tunisie-verdict-dans-laffaire-de-lecole-coranique-du-regueb/.
22. Faouzia Farida Charfi, *La Science voilée*, Odile Jacob, 2013.
23. Nicolas de Lavergne, « Le kuttab, une institution singulière dans le système éducatif égyptien », *Journal des anthropologues*, 2005, 100-101, p. 163-181.
24. https://www.businessnews.com.tn/80-de-tunisiens-ne-lisent-pas-de-livres, 519,54861,3/.

25. Didier Lemaire, *Lettre d'un hussard de la République*, Robert Laffont, 2021. Voir aussi Carine Azzopardi, Laurent Valogne, *Ces petits renoncements qui tuent*, Plon, 2022.
26. Pierre Vermeren, *La Formation des élites au Maroc et en Tunisie. Des nationalistes aux islamistes, 1920-2000*, La Découverte, coll. « Recherches », 2002.
27. http://cedej-eg.org/wp-content/uploads/2018/05/Livret-Atlas-V2.pdf.
28. Samira Daghari, Imed Ben Rabah, « État des lieux et disparités du système éducatif tunisien », *Notes et analyses de l'ITCEQ*, ITCEQ (Centre d'études économiques et sociales et de la compétitivité des entreprises en Tunisie), avril 2022, n° 71.
29. « Le rapport a indiqué que 10 953 élèves abandonnaient l'école durant les années primaires, 48 894 durant les années de collège et 53 871 durant les années du lycée. On notera que le phénomène touche plus les garçons que les filles », *Business News*, https://www.businessnews.com.tn/itceq--pres-de-100-mille-enfants-dage-scolaire-restent-en-dehors-du-systeme-educatif-aque-annee, 520,118529,3/.
30. Marc Bloch, *Apologie pour l'histoire ou métier d'historien*, édition critique préparée par Étienne Bloch, nouvelle édition préfacée par Jacques Le Goff, Armand Colin, 2018.

CHAPITRE 7
Des néolibéraux et des rentes

1. Francis Ghilès, « La Tunisie attend une révolution économique », *Kapitalis*, 17 novembre 2021, http://kapitalis.com/tunisie/2021/11/17/la-tunisie-attend-une-revolution-economique/.
2. Pierre Puchot, « Tunisie : Ennahdha, de la clandestinité à l'alternance », *in* Pierre Puchot (dir.), *Les Frères musulmans et le Pouvoir*, Galaade Éditions, 2015, p. 119-160.
3. Ahmed el-Ban, « Les Frères musulmans : l'assassinat du rêve califal », *Al-Mesbar Studies and Research Center*, juin 2014, 90, p. 37-60 (en arabe).
4. *Ibid.*
5. Cité par Francis Ghilès, « La Tunisie attend une révolution économique », art. cit.
6. https://www.shemsfm.net/amp/fr/actualites_shems-news/118544/ghannouchi-commente-la-visite-de-hafedh-caid-essebsi-en-turquie-118544/.
7. Mustapha El Haddad, *L'Embrigadement des jeunes pour le djihad. Le paradoxe tunisien*, Éditions Arabesques, 2021. Et aussi : « Le 13 janvier 2012, un mois après l'accord de Tripoli, des conventions d'aide sont signées en présence de Hamadi Jebali, alors chef du gouvernement, et de Hamad Ben Khalifa Al Thani, l'émir du Qatar. Des accords sont notamment conclus entre Qatar Charity et trois associations tunisiennes : l'association Marhama (conduite par Mohsen Jendoubi, membre de la Choura, le conseil consultatif d'Ennahdha), l'association Tunisia Charity créée en avril 2011 par Abdelmonem Daïmi (frère du porte-parole et président du groupe parlementaire du CPR au sein de l'ANC) et l'association tunisienne de coopération et de communication sociale créée en octobre 2010 par Mohamed Néjib Karoui, fils de Hamed Karoui, ancien Premier ministre de Ben Ali. »
8. https://alencontre.org/moyenorient/egypte/le-canal-de-suez-lenjeu-dune-bataille-des-pouvoirs.html.

9. Mohamed Khalil Jelassi, « Ces accords et projets d'accord bilatéraux qui dérangent : l'impératif de préserver les intérêts nationaux », *La Presse* (Tunis), 21 septembre 2020.
10. Francis Ghilès, « Le système politique tunisien agonise – mais aucune réforme économique n'est en vue », Rosa Kuxelburg Shiftung, novembre 2021.
11. https://www.ilboursa.com/marches/tunisie-a-qui-ont-profite-les-credits-accordes-par-les-banques-en-2017-_14560/.
12. Francis Ghilès, 2021, *op. cit.*
13. Rapport d'Abderrahmane Ben Zakour publié par le Forum tunisien des droits économiques et sociaux (FTDES) : *Le Secteur informel en Tunisie. Autorité de l'État ou autorité de l'informel*, 3 février 2022, https://ftdes.net/etude-le-secteur-informel-en-tunisie-autorite-de-letat-ou-autorite-de-linformel/.
14. *Ibid.*, 3 février 2022.
15. « La loi de "relance économique" sera-t-elle non promulguée ? La banque centrale de Tunisie met en garde contre ses conséquences », leaders.com.tn, 23 juillet 2021.
16. Abderrahmane Ben Zakour, *Le Secteur informel en Tunisie. Autorité de l'État ou autorité de l'informel*, 3 février 2022, https://ftdes.net/etude-le-secteur-informel-en-tunisie-autorite-de-letat-ou-autorite-de-linformel/.
17. *Ibid.*, p. 34.
18. *Ibid.*, p. 35.
19. Aziz Krichen, *La Gauche et son grand récit. Comprendre l'économie rentière*, Mots passants, 2021.
20. Business News, reporté sur le site decryptnewsonline du 16 octobre 2016, par Bob Woodwar.
21. Imed Bahri, « Ennahdha veut spolier les Tunisiens pour verser des compensations à ses membres », *Kapitalis*, 10 juillet 2021, https://kapitalis.com/tunisie/2021/07/10/ennahdha-veut-spolier-les-tunisiens-pour-verser-des-compensations-a-ses-membres/.
22. « Tunisie : Vive le tourisme parlementaire », webdo.tn.
23. حركة الشعب تتهم إخونجية تونس بمحاولة رشوة النواب لابطال سحب الثقة من الغنوشي| الأوبزرفر (arabobserver.com).

CONCLUSION

« Détruire l'État » versus « demandes d'État »

1. Lettre publiée dans la revue *Soudniyet* du 23 février 2013 et republiée par le journal électronique *Sudaress* سودارس : النهضة و"سودنة " تونس : رسالة حسن التّرابي "زعيم الاخوان السوداني" الى راشد الغنوشي (sudaress.com), https://www.sudaress.com/sudanyiat/22035.
2. https://www.jeuneafrique.com/1359639/politique/tunisie-derriere-lassassinat-de-chokri-belaid-lombre-du-scandale-detat/.
3. Lire l'article de Thierry Brésillon : https://www.middleeasteye.net/fr/decryptages/tunisie-dix-ans-revolution-inegalites-sociales-democratie/.
4. https://lapresse.tn/91112/immunite-parlementaire-et-deputes-au-dessus-de-la-loi-les-institutions-de-letat-menacees/.
5. https://www.leconomistemaghrebin.com/2021/07/13/les-indemnisations-de-la-honte/.

6. Philippe Droz-Vincent, « Le nationalisme d'État égyptien : quête identitaire et légitimation du régime politique », *in* Alain Dieckhoff, Riva Kastoryano (dir.), *Nationalismes en mutation en Méditerranée orientale*, CNRS Éditions, 2002.
7. https://hebdo.ahram.org.eg/NewsContent/1/130/6037/Egypte/Egypte/Les-gr%C3 %A2ces-pr % C3 % A9sidentielles-de-Morsi-annul % C3 % A9es.aspx.
8. « Entretien avec Michel Camau, propos recueillis par Frédéric Bobin », *Le Monde*, 24 juillet 2022.
9. Jean Fontaine, *Du côté des salafistes en Tunisie*, Éditions Arabesques, 2016, p. 191.
10. Benedict Anderson, *L'Imaginaire national. Réflexions sur l'origine et l'essor du nationalisme*, trad. de l'anglais par Pierre-Emmanuel Dauzat, La Découverte, 1996.
11. Imed Melliti, « Les inégalités comme injustices », *in* Imed Melliti, Hayet Moussa (dir.), *Quand les jeunes parlent d'injustice. Expériences, registres et mots en Tunisie*, L'Harmattan, 2018, p. 89-131.
12. https://www.jeuneafrique.com/543898/politique/tunisie-ben-guerdane-symbole-de-la-guerre-contre-le-terrorisme/.
13. Eberhard Kienle, Laurence Louër (dir.), « Économie politique des soulèvements arabes », *Critique internationale*, octobre-décembre 2013, 61.
14. Haoues Seniguer, *Les (Néo)Frères musulmans et le Nouvel Esprit capitaliste*, Le Bord de l'eau, 2020.
15. http://www.lesclesdumoyenorient.com/Interview-with-Hazem-Kandil-Inside-the-Brotherhood-Part-Two.html.
16. Rached Ghannouchi, *Al-Haraka al-Islamiyya wa Mas'alatou al-Ta'ghyir*, Dar al-Mojtahid lil Nachr wal-Tawzi'e, 2011, p. 41.
17. https://observers.france24.com/fr/20130329-lynchages-publics-vendetta-justice-populaire-s % E2 % 80 % 99impose-egypte/.
18. Ahmed el-Ban, « Les Frères musulmans : l'assassinat du rêve califal », *Al-Mesbar Studies and Research Center*, juin 2014, 90, p. 37-60 (en arabe).
19. Sarah Ben Néfissa, « Morale individuelle et politique : l'expérience d'un conseil municipal islamiste dans le quartier de Hélouan », La lettre d'information de l'Observatoire urbain du Caire contemporain, 1999, n° 49, p. 20-29.
20. Sarah Ben Néfissa, « Citoyenneté morale en Égypte. Une association entre État et Frères musulmans », *in* S. Ben Néfissa, N. Abdelfattah, S. Hanafi, C. Milani (dir.), *ONG et gouvernance dans le Monde arabe*, Paris, Karthala/Cedej, 2004, p. 213-270.
21. *Ibid.*
22. Mohamed Sifaoui (dir.), *Comment vaincre l'islamisme ?* Éditions du Cerf, 2022.
23. https://www.youtube.com/watch?v=ih70kXKBsqg/.
24. https://www.youtube.com/watch?v=VVl2O63gqtQ&t=123s/.
25. Sylvie Arkoun, *Les Vies de Mohammed Arkoun*, PUF, 2014.
26. Abu Bakr Naji, *Gestion de la barbarie. L'étape par laquelle l'islam devra passer pour restaurer le califat*, Éditions de Paris, 2007.
27. https://directinfo.webmanagercenter.com/2017/05/02/tunisie-de-plus-en-plus-de-tunisiens-epousent-la-religion-chretienne/.
28. https://www.saphirnews.com/Qatar-et-Emirats-le-conflit-entre-deux-islams_a25576/.html ; https://www.oasiscenter.eu/fr/qatar-et-emirats-le-conflit-entre-deux-islams/.
29. https://www.mominoun.com/.

Bibliographie générale

RÉFÉRENCES EN LANGUE FRANÇAISE

Abdelhamid Mohamed, *La Médiation socio-numérique du street-artivisme (2010-2013) en Égypte et sa contribution à l'émergence d'un public politique. Approche sémiotique d'une expérience esthétique révolutionnaire*, thèse de doctorat, université Sorbonne nouvelle-Paris-III, ED 267, école doctorale Arts et Médias, soutenance janvier 2017.

Abderrazak Ali, *L'Islam et les Fondements du pouvoir*, La Découverte, 1994.

Aclimandos Tewfik, « Les Frères musulmans égyptiens : pour une critique des vœux pieux », *Politique africaine* 2007, 4 (108), p. 25-46.

Aclimandos Tewfik, « Un règne d'un an. De l'ascension à la chute des Frères musulmans », 2013, https://www.academia.edu/8372902/Un_r%C3%A8gne_dun_an.

Aclimandos Tewfik, « Réflexions sur les Frères musulmans égyptiens : esquisse d'une phénoménologie », *in* Samir Amghar (dir.), *Les Islamistes au défi du pouvoir. Évolutions d'une idéologie*, Michalon, 2014.

Aclimandos Tewfik, « De l'armée égyptienne. Éléments d'interprétation du "grand récit" d'un acteur clé du paysage national », *Revue Tiers Monde*, 2015, 222 (2), p. 85-102.

Adib Doss Maria, Barbary Caroline, « Tamarrod ("rébellion") : une autre lecture de l'action politique dans le processus révolutionnaire égyptien », *Confluences Méditerranée*, 2014, 88 (1), p. 155-169.

Adraoui Mohamed-Ali, « Les États-Unis et l'islam politique. Composer avec les Frères musulmans égyptiens dans les révolutions arabes », *Les Dossiers du CERI*, 2016, https://www.sciencespo.fr/ceri/fr/content/dossiersduceri/les-etats-unis-et-l-islam-politique-composer-avec-les-freres-musulmans-egyptiens/.

Adraoui Mohamed-Ali, « La hijra au service d'un projet de rupture intégral dans le salafisme français », *Ethnologie française*, 2017, 47, p. 650.

Anderson Benedict, *L'Imaginaire national. Réflexions sur l'origine et l'essor du nationalisme*, La Découverte, 1996.

Arkoun Mohammed, *La Pensée arabe*, PUF, 1979.

Arkoun Sylvie, *Les Vies de Mohammed Arkoun*, PUF, 2014.

Assouani Alaa al-, *J'ai couru vers le Nil*, Actes Sud, 2018.

Avon Dominique, « Les Frères musulmans et l'état civil démocratique à référence islamique », *Les Cahiers de l'Orient*, 2012, 108 (4), p. 81-95.

Avon Dominique, « Les Frères musulmans et Al-Azhar. Une confrontation ouverte », *Oasis*, octobre 2019.

Ayari Michaël Béchir, « Le "dire" et le "faire" du mouvement islamiste tunisien : chronique d'un aggiornamento perpétuel par-delà les régimes (1972-2011) », *in* Samir Amghar (dir.), *Les Islamistes au défi du pouvoir*, Michalon, 2012, p. 36-59.

Ayari Michaël Béchir, *Réforme et stratégie sécuritaire en Tunisie. Rapport Moyen-Orient/Afrique du Nord*, Crisis Group, 23 juillet 2015.

Barbary Caroline, *Chabab al-Thawra. Les Jeunes de la révolution : microcosme militant et société politique en Égypte révolutionnaire*, École doctorale de géographie de Paris, ED434, Paris-I, Paris-IV, Paris-VII, mars 2019.

Ben Achour Sana, « Le Code tunisien du statut personnel, 50 ans après : les dimensions de l'ambivalence », *L'Année du Maghreb*, 2007, 2, p. 55-70.

Benaziz Bachir, « "Journaliste-conseiller du prince" et "journaliste-justicier". Figures du journalisme et transformation de la presse écrite en Égypte », *in* Abdelfattah Benchenna et Dominique Marchetti (dir.), *La Culture et ses dépendances. Les productions culturelles et leurs circulations au Maghreb et au Moyen-Orient*, Beyrouth-Rabat, Presses de l'IFPO/Centre Jacques-Berque, 2022.

Bendana Kmar, « Le parti Ennahdha à l'épreuve du pouvoir en Tunisie », *Confluences Méditerranée*, 2012, 82 (3), p. 189-204.

Benkheira Hocine, *Pour une approche anthropologique de l'islam normatif*, thèse de doctorat d'État ès lettres, université Paris-III, 1994.

Ben Néfissa Sarah, « Les difficultés d'une anthropologie juridique des sociétés musulmanes et la question du dogmatisme », *in* Gilles Boetsh, Baudouin Dupret, Jean-Noël Ferrié (dir.), *Droits et sociétés dans le monde arabe. Perspectives socio-anthropologiques*, Presses universitaires d'Aix-en-Provence, 1997, p. 107-122.

Ben Néfissa Sarah, « Citoyenneté et participation en Égypte : l'action vertueuse selon la Gamia Charia », *Mashreq-Maghreb*, 2000, 167, p. 14-24.

Ben Néfissa Sarah, « Mobilisations et révolutions dans les pays de la Méditerranée arabes à l'heure de l'hybridation du politique. Égypte, Liban, Maroc, Tunisie », *Revue Tiers Monde*, 2011 (hors-série), p. 5-26.

Ben Néfissa Sarah, « Confluence médiatique et protestations sociales avant la révolution du 25 janvier en Égypte : interrogations », *in* M'hamed Oualdi,

Delphine Pagès-El Karoui, Chantal Verdeil (dir.), *Les Ondes de choc des révolutions arabes*, Presses de l'IFPO, 2014, p. 143-161.

Ben Néfissa Sarah, « Globalized modernity, contestations and revolutions : The cases of Egypt and Tunisia », *in* Breno Bringel, José Mauricio Domingues (dir.), *Global Modernity and Social Contestation*, SAGE Studies in International Sociology, 2015.

Ben Néfissa Sarah, « La chute historique des Frères musulmans égyptiens : erreurs politiques, blocage idéologique et bureaucratisme organisationnel », *in* Anna Bozzo, Pierre-Jean Luizard (dir.), *Polarisations politiques et confessionnelles*, RomaTrE-Press, 2015, p. 99-127.

Ben Néfissa Sarah, « La production du "vrai musulman" par l'organisation des Frères musulmans égyptiens : fidélité et dissidences », *Revue internationale des études du développement*, 2017, 229, p. 185-207.

Ben Néfissa Sarah, « Monde arabe : nationalismes, islamismes et djihadismes et crise du politique », *Revue Alternatives Sud*, 2018, 24, p. 125-142.

Ben Néfissa Sarah, « Métier de chercheur à l'IRD et bouleversements politiques en Égypte », *in* Naima Bourias (dir.), *Regards croisés sur les printemps arabes*, L'Harmattan, 2019, p. 22-30.

Ben Néfissa Sarah, « Social movements and uprisings, 10 years after the 2011 spring : The characteristics of the crisis of politics in the MENA region », in *IEMed Mediterranean Yearbook 2021.*

Ben Néfissa Sarah, Arafat Alâ' Al-din, *Vote et démocratie dans l'Égypte contemporaine*, Karthala/IRD, 2005.

Ben Néfissa Sarah, Abo El-Kassem Mahmoud Hamdy, « L'organisation des Frères musulmans égyptiens à l'aune de l'hypothèse qotbiste », *Revue Tiers Monde*, 2015, 222, p. 103-122.

Benslama Fethi, *La Guerre des subjectivités en islam*, Éditions Lignes, 2014.

Ben Zakour Abderrahmane, *Le Secteur informel en Tunisie. Autorité de l'État ou autorité de l'informel*, rapport publié par le Forum tunisien des droits économiques et sociaux (FTDES), 3 février 2022, https://ftdes.net/etude-le-secteur-informel-en-tunisie-autorite-de-letat-ou-autorite-de-linformel/.

Bergeaud-Blackler Florence, *Le Frérisme et ses réseaux, l'enquête*, Odile Jacob, 2023.

Birnbaum Jean, *Un silence religieux. La gauche face au djihadisme*, Seuil, 2016.

Bloch Marc, *Apologie pour l'histoire ou métier d'historien*, édition critique préparée par Étienne Bloch, nouvelle édition préfacée par Jacques Le Goff, Armand Colin, 2018.

Bourguiba Habib Jr., *Notre histoire. Entretiens avec Mohamed Kerrou*, Cérès Éditions, 2013.

Bozarslan Hamit, *Révolution et état de violence. Moyen-Orient, 2011-2015*, CNRS Éditions, 2015.

Bozarslan Hamit, « De la Nahda à aujourd'hui. Le nationalisme, la gauche et l'islamisme arabes face à l'Occident », *in* Bertrand Badie (dir.), *Le Moyen-Orient et le Monde*, La Découverte, 2020, p. 31-38.

Bras Jean-Philippe, « Tunisie : l'élaboration de la loi antiterroriste de 2015 ou les paradoxes de la démocratie sécuritaire », *L'Année du Maghreb*, 2016, 15, p. 309-323.

Carré Olivier, *Le Coran des islamistes. Lecture critique de Sayyid Qotb, 1906-1966*, Éditions du Cerf, 2021.

Carré Olivier, Seurat Michel, *Les Frères musulmans 1928-1982*, L'Harmattan, 2020.

Chekir Hafidha, « Les droits des femmes en Tunisie : acquis ou enjeux politiques ? », *Hérodote*, 2016/1, 160-161, p. 365-380.

Chouet Alain, *Sept pas vers l'enfer*, Flammarion, 2022.

Choukri Hmed, « Au-delà de l'exception tunisienne : les failles et les risques du processus révolutionnaire », *Pouvoirs*, 2016, 156 (1), p. 137-147.

Conesa Pierre, *Dr Saoud et Mr Jihadi. La diplomatie religieuse de l'Arabie saoudite*, Robert Laffont, coll. « Le monde comme il va », 2016.

Cuchet Guillaume, « Des cathos de gauche à la Manif pour tous », in *Le catholicisme a-t-il encore un avenir en France ?*, Seuil, 2021.

Delanoue Gilbert, « Chapitre VI. Le nationalisme égyptien », *in* Groupe de recherches et d'études sur le Proche-Orient (dir.), *L'Égypte d'aujourd'hui. Permanence et changements, 1805-1976*, Institut de recherches et d'études sur les mondes arabes et musulmans, 1977.

Del Valle Alexandre, Razavi Emmanuel, *Le Projet. La stratégie de conquête et d'infiltration des Frères musulmans en France et dans le monde*, L'Artilleur, 2019.

Droz-Vincent Philippe, « Le nationalisme d'État égyptien : quête identitaire et légitimation du régime politique », *in* Alain Dieckhoff, Riva Kastoryano (dir.), *Nationalisme en mutation en Méditerranée orientale*, CNRS Éditions, 2002, p. 60-90.

El Haddad Mustapha, *Chronique de la violence politique sous la « Troïka »*, Éditions Arabesques, 2018.

El Haddad Mustapha, *L'Embrigadement des jeunes pour le djihad. Le paradoxe tunisien*, Éditions Arabesques, 2021.

Ellul Jacques, *Histoire des institutions*, t. 4 : *Le XIXe siècle (1789-1914)*, PUF, 1999 (1re éd. 1956).

Elshobaki Amr, *Les Frères musulmans*, Karthala, 2009.

Fattah Nabil Abdel, « Al-Azhar dans un monde troublé : la crise et les politiques d'adaptation », *Les Cahiers de l'Orient*, 2012, 108 (4), p. 67-80.

Fontaine Jean, *Du côté des salafistes en Tunisie*, Éditions Arabesques, 2016.

Gillette-Fay Isabelle, « État des lieux des mesures législatives contre les mutilations sexuelles féminines », *Droit et cultures*, 2020, 79, p. 77-95.

Guaaybess Tourya, *Les Médias arabes. Confluences médiatiques et dynamique sociale*, CNRS Éditions, 2012.

Haenni Patrick, Tammam Husam, *Les Frères musulmans égyptiens face à la question sociale. Autopsie d'un malaise socio-théologique*, Institut Religioscope, coll. « Études et analyses », 2009.

Jacquemond Richard, *Entre scribes et écrivains. Le champ littéraire dans l'Égypte contemporaine*, Sindbad, 2003.

Jelassi Mohamed Khalil, « Ces accords et projets d'accords bilatéraux qui dérangent : l'impératif de préserver les intérêts nationaux », *La Presse* (Tunis), 21 septembre 2020.

Jomier Augustin, « Laïcité et féminisme d'État : le trompe-l'œil tunisien », laviedesidees.fr, 12 avril 2011.

Kepel Gilles, *Jihad. Expansion et déclin de l'islamisme*, Gallimard, « Folio », 2012, p. 54-55.

Kepel Gilles, *Les Banlieues de l'islam. Naissance d'une religion en France*, Seuil, coll. « Points », 2015.

Kienle Eberhard, Louër Laurence (dir.), « Économie politique des soulèvements arabes », *Critique internationale*, octobre-décembre 2013, 61.

Kilani Mondher, « Femmes, révolution et nouveau gouvernement des corps en Tunisie », *Anthropologie et sociétés*, 2018, 42 (1), p. 57-80.

Klaus Enrique, « La polémique du "Livre noir des journalistes". La justice transitionnelle tunisienne à l'épreuve de la polysémie démocratique », *in* Éric Gobe (dir.), *Justice et réconciliation dans le Maghreb post-révoltes arabes*, Karthala, 2020, p. 49-73.

Krichen Aziz, *La Gauche et son grand récit. Comprendre l'économie rentière*, Mots passants, 2021.

Larroque Anne-Clémentine, *L'Islamisme au pouvoir, Tunisie, Maroc, Égypte*, PUF, 2018.

Larroque Anne-Clémentine, *Géopolitique des islamismes*, PUF, 2021.

Lavergne Nicolas de, « Le kuttab, une institution singulière dans le système éducatif égyptien », *Journal des anthropologues*, 2005, 100-101, p. 163-181.

Legendre Pierre, *L'Amour du censeur. Essai sur l'ordre dogmatique*, Seuil, 1974.

Lemaire Didier, *Lettre d'un hussard de la République*, Robert Laffont, 2021.

Maffi Irène, Affès Malika, « La santé sexuelle et reproductive en Tunisie. Institutions médicales, lois et itinéraires thérapeutiques des femmes après la révolution », *L'Année du Maghreb*, 2017, 17, p. 151-168.

Mayeur-Jaouen Catherine, « Les débuts d'une revue néo-salafiste : Muhib Al-Dîn Al-Khatîb et Al-Fath de 1926 à 1928 », *Revue des mondes musulmans et de la Méditerranée*, 2002, 95-98, p. 227-255.

Mezghani Ali, *L'État inachevé. La question du droit dans les pays arabes*, Gallimard, 2011.

Mouline Nabil, « Surenchères traditionalistes en terre d'islam », *Le Monde diplomatique*, mars 2015.

Mouline Nabil, « Genèse du djihadisme », *Le Monde diplomatique*, décembre 2015.

Mouline Nabil, « Retour à la théocratie ? », *L'Histoire*, mai 2016, 243.

Ouardi Hela, *Les Califes maudits*, t. I : *La Déchirure*, Albin Michel, 2019.

Puchot Pierre, « Tunisie : Ennahdha, de la clandestinité à l'alternance », *in* Pierre Puchot (dir.), *Les Frères musulmans et le Pouvoir*, Galaade Éditions, 2015, p. 119-160.

Qaradâwî Youssef al-, *Le Licite et l'Illicite en Islam*, Al-Qalam, 2004.

Qaradâwî Youssef al-, *La Place de la femme en islam*, Errissala, https://www.iqrashop.com/La-place-de-la-femme-en-islam-Dr-Youssouf-al-Qaradawi-Livre-livres-Femme-p1195-24.html.

Ramadan Tariq, *Aux sources du renouveau musulman. D'Al-Afghani à Hassan al-Banna, un siècle de réformisme islamique*, Bayard, 1998.

Redissi Hamadi, *Le Pacte de Nadjd. Comment l'islam sectaire est devenu l'islam*, Seuil, 2007.

Redissi Hamadi, « La Constitution tunisienne de 2014, Raison publique et laïcité islamique », *Leaders*, 4 juillet 2014.

Redissi Hamadi, « Quand Bourguiba exaltait l'islam des Lumières », *Historia*, janvier 2017, 841.

Redissi Hamadi, Chekir Hafedh, Elleuch Mahdi, Khalfaoui Sahbi, *La Tentation populiste*, Cérès, 2022.

Rougier Bernard, Lacroix Stéphane, *L'Égypte en révolution*, PUF, 2015.

Roussillon Alain, « Sociologie et identité en Égypte et au Maroc : le travail de deuil de la colonisation », *Revue d'histoire des sciences humaines*, 2002, 7 (2), p. 193-221.

Roy Olivier, *L'Échec de l'islam politique*, Seuil, coll. « Esprit », 1999.

Saada Jallel, « Réformer Harakat al-Nahdha, peut-on parier sur cette hypothèse ? », *Leaders*, 2 mars 2015, http://www.leaders.com.tn/article/16438-reformer-harakatou-al-nahdha-peut-on-parier-sur-cette-hypothese/.

Saada Jallel, « Secrets de la cohésion de Harakat Ennahdha », *Leaders*, 12 novembre 2015.

Seniguer Haoues, *Les (Néo)Frères musulmans et le Nouvel Esprit capitaliste*, Le Bord de l'eau, 2020.

Shariati Sara, « Fanon, Shariati et la question de la religion : cinquante ans après », *Politique africaine*, 2016, 143 (3), p. 59-72.

Sibony Daniel, *Islam, phobie, culpabilité*, Odile Jacob, 2014.

Sifaoui Mohamed (dir.), *Comment vaincre l'islamisme ?*, Éditions du Cerf, 2022.

Tazaghart Atmane (dir.), *La Menace mondiale des Frères musulmans*, Global Watch Analysis Editions, 2022.

Thomas Dominique, *Le Londonistan. La voix du djihad*, Michalon, 2003.

Thomas Dominique, *Le Londonistan. Le djihad au cœur de l'Europe*, Michalon, 2005.

Valogne Laurent, Azzopardi Carine, *Ces petits renoncements qui tuent*, Plon, 2022.

Vannetzel Marie, « Égypte : l'impasse de la clandestinité », *in* Pierre Puchot (dir.), *Les Frères musulmans et le Pouvoir*, Galaade Éditions, 2014, p. 16-47.

Vannetzel Marie, *Les Frères musulmans égyptiens. Enquête sur un secret public*, Karthala, 2016.

Vermeren Pierre, *Déni français. Notre histoire secrète des liaisons franco-arabes*, Albin Michel, 2019.

Vermeren Pierre, *La Formation des élites au Maroc et en Tunisie. Des nationalistes aux islamistes, 1920-2000*, La Découverte, 2002. (épuisé, mais en ligne sur le site de l'IRMC : https://books.openedition.org/irmc/2682).

Yakan Fathi, *Que signifie mon appartenance à l'islam ?*, Tawhid, 2004.

RÉFÉRENCES EN LANGUE ARABE

Abou Khalil Haithem (dir.), *Les Frères réformistes. Témoignages documentés de tentatives pour réformer l'organisation des Frères musulmans*, Le Caire, Dar Dawawin, 2012.

Al-Banna Hassan, *Rassael Hassan al-Banna* (« Les épîtres d'Hassan al-Banna »), Le Caire, Dar al Tawzii al-Islamiya, 1992.

Al-Hermassi Abdelatif, *La Politique religieuse en Tunisie entre la liberté de conscience et l'étatisation de la religion. Rapport sur l'état de la religion et la liberté de conscience*, Forum des sciences sociales appliquées, Tunis, 2015.

Al-Kharabaoui Tharouat, *Qalb al-Ikkwan* (« Au cœur des Frères musulmans »), Le Caire, Dar Nahdhet Masr lil Nachr, 2013.

Al-Kharabaoui Tharouat, *Sir al-maabed* (« Le secret du temple »), Le Caire, Dar Nahdhet Masr lil Nachr, 2013.

Al-Qaradâwî Youssef, *Le Combat de l'extrémisme laïc contre l'islam. Les exemples turc et tunisien*, Le Caire, Dar el-Chourouk, 2008.

Al-Saïd Rifaat, *Hassan al-Banna, quand, comment et pourquoi*, Le Caire, Éditions Akhbar el Youm, 2004, 2 vol.

Al-Sissi Abbes, *La Conquête des cœurs*, Beyrouth, Publications de l'Institution islamique pour l'impression, la presse et la publication, 1985.

Ammami Abdellah, *Les Organisations terroristes dans le monde islamique. L'exemple d'Ennahdha*, Tunis, Maison tunisienne de publication, 1994.

Eid Sameh, *Mon expérience dans les dédales souterrains des Frères musulmans*, Le Caire, Al-Mahroussa, 2013.

Eid Sameh, « Les Frères musulmans : le *tamkin* entre la théorie et la pratique », in *Évaluation de la gestion du pouvoir par les Frères musulmans en Égypte*, El Mesbar Studies and Research Center, juin 2014, livre mensuel n° 90.

El-Ban Ahmed, « Les Frères musulmans : l'assassinat du rêve califal », in *Évaluation de la gestion du pouvoir par les Frères musulmans en Égypte*, El Mesbar Studies and Research Center, juin 2014, livre mensuel n° 90.

Elshobaki Amr, « Comment les Frères musulmans sont tombés », *Carnegie*, août 2013.

Fayez Samah, *Le Paradis des Frères musulmans*, Le Caire, Dar al-Tanouir, 2013.

Ghannouchi Rached, *Min Tajribat Al-Haraka al-Islamiyya fi Tounes*, Tunis, Dar al-Mojtahid li al-Nachr wa al-tawzi'e, 2011.

Ghannouchi Rached, *Al-Haraka al-Islamiyya wa Mas'alatou al-Ta'ghyir*, Tunis, Dar al-Mojtahid li al-Nachr wa al-tawzi'e, 2011.

Habib Mohamed, *Souvenirs*, Le Caire, Dar el-Chourouk, 2012.

Inani Khalil, *Les Frères musulmans en Égypte : une vieillesse qui lutte contre le temps*, Le Caire, Bibliothèque El Chourouk El Daoulia, 2007.

Khaled Ahmed, *Comment la pensée takfiriste a été enracinée dans la décennie 80 en Tunisie. Témoignage pour l'histoire*, Tunis, La Maghrébine pour l'impression et la publication du livre, 2014.

Khedher Habib, *Brève explication de la Constitution*, Tunis, Éditions Latrach, 2017.

Machhour Mustapha, *La Prédication individuelle*, Le Caire, Maison de diffusion et de publication musulmane, 1995.

Mahmoud Ali Abdelhalim, *Les Méthodes éducatives des Frères musulmans*, Al Mansourah/Le Caire, Dar el-Wafa pour l'impression et la publication, 1990.

Nadhif Ahmed, *Les Tunisiens dans les réseaux internationaux du djihad*, Tunis, ITRI, 2015.

Nadhif Ahmed, *Groupe sécuritaire, l'appareil spécial du mouvement islamiste en Tunisie et le coup d'État de 1987*, Tunis, Diyar édition et distribution, 2017.

Nouira Asma, « L'institution religieuse et l'État en Tunisie », Mominoun without Borders, 2015, http://www.mominoun.com/pdf1/2015-12/56693e04dbb171625217241.pdf.

Qotb Sayed, *Ma'âlim fi al-tarîq* (« Signes de piste »), Doha, Centre arabe des études et des recherches, 2009.

Rizk Hamdy, *Fath Misr*, documents du *tamkin* des Frères musulmans, Le Caire, Dar Nahdhat Misr, 2013.

Rouis Jalaleddine, *Les Particularités organisationnelles et structurelles du mouvement islamique en Tunisie (l'action collective)*, Tunis, Éditions Karam, 2014.

Tammam Husam, *Les Transformations des Frères musulmans : démantèlement idéologique et fin de l'organisation*, Le Caire, Madhbuli, 2010, 2e éd.

Yahmed Hédi, *J'étais à Raqqa. En fuite de l'État islamique*, Tunis, Éditions Arabesques, 2017.

RÉFÉRENCES EN LANGUE ANGLAISE

Allani Alaya, « The Islamists in Tunisia between confrontation and participation : 1980-2008 », *The Journal of North African Studies*, juin 2009, 14 (2), p. 257-272.

Ben Néfissa Sarah, « Civil societies and NGOs in the Middle East and North Africa : The cases of Egypt and Tunisia », *in* Thomas Davides (dir.), *Routledge Handbook of NGOs and International Relations*, 2019.

Brynjar Lia, *The Society of the Muslim Brothers in Egypt. The Rise of an Islamic Movement*, Ithaca Press, 1998.

Hafedh Chekir, « The legislative elections in Tunisia : The start of a new phase or continuation of trench warfare ? », *Policy Alternatives* (Arab Reform initiative), décembre 2014.

Kandil Hazem, *Soldiers, Spies, and Statesmen : Egypt's Road to Revolt*, Verso, 2012.

Kandil Hazem, *Inside the Brotherhood*, Polity, 2014.

Marks Monica, « Youth politics and Tunisian salafism : Understanding the jihadi current », *Mediterranean Politics*, 2013, 18 (1), p. 104-111.

Meddeb Hamza, « Ennahda's uneasy exist from political islam », Carnegie Middle East Center, septembre 2019, https://carnegieendowment.org/files/WP_Meddeb_Ennahda.pdf

Mitchell Richard P., *The Society of Muslim Brothers*, Oxford University Press, 1969.

Torelli Stefano, Merone Fabio, Cavatorta Francesco, « Salafism in Tunisia : Challenges and opportunities for democratization », *Middle East Policy*, 2012, 19 (4), p. 140-154.

Wolf Anne, *Political Islam in Tunisia : The History of Ennahdha*, Hurst and Company, 2017.

Contributeurs de cet ouvrage

Tewfik Aclimandos est directeur du département « études européennes » du Centre égyptien de réflexion et d'études stratégiques depuis 2018. Docteur d'État de l'IEP de Paris, il a été journaliste à l'AFP et à RFI, chercheur au CEDEJ et au Collège de France entre 2009 et 2011. Professeur invité au département d'histoire du monde arabe contemporain de Paris-I-Panthéon-Sorbonne, il a également enseigné à la filière francophone d'économie et de sciences politiques de l'Université du Caire. Il a été le conseiller de plusieurs administrations et ONG occidentales. Il est spécialiste de l'histoire politique égyptienne de 1945 à nos jours, du nassérisme et des Frères musulmans, et spécialiste de la vie politique française.

Sarah Ben Néfissa est directrice de recherche émérite à l'Institut de recherche pour le développement (IRD), membre de l'UMR Développement et Sociétés (IEDES-IRD). Elle est sociologue du politique, spécialiste de l'Égypte et du monde arabe. Représentante de l'IRD en Égypte, en Libye, au Liban et en Syrie entre 2012 et 2018, elle a été promue chevalier de l'ordre national du Mérite en 2016. Ses travaux ont traité des multiples dimensions de l'islamisme en Égypte : secteur associatif islamique, activités de bienfaisance, vote islamique, idéologie politique et socialisation militante, discours juridique islamique, etc. Ses travaux ont été publiés en français, en arabe et en anglais.

Hafedh Chekir, démographe de formation, a travaillé en Tunisie en tant que chercheur à l'Office national de la famille et de la population. Il a rejoint les Nations unies en 1994 où il a occupé plusieurs postes dont celui de directeur régional de l'UNFPA pour le monde arabe. Il a dirigé plusieurs enquêtes démographiques et socio-économiques et a publié des articles sur les questions de population. Depuis 2013, il a contribué à différentes études sur les phénomènes politiques en Tunisie. Il a notamment analysé l'expression électorale en Tunisie (2014, 2019) à travers une étude sur les déterminants du vote chez les jeunes Tunisiens.

Mustapha El Haddad a bénéficié d'une formation d'ingénieur et en gestion dans les écoles françaises et les universités nord-américaines. De 1976 à 2011, il exerça dans le secteur du pétrole et du gaz. Depuis 1996, il est consultant indépendant en politique et stratégie énergétique. Ces dernières années, il a contribué à différentes publications dont *Chroniques de la violence politique sous la « Troïka »*, Éditions Arabesques, 2018 et *L'Embrigadement des jeunes pour le djihad*, Éditions Arabesques, 2021.

Amr Elshobaki est un chercheur et expert du Centre des études politiques et stratégiques d'Al-Ahram du Caire et un spécialiste reconnu des mouvements islamistes. Il a publié ses nombreux travaux en arabe, en français et en anglais. Il est notamment l'auteur de l'ouvrage *Les Frères musulmans des origines à nos jours*, Karthala, 2009 et de *The Transformation of Violent Extremist Groups : New Threats and Challenges,* European Institute of the Mediterranean (EuroMeSCo), en mars 2018. Suite au soulèvement de 2011, il a été élu député et a fait partie de la commission des 50 de 2014 chargée de rédiger la Constitution égyptienne de 2014.

Anne-Clémentine Larroque est historienne de formation et diplômée de Sciences Po Aix. Chargée de cours en questions internationales à Sciences Po Paris et chercheuse associée au CEDEJ, elle est aujourd'hui analyste-historienne pour la justice antiterroriste. Elle a travaillé à l'Institut du monde arabe en tant que chargée de mission et a été professeure d'histoire-géographie en lycée (ZEP). Elle a notamment publié *Géopolitique des islamismes* (PUF, « Que sais-je ? », 2014, 2016 et 2021) et un essai sur l'accession des partis fréristes au pouvoir *: L'Islamisme au pouvoir, Tunisie, Maroc, Égypte*, PUF, 2018. Son dernier essai s'intitule *Le Trou identitaire. Sur la mémoire refoulée des mercenaires de l'islam*, PUF, 2021.

Asma Nouira est professeure de sciences politiques à la faculté de droit et des sciences politiques de Tunis, Université Tunis-El-Manar, et elle a été directrice du département des sciences politiques. Elle est cofondatrice de l'Observatoire tunisien de la transition démocratique (OTTD) en 2011. Ses recherches portent sur les rapports entre la religion et le politique, et particulièrement sur les rapports État-religion. Elle travaille aussi, depuis 2011, sur la question démocratique et des changements politiques en Tunisie et dans la région MENA (Middle East and North Africa). Elle a dirigé plusieurs ouvrages collectifs et projets de recherche.

Hamadi Redissi est professeur émérite en sciences politiques à l'Université de Tunis. Il est l'auteur de nombreux ouvrages sur l'islam contemporain, principalement : *L'Exception islamique,* Seuil, 2004 ; *Le Pacte de Nadjd ou Comment l'islam sectaire est devenu l'islam*, Seuil, 2007 ; *L'Invention des modernités en islam*, Cérès, 2019. Il a reçu le prix des Rencontres philosophiques d'Uriage (2017) pour son livre *L'Islam incertain. Révolutions et islam postautoritaire*, Cérès, 2017, et le prix « Savoirs partagés » du Forum international des sciences sociales Insaniyyat en 2022.

Jallel Saada a travaillé dans le domaine du cinéma, de la communication et du journalisme. Depuis 2010, il a publié près d'une dizaine d'articles sur Ennahdha et les Frères musulmans dans le journal *La Presse tunisienne* et sur le site Web tunisien d'actualités en langue française *Leaders*, dont : « Ibn Taymiyya, Al-Banna, Qotb, l'interdit de penser et la réforme d'al-Nahdha » (6 mai 2015) ; « Le dogme des Frères musulmans et le Xe congrès de Harakat al-Nahdha » (13 juin 2016) ; « Une manœuvre nommée takiyya » (4 décembre 2014).

Pierre Vermeren est professeur d'histoire à l'université Paris-I-Panthéon-Sorbonne où il dirige des doctorats sur les sociétés arabes et berbères contemporaines. Membre du laboratoire SIRICE, il a été en délégation CNRS à l'IRMC de Tunis en 2020-2021. Président de la Société française d'histoire d'outre-mer (SFHOM), il est aussi directeur du conseil scientifique de la Fondation pour la mémoire de la guerre d'Algérie et des combats du Maroc et de Tunisie (FM-GACMT) et président du conseil scientifique du LAIC (Laboratoire d'analyse des idéologies contemporaines). Il a récemment publié : *Déni français. Notre histoire secrète des relations franco-arabes*, Albin Michel, 2019 ; *Le Maroc en 100 questions, un royaume de paradoxes*, Tallandier, 2020 ; *Histoire de l'Algérie contemporaine*, Nouveau Monde Éditions, 2022.

Table

OUVRAGE DE PIERRE VERMEREN
CHEZ ODILE JACOB

Le Choc des décolonisations. De la guerre d'Algérie aux printemps arabes, 2015.

Cet ouvrage a été composé
en Adobe Garamond Pro
par Nord Compo
à Villeneuve-d'Ascq (Nord).

Cet ouvrage a été achevé d'imprimer
sur Roto-Page
par l'Imprimerie Floch à Mayenne
en janvier 2024

N° d'édition : 4150-0563-X – N° d'impression : 104072
Dépôt légal : janvier 2024

Imprimé en France